천주교 인천교구

400-090 인천광역시 중구 답동 3 번지
TEL: 032-765-6961   FAX: 032-765-6987
전자우편 (E-mail: inchon@cainchon.or.kr)

DIOCESE OF INCHON

3 TAP TONG, CHUNG KU, INCHON
400-090 KOREA
http://www.cainchon.or.kr

2001. 11. 27.

친애하는 김기진 안토니오 형제님께,

하느님의 크신 축복이 김기진 안토니오 형제님께 함께 하시길 기원합니다.

김 안토니오 형제님께서 출판하시려는 "어제도 오늘도 그리고 영원히" 출판과 관련하여 인천교구 출판물 검열관 현명수 신부님의 청원을 거쳐 이 책의 출판을 허락합니다.

출판하실 도서 뒷면에 다음과 같이 인쇄하여 출판하시기 바랍니다.

> Nihil Obstat :
> Rev. Paul Hyun
> Censor Librorum
> Imprimatur :
> William J. McNaughton, M.M.
> Episc. Inchon
> 2001. 11. 27.

천주교로 개종한 삶의 체험을 서술하는 형식을 통해 가톨릭 교회의 정통 교리를 공박하는 개신교의 문제점과 허구성을 정확히 지적함으로써 체험기를 뛰어 넘어 신자들의 재교육용으로 많은 도움이 될 수 있기를 바랍니다.

그리스도 안에서,

+ William McNaughton

인천교구장   나   굴리엘모 주교

어제도 오늘도 그리고 영원히

어제도 오늘도 그리고 영원히

김 안토니오 지음

동진 A.(안토니오)TNP

차례

1. 머리말
   책을 내면서 8
   인사 올림 12
   성서(聖書) 읽기와 새벽기도 16
   금주·금연 20

2. 회심의 동기와 과정
   회심(回心)의 동기와 과정 26

3. 문제점으로 떠오른 중요한 점들
   성서를 마음대로 떼어 버려도 좋은가? 38
   성서(聖書, 성경)에 관하여 46
   성전(聖傳)에 관하여 52
   희랍(헬라)어 성서와 제1·제2경전 60
   희랍(헬라)어 성서(70인역)의 중요성과 신약성서의 형성 64
   갑자기 사라져 버린 연옥(煉獄) 교리 71
   성서 자유 해석에 관하여 83
   십일조(十一租) 정신 94
   한국의 공동 번역 성서에 관하여 105
   우상 숭배(偶像崇拜)에 관하여 126

4. 예수님께서 직접 세우신 성사

성사(聖事) 158
교회(敎會)의 특성 167
간략한 교회 역사와 종교개혁(宗敎改革) 188
종교 개혁에 관하여 195
성체성사(聖體聖事) 206
미사성제 216
고해성사(告解聖事) 226
성품성사(神品聖事) 234

5. 성모님

성모(聖母)님에 관하여 250

6. 회심

회심(回心) 270
아들과 어머니 274
성모님께서 전구해 주신 기도의 체험 279

7. 맺는말

맺는말 294

머리말

"너희 시대만큼 '짖지 않는 개'로 전락한 목자들의 수가 많았던 때는 일찍이 없었다. 그들은 자신들에게 맡겨진 양떼가 약탈자인 수많은 이리들(마태 7, 15)에게 속아넘어가 잡아먹힐 위험에 빠지지 않도록 지킬 줄 모른다. 그 때문에 '예수님의 복음'이 토막토막 난도질당하거나 찢기고 있다. 오류와 이단 추문과 악한 표양이 홍수처럼 만연하고 있건만 단호히 언급할 의무가 있는 자들의 무관심과 타협으로 말미암아 무거운 침묵만 흐르고 있으니 이 '엄마의 마음'이 얼마나 괴로운지 모른다".

책을 내면서

저 높은 곳을 향하여 날마다 나아갑니다. 내 뜻과 정성 모으며 날마다 기도합니다.

내 주여 내 발 붙드사 그곳에 서게 하소서. 그곳은 빛과 사랑이 언제나 넘치옵니다(J. Oatman).

온 세상이 뉴 밀레니엄이라고 떠드는 해의 8월, 그러니까 연중21주일의 아침 6시경 눈을 뜨고 삼종기도와 아침기도를 마치고 나서 평소와 다름없이 짤막한 영적 독서를 하였는데 이때 나는 지난 40여 년간 정말 내가 쓰고 싶었던 글의 집필을 이제야 허락하시는 것으로 묵상하게 되었습니다.

"너희 시대만큼 '짖지 않는 개'로 전락한 목자들의 수가 많았던 때는 일찍이 없었다. 그들은 자신들에게 맡겨진 양떼가 약탈자인 수많은 이리들(마태 7, 15)에게 속아넘어가 잡아먹힐 위험에 빠지지 않도록 지킬 줄 모른다. 그 때문에 '예수님의 복음'이 토막토막 난 도질당하거나 찢기고 있다. 오류와 이단 추문과 악한 표양이 홍수처럼 만연하고 있건만 단호히 언급할 의무가 있는 자들의 무관심과 타협으로 말미암아 무거운 침묵만 흐르고 있으니 이 '엄마의 마음'이 얼마나 괴로운지 모른다"라는 구절로 현재 전 세계 수백 명 이상의 주교들과 십여만 명 이상의 사제들과 함께 "마리아 사제운동(Marian Movement of Priests)"을 선도적으로 이끈 스테파노 곱비 신부의 성모님과의 내적담화 형식으로 된 한국어판 1,185쪽의 일부였습니다.

실은 나는 주님이 내게 주신 은총의 선물인 가톨릭 신자가 되기 이전 20년 간은 개신교, 그러니까 장로교파의 권사였던 친가·외가 두 할머니와 나를 끔찍이도 사랑하셨던 집사 어머니 밑에서 태어나 개신교에서 세례를 받았고, 개신교 신자로 교육받았으며, 대학 1학년까지는 개신교 청소년운동에 적극적으로 참여하였습니다. 얼마 전 가톨릭으로 회심(개종)한 미국 감리교 폴 휘트콤(Paul Whitcomb) 목사처럼 나도 개신교 신앙에서 정말 좋고 많은 것을 배웠습니다. 즉 하느님의 선하심과 전능하심 그리고 그분에 대한 두려움을 배웠으며, 예수님께서 인간의 죄를 대신하며 인간을 구원하시기 위해 이 세상에 오심과 돌아가심 그리고 그분의 부활하심을 배웠습니다. 또 성서가 하느님의 거룩하신 말씀임을 배웠고 이를 존중하는 것을 배웠습니다. 나는 개신교에서 매우 열심하며 훌륭한 분들을 만날 수 있었고, 그분들의 강의도 들을 수 있었으며, 성실한 많은 분들의 희생하시는 삶도 보아 왔습니다. 이 시기는 참으로 내 인생에서 퍽 유익한 시기였으며 나에게 많은 선익이 되었다고 생각합니다.

그러나 웬일인지 열심하면 할수록 공허해지고 잡힐 듯 잡힐 듯하면서도 잡히지 않는 마음의 평화와 항구한 기쁨 그리고 구원에 대한 자신감은 멀어져만 갔습니다.

때문에 나는 그 당시 신앙의 유일한 규범인 성서를 더욱 열심히 탐독하게 되었고 "오직 믿음으로 살리라!"라는 구절을 매일 수십 번을 되뇌였습니다. 대학에 가서는 전공과목 대신 도서관에서 종교서적 탐독에만 몰두하기 거의 만 1년여 끝에 드디어 변하기 시작하였고, 마침내 나는 내 신앙의 양심으로 가톨릭 신자가 되어야 했으며 드디어 주님께서는 이 좋은 선물을 허락하셨습니다. 과연 주님은 진정 당신을 찾는 자의 바로 곁에 계셨습니다.

여기에 쓰고자 하는 글이 바로 이것입니다. 사실 천주교로 회심한 직후부터 여러 차례 그 동기와 과정을 글로 옮겨 보려 했으나 여러 가지 요인들로 인해 오랫동안 미루어졌습니다. 그리고 최근에 모처럼 활발히 일고 있는 교회일치 운동에 걸림돌이 될까 우려하여 그저 마음속으로만 간직하고 있었을 따름이었으나, 한번은 펜을 들어야겠다는 간절한 소망을 지금에서야 허락하시는 주님의 손길을 느끼면서 겸손되이 이 글을 씁니다.

이 글은 한 개인의 진솔한 신앙체험기일 뿐이며 어느 특정종교나 교파를 비난하거나 헐뜯는 글이 아님을 미리 밝혀둡니다.

내가 자라고 좋게 키워진 곳을 향해 돌을 던질 수는 없는 노릇이기 때문이기도 합니다. 다만 아직도 많은 친구 동료들이 장성하여 국내외 개신교의 평신도, 집사, 장로 또는 목회자로 활동하고 있으나 유독 가톨릭에 대한 오해와 편견만은 내가 고교시절 갖고 있었던 것과 별다른 차이를 보이지 않고 있음을 안타깝게 여겨 다소나마 그들의 오해를 해소할 수 있지 않을까 하는 간절한 소망과, 더욱이 젊은 학창시절 그 당시 천주교를 믿던 친구들에게 "우상 숭배자!", "마리아 신봉자!", "교황의 추종자" 등 독설을 퍼부으며 그들을 경원시하였던 내 잘못을 지금에서나마(지금 어디에서 무엇을 하고 있는지 조차 알길 없는 친구들에게) 공개 사과라도 해야겠다는 뜻에서 이 글을 씁니다. 또한 이 글이 행여 옛날 젊었을 때의 나와 같은 처지에서 더 확실한 진리추구를 위해 갈등하고 그 영혼을 위한 고민과 간절한 기도로 애쓰시는 분들에게 다소나마 도움이 된다면 더 바랄 수 없는 영광과 보람으로 여길 것입니다.

그러나 무엇보다도 이 손자가 왜 가톨릭으로 회심했는지를 모르고 일찍 세상을 떠나신 두 분의 할머니와 그렇게도 반대하셨던 어머니(이 아가다)와 조건부로 나의 회심(개종)을 지원하셨던 아버지(요한)의 영혼을 기억하면서 이 글을 자모이신 성교회에 바칩니다.

지은이 김 안토니오

인사 올림

두 분 할머니(백 권사님 그리고 길 권사님),

주님께서 아버지께 돌아가시기 전 이렇게 기도하셨음을 기억하시겠지요. "거룩하신 아버지, 나에게 주신 아버지의 이름으로 이 사람들을 지켜주십시오. 그리고 아버지와 내가 하나인 것처럼 이 사람들도 하나가 되게 해주십시오"(요한 17, 11). "나는 이 사람들만을 위하여 간구하는 것이 아니라 이 사람들의 말을 듣고 나를 믿는 사람들을 위하여 간구합니다. 아버지, 이 사람들을 모두 하나가 되게 하여 주십시오"(요한 17, 20-21)라고요. 그렇습니다. 분명 주님께서는 그때나 지금이나 우리를 향해 하나가 되어주기를 바라고 계십니다.

그러나 우리 교회는 초대 안티오키아에서 크리스천이라고 불리어진 이래 21세기에 들어선 오늘에 이르기까지 소위 **"성서의 감동을 받았다는 사람이나 혹은 말씀을 전파한다는 사람들"**(2데살 2, 2)에 의해 일어나는 분열은 16세기를 정점으로 더욱 가속화되었고, 갖가지 크고 작은 갈라짐은 지금 이 시간에도 도처에서 그칠 줄 모르고 일어나고 있습니다. 특히 한국에서는 같은 주님을 믿으면서도 "너의 하느님(GOD)", "나의 하나님(GOD)"하면서 서로 다른 분을 믿고 있는 양 하고 있으니 정말 가슴 아픈 일이 아닐 수 없습니다.

이것은 피조물인 인간의 지혜로는 도저히 이해할 수 없는 삼위일체의 진리를 입으로만 믿는다고 고백하면서 한 분 안에 계신 세 위격의 역할만을 너무 강조한 나머지 발생되는 일이라고 생각되기도 합니다만 좀더 구체적으로 표현한다면 성부 따로 계시고, 성자 따로 계시고, 성령 따로 계시는 듯한 언동들을 하고 있지나 않나 하는 의구심마저 들게 합니다.

원래 그분은 **"나는 곧 나다(I AM; that is who I am)"** (출애 3, 14)라고 하셨습니다.

살펴보면 "하느님"을 믿는 신자들이나 "하나님"을 믿는 형제들 사이에는 사소한 상이점보다는 중요한 공통점이 더 많습니다. 천주 성삼과 구세주 예수 그리스도에 대한 믿음, 소망, 사랑, 하느님 말씀에 대한 절대적인 존경, 공동체의 전례 그리고 이런 신앙을 바탕으로 하는 윤리 생활 등은 교파를 초월한 공통점이기도 합니다.

특히 두 분 할머니께서 신앙하시다가 돌아가신 한국 개신교는 우리 나라에 들어온 지 불과 120여 년이란 짧은 역사 속에서도 우리 국가와 민족에 기여한 바가 너무나 크고 자랑스러웠습니다. 민족과 운명을 함께 했음은 물론 국가가 어려울 때는 형극의 길을 함께 걸어오기도 했죠. 그 당시 기독교계 전문학교 출신인 어머니가 늘 자랑스럽게 하시던 말이 기억납니다.

"얘야, 3·1 운동의 민족대표 33인 중 절반은 우리 기독교인이었단다."

"그들은 국채보상운동에도 앞장섰었고 물산장려 운동도 주도했단다."

"헤이그 밀사사건도 주도했으며, 일제의 신사참배 강요에는 목숨을 걸고 단호히 반대운동도 하였단다."

그뿐이겠습니까? 최근 군사독재하에서 민주화를 위한 투쟁에서는 국민들 앞에 앞장섰던 일 등은 이 손자도 직접 보아 왔고 아직도 기억하고 있습니다.

그보다도 신앙 면에서 그분들의 열성과 성도들간의 친교, 절제된 생활과 십일조 정신의 계승, 새벽기도의 외침과 현재 1,200만의 교세 등은 너무나 자랑스럽고 부러운 일들이지요. 그러나 저는 이런 일들에 관한 예찬만을 위해 이 글을 쓰는 것은 아닙니다. 우선 두 분 할머니께서 이 손자에게 직접 가르쳐주신 몇 가지의 자랑스런 일들에 관한 감사를 드리는 한편 이 나라 개신교의 초대신자이셨던 두 분 신앙 선조께서 가시던 길을 돌려 왜 가톨릭 교회로 회심해야 했는가에 대한 저의 고백과 감사이며 오직 하나 되기를 소망하는 간절한 바람의 절규입니다.

할머니! 이 글이 두 분 할머니께뿐 아니라 주님의 안배하심에 따라 '하느님의 모든 백성들'에게도 공개되는가 봅니다. 때문에 지금은 주님의 품안에서 기쁨을 누리시고 계실 아빌라의 성녀 테레사 (예수의 테레사)를 기억하면서 이 글을 읽으시는 분들에게 이렇게 말씀드리고 싶습니다.

제가 쓴 글에서 혹시 좋은 것을 발견하거든 주님께서 여러분의 영혼에 유익이 되도록 말씀하신 것이라 여기시어 주님께 감사와 찬미를 드려주시고, 나쁜 것이 있으면 무식한 제가 지껄인 말로 알아주십시오. 제가 바라는 것은 주 예수 그리스도를 섬기는 데에 있어 이 글이 조금이라도 여러분에게 도움이 되었으면 하는 것뿐입니다.

또한 가톨릭안에서 살고 죽기로 약속한 이 몸이기에 주님의 교리에 관한 한 모든 것은 하나이요, 거룩하고, 보편되고, 사도로부터 이어오는 자모이신 성교회의 가르침에 맡깁니다.

이 글 안에서 혹시 사랑하는 형제 자매(특히 개신교나 타종교인)들에게 인간의 말로 마음을 상하게 한다면 자비하신 주님의 이름으로 용서를 청합니다. 재삼 말씀 올리거니와 저는 다만 이 글이 여러분의 영혼에 도움이 될 수 있기를 희망하며 부족한 글을 옮겼을 따름이며 이것이 저의 한계임도 잘 알고 있습니다.

이 글을 읽으시는 하느님의 모든 백성들에게 주님께서 주시는 평화가 항상 함께 하시기를 기도 드립니다. 아멘.

성서(聖書) 읽기와 새벽기도

할머니의 교훈 중에서 매우 중요한 것은 역시 성서 읽기와 새벽기도였습니다.
"한끼의 밥은 굶어도 너의 건강에는 아무 지장이 없지만 성서 읽기는 하루만 빠져도 영적 건강을 크게 해친다"면서 하느님(하나님) 말씀 읽기를 매일 독려하셨던 일은 지금까지 제가 주님을 꼭 붙들고 살아오도록 한 인생의 커다란 교훈이자 값진 이정표였습니다. 그리고 할머니께서 명하신 성서구절을 제가 외우지 못할 경우 저녁밥을 주지 않아서 어머니가 몰래 이불 속으로 호떡을 여러 번 밀어넣어 주시곤 하던 일도 생각납니다.
그래서인지는 몰라도 요새 우리 나라 개신교 신자들이 매일 성서를 읽고, 열심히 기도하고, 그 말씀대로 살아가려고 노력하고 있음을 볼 때 너무나 존경스럽게 보입니다. 더욱이 열심한 신자들은 비록 성서 중에서 그들이 전부라고 믿고 있는 66권의 중요 부분을 거의 외우다시피 하면서 어느 복음 몇 장 몇 절에는 무슨 말씀이 쓰여져 있고, 어느 서간서 몇 장 몇 절에는 사도 바오로(바울)의 어떤 말씀이 쓰여져 있다고 할 때 보면 여간 부럽지가 않습니다.

그런데 제가 회심하여 가톨릭에 들어와 보니 주님이 직접 세우신 교회의 신자들로서 완전한 원문 성서를 잘 보존하고 있으면서도 개신교 신자들에 비해 성서를 훨씬 덜 읽고 있다는 사실에 놀랐습니다. 솔직히 어떤 때는 우리 영혼의 양식인 성서 말씀을 그렇게도 읽지 않으면서 어떻게 영혼의 생명을 유지할 수 있는가 하는 의문도 들 때가 있었습니다.

지금의 가톨릭 신자들은 제가 처음 세례 받을 때보다는 성서 말씀을 많이 읽고 공부도 많이 하고 있지만 개신교 형제들에 비하면 아직도 멀었다고 생각됩니다. 이런 이유에서인지 설교로 유명하신 모 목사는 "가톨릭에서는 성서보다 교회가 더 크다. 성서보다 사도들이 더 크다. 가톨릭 교회의 권위는 성서 위에 있다. 신부만이 성서를 정확히 해석할 수 있다. 일반 신자는 성서를 제대로 보지도 못하고 비록 대학자라 해도 성서를 그 본의대로 해석하지 못한다"라고 하였습니다. 여기서 저는 스위스 개신교 목사 마르티가 "하느님은 인간의 언어로부터 수난을 당하고 계신다"는 말씀의 진정한 의미를 깨달을 수가 있었습니다.

제가 직접 가톨릭으로 회심하여 확인해 보니 그것은 그야말로 있지도 않고 있을 수도 없는, 사실과는 아주 거리가 먼 말들이었다는 것입니다. 또한 **"말씀이 사람이 되신"**(요한 1, 14) 주님께서는 참된 생명의 양식인 그분의 '살과 피'를 직접 먹이심으로써 그들을 키우시기에 그들은 영적으로 굶지 않고 풍부한 은총을 받을 수 있다는 것을 또한 알 수 있었습니다.

그뿐인가요. 두 분이 저에게 강요(?)하시던 새벽기도의 가르침은 영적으로는 저에게 대를 이어 큰 은혜를 받도록 하였으며, 육신적으로는 잠꾸러기인 이 손자로 하여금 그 고된 군 훈련 중에서도 모범 군인으로 만들어주기도 하였습니다.

새벽기도에 관한 한 외할머니께서 더욱 엄격하셨다고 생각됩니다. 친할머니께서 눈이 오나 비가 오나 춥거나 덥거나를 막론하고 일년 365일 매일 새벽, 아무것도 모르는 이 어린 손자의 손을 붙잡고 예배당에 가서는 누구를 의식함이 없이 마루바닥을 치면서 통곡하시는 모습에 질려 저는 솔직히 방학 때, 특히 겨울 방학을 기다려 외할머니를 찾곤 했지요. 물론 저에게 잘해주시던 외삼촌과 외숙모도 무척 보고 싶었었지만 따뜻한 외할머니 품에서 새벽잠이라도 푹 자고 싶어서였습니다.

그러나 그것은 제 착오였고 외할머니께서는 매일 새벽, 집에서 보다 더 일찍 깨웠으며 교회에서는 더욱 늦게 귀가시킨 지 3년이 지나서야 저는 외가댁 찾기를 꺼려하게 되었습니다.

매일의 미사에서 똑같이 받는 은총임에도 새벽미사가 남달리 은혜스럽게 느껴지고 기뻐지는 이유는 아직도 두 분 할머니의 새벽 체온이 느껴지기 때문입니다. 그리고 또 다른 이유는 초대박해시대 때 모든 교우들이 함께 모여 주님의 빵을 나누는 예절을 드리려면 이른 새벽을 이용하여 남의 눈에 뜨이지 않게 카타콤바(지하무덤) 같은 곳에서 미사예절을 드리다가 순교하여 천국에 들어가신 분들이 기억되기 때문이며, 지금도 새벽미사에 갈 때 새벽기도에서 돌아오시는 듯한 할머니들을 만날 때면 꼭 두 분 할머니의 모습을 뵙는 것

같아 무척 반갑습니다.
 세월이 퍽 오래 지난 이즈음 저에게는 모든 일들이 더없이 소중한 교훈과 추억으로 살아 남아 있습니다.
 그저 두 분 할머니와 어머니께 감사할 따름입니다.

금주 · 금연

또 한 가지의 고마움은 금주·금연의 절대적인 엄명이었습니다.
지금 한국 개신교인들의 절제된 생활의 기본 바탕은 할머니의 명령처럼 그들 교회에서 요구하는 금주·금연에서부터 시작되었다고 여겨지며 이에 존경스럽기까지 합니다.
두 분 할머니께 죄송한 일은 엄명이셨던 금주·금연령(?)을 가끔 어긴 적이 있었으며 이로 인해 다른 사람들에게 좋지 않은 표양을 보여준 적도 꽤 된다는 것입니다.

할머니, 다시 마음을 가다듬어 완전 금주·금연은 못하더라도 극히 절제하도록 하겠습니다. 저의 이 같은 노력은 솔직히 그 당시 할머니와 ○○목사, ○○장로를 포함한 여러 어르신들의 말씀처럼 술과 담배 그 자체가 죄라서는 결코 아니며 다만 저같이 술에 대한 절제가 약한 사람이 술을 마시면 취하기 마련이고 **"술 취하면 방탕한 생활이 거기서 오기 때문"**(에페 5, 18)이며, 성서에는 전혀 그 기록이 없는 담배는 피울수록 건강에 해롭기 때문입니다.

할머니, 금주·금연에 관하여 몇 말씀 더 드려야 할 것 같습니다.

할머니께서도 아시는 것처럼 이 손자는 어렸을 때부터 두 분 할머니의 성서 봉독과 이에 따른 훈계의 말씀, 특히 목사의 말씀은 마치 하느님 말씀처럼 여기고 그대로 따르려 한다고 기특해 하시던 일을 아마도 기억하실 것입니다.

사실 저는 그렇게 해왔습니다. 그때에는 담배와 술 그 자체가 죄인 줄로만 알았으니까요.

금주·금연은 그 당시 스스로 복음을 배우고 이를 전파한 천주교가 약 100여 년간의 갖은 박해와 시련을 받은 후 이 같은 상황과는 달리 비교적 자유스럽게 이 나라에 들어온 개신교 선교사들이 무엇인가 천주교와는 차별해야겠고, 극기(克己)하는 종교라는 것을 보여주기 위하여 중국에서 아편을 금한 것처럼 한국에서도 고질적인 병폐인 술과 담배를 금하게 함으로써 새로운 종교적 이미지를 부각시키기 위함이었고 또한 관주성서에도 "감독은 책망할 것이 없으며… 술을 즐기지 아니하며"(1디모 3, 2-3) "보조자(개신교의 집사)들도 단정하고… 술에 인박히지 아니하고"(1디모 3, 8)라고 했으니 차라리 아예 술을 끊고 아울러 백해무익한 담배마저 끊어 성도들의 더 좋은 모습을 보여주기 위한 것이었습니다.

그러나 그런 사실을 모르던 저는 성서 66권에서 술과 담배에 관한 내용을 찾기 시작하였습니다. 그런데 담배라는 말은 성서에는 나오지도 않았고, 술에 관해서는 오히려 주님께서 첫 번째 기적으로 '가나 혼인 잔치'때 물을 포도주(술)로 변하게 하신 기적(요한 2, 1-11)이 성서에 기록되어 있는 것을 보고 놀랐습니다.

그래서 고등학교 시절 저의 교회 목사께

"예수님도 물로 포도주를 만드셨는데 술이 왜 죄가 되나요?"라고 물었더니 그 분의 말씀이

"포도주는 술이 아니다"라는 것이었습니다. 그러면 포도주를 마셔도 되냐고 제가 재차 여쭈었더니 하시는 말씀이

"우리 나라 포도주는 화학주이기 때문에 마시면 안 된다"는 것이었습니다. 저는 그런 줄로만 알고 지나갔습니다. 그러다 오랜 세월이 흐른 지난 여름, 마침 한 모임에서 오랜만에 친구 목사와 또 다른 두 명의 장로 친구와 함께 가볍게 맥주를 마실 기회가 있어, 그 친구들에게 다시금 물어 보았습니다.

"자네들은 왜 술이 죄가 되는 줄 알면서 이렇게 마시느냐?"고 했더니 한결같이 보리나 쌀로 만든 것은 술도 아니고 또 죄가 되지 않는다고 알송달송하게 웃으며 답변하더군요. 또 옆에 앉아 있던 불자 친구는 자기들은 술을 술이라 부르지 않고 곡차(穀茶)라 부른다 하여 한바탕 웃은 일도 있었습니다. 사실 술 자체만으로 죄가 되는 것은 아니지요.

그러나 저는 여기서 말로만 듣던 성서 자유해석의 현실을 직접 볼 수 있었습니다. 또한 성서을 읽고 연구하는 가운데 성서의 한국어 번역에 있어서도 그 의미를 교묘히 흐리게 하였거나 그 뜻을 다른 방향으로 알아들을 수밖에 없도록 한 성서구절도 여러 군데 발견하게 되었습니다. 예를 들어보면

개신교 영어 성서(옥스퍼드 대학 및 케임브리지 대학편) (1

TIMOTHY 5, 23)

Stop drinking nothing but water; "Take a little wine for your digestion"의 번역문을 살펴보면
- 공동번역 : "위장을 위해서 물만 마시지 말고 포도주를 좀 마시도록 하시오"(1디모 5, 23).
- 개신교 성서전서 : "물만 마시지 말고 비위와(자주 나는 병을 인하여) 포도주를 조금씩 쓰라"(1디모데 5, 23 한글판 개역 1956년)고 되어 있습니다.

영어 조기교육 시대인 지금, 초등학생들도 Take를 어디다 어떻게 쓰는지는 확실히 모르더라도 '쓰라'라고 번역되지 않음은 모두 알 것입니다. 하기야 아직도 예수님의 어머니인 성모 마리아를 그 '계집'종이라고 즐겨 번역하는 사람들에게 무슨 말을 더 하겠습니까?(1996년 개역성서 ;누가 1, 48)

할머니의 영향을 너무 많이 받아서인지 죄가 아님을 알고 있는 지금도, 언젠가 멋있게 정장을 차려입은 청년이 성서를 끼고 담배를 피워 물고 예배당으로 가는 모습과 또 제 개신교 친구들이 술을 마시는 모습을 보았을 때 아직까지 그들이 좀 이상하게 보였습니다.

술과 담배에 관해 좀더 자세히 알아보았더니 공교롭게도 할머니께서 제일 싫어하시던 불교에서 먼저 계명으로 금하고 있었더군요. 특히 술은 원시 불교인 소승불교에서 5계로 금하였으며, 대승불교에서는 10선업도 중 제5계의 금주 대신 "악한 말을 하지 말라"로 대치되고 있습니다. 또한 술과 담배를 모두 금하는 곳은 불교와 이슬람

교의 혼합교인 인도와 파키스탄 국경에 성지를 둔 시크교로서, 오늘날 한국의 개신교처럼 엄격히 금하고 있었습니다.

그러나 명확한 것은 신·구약성서에는 이를 금하라는 말씀이 전혀 없다는 것입니다. 금주도 금연도 실제로 모두 좋은 것이기는 하나 제가 주목하고 있는 것은 유독 한국에서만 제정된 지역적인 한 교파의 규정이 보편적 하느님 말씀 위에서 더 강력하게 지켜져야 하느냐에 대한 의문인 것입니다.

아무리 좋은 것이라 해도 **"사람이 만든 계명을 마치 하느님의 계명인 양"**(마태 15, 9) 지키라고 강요하는 것은 옳지 못한 것입니다. 그러기에 저는 건강을 위하고 할머니께 효도하는 뜻에서 술과 담배를 더욱 절제하려고 노력하는 것뿐입니다. 그리고 주님께서 주신 육체를 잘 관리해야 할 의무를 성실히 이행하기 위해서임은 두말할 나위도 없습니다.

회심의 동기와 과정

"전도자가 가로되 헛되고 헛되며 헛되니 모든 것이 헛되도다. 사람이 해 아래서 수고하는 모든 수고가 자기에게 무엇이 유익한고?"(전도 1, 2-3)

회심(回心)의 동기와 과정

할머니, 이제부터는 이 손자가 왜 가톨릭 신자가 되었어야만 했는지를 말씀드리겠습니다.

그러기 위해 우선 저의 꿈 많던 고3 시절로 돌아가 볼까 합니다. 저는 그때 처음으로 죽음과 구원이란 것을 깊이 생각해 볼 기회가 있었습니다.

삼면이 바다로 된 우리 나라에서 훌륭한 해군장교가 되어 나라를 지키고 이순신 장군처럼 용감한 영웅이 되는 것이 어린 제 꿈이었고, 이를 실행에 옮기기 위해 당시 자연과학계열로 분류된 해군사관학교를 목표로 열심히 공부하였으며, 어떤 시험에도 자신만만했던 저는 마치 합격이라도 된 듯 혼자서 미리 즐거워하며 앞날을 설계하고 있었습니다.

그러나 그것은 저의 크나큰 오산이었습니다. 시험 한번 치러 보지도 못하고 그만 신체검사에서 부끄럽게도 체중미달로 불합격 처리가 되었던 것입니다. 아마도 태어나서 처음 맛보는 실패였을 겁니다. 마음의 상처는 물론 차라리 육군을 택하라던 아버지의 반대를 무릅쓰고 고집 부렸던 것을 후회하면서 결국 아버지가 정말 원하시던 일반 인문대학을 지망하기로 결심하였습니다.

말이 인문대학이지 입시 경쟁은 치열했고, 1개월 내에 입시과목을 자연과학에서 인문사회학으로 바꿔야 했으며, 또한 항시 상위를 유지해야 한다는 부모님의 기대 앞에서 저는 그저 목표만을 향해 뛰었습니다. 그 후 기대 이상의 성적으로 인문대학에 합격을 하였으나, 합격자 발표와 동시에 저는 집으로 돌아오는 대신 병원으로 실려가고야 말았습니다. 공부에만 전념하다보니 제 육체가 망가지는 것도 몰랐기 때문입니다.

음식은 물론 물 한 모금도 마실 수 없었고 배는 계속 아파 오는데, 저는 그때 처음으로 죽음의 문턱이 어떤 것인지를 짐작할 수가 있었습니다. 모두들 암보다 더 무서운 병일 거라는 생각들을 했었으니까요.

그때는 저를 사랑해주셨던 두 분 할머니께서 모두 돌아가신 뒤였기에, '임마누엘' 우리와 함께 계신 하느님은 성서를 읽을 때만 제 곁에 계시는 듯하였습니다. 그러나 병상에 누워 성서마저 볼 수 없게 되자 자연적으로 떠오르는 성서구절은 **"전도자가 가로되 헛되고 헛되며 헛되니 모든 것이 헛되도다. 사람이 해 아래서 수고하는 모든 수고가 자기에게 무엇이 유익한고?"**(전도 1, 2-3)라는 한탄뿐이었습니다.

저는 정말 죽기가 싫었습니다. 또 그렇게 죽을 수도 없었습니다. 얼마 전까지만 해도 해군제독이 되어 국가와 민족을 위해 언제 어디서든 용감하게 죽을 수 있다던 저의 패기는 어느덧 공염불이 되어 그 흔적도 없이 사라지고 말았습니다. 어머니 뱃속에서 귀한 집 외동아들로 태어나 부모님께 효도(당시 저에게 강요된 효도는 조기결혼) 한번 못해 보고 이렇게 어린 나이로 죽는다는 것이 한없이 슬프기도 하고 기막힌 억울함이 되어 매일 매일 한없는 눈물로 침상을 적실 뿐이었습니다.

더욱이 젊은 시절이 사람의 일생 중 가장 축복받은 시기이고 또 **"젊은이들아, 청춘을 즐겨라. 네 청춘이 가기 전에 하고 싶은 일을 하며 즐겨라. 가고 싶은 데 가고 보고 싶은 것을 보아라"**(전도 11, 9)라고 하였거늘 청춘을 즐기기는커녕 오히려 침상 밑으로 엄습하는 죽음의 그림자는 저를 떠날 줄 모르고 더욱 가까이 다가오고만 있는 듯한 공포가 엄습하였습니다.

거기다 더욱 **"두렵고 떨리는 것"**(필립 2, 12)은 날이 갈수록 구원에 대한 확신이 전혀 서지 않는다는 것이었습니다. 당시 제 신앙과 구원관은 오직 "예수 천당, 불신 지옥"이었으나 입과 생각만으로의 예수 천당과 마음과 행동 따로의 불신은 당연히 지옥 쪽으로 기울 수밖에요.

그렇다고 지금처럼 연옥 교리에 자신이 섰던 것도 아니요, 연옥은 성서에도 없는 허구라고 믿을 때이니 그 두려움은 더욱 클 수밖에 없었겠지요. 저로서는 도저히 받아들일 수 없는 두려운 죽음을 극복하고 싶었고 동시에 좀더 확실한 구원을 위해서 주님께 매달리며 살려 달라고 애원하였습니다. 이것이 그 당시 제가 할 수 있는 전부였습니다.

지금처럼 주님의 양부 성 요셉이 임종(臨終)하는 자의 주보성인인 것을 알았더라면, 그분께 복된 죽음을 위해 이렇게 기도드렸을 겁니다.

　　예수님과 성모님의 다정스런 포옹 속에
　　마지막 숨을 거두신,
　　오 복된 성 요셉이여,
　　저의 생애가 죽음으로 끝나게 될 때에
　　예수님과 성모님을 모시고 빨리 오셔서 저를 도우시어
　　저로 하여금 거룩하신 예수님과 성모님의 팔에 안기어
　　선종의 시간을 맞을 수 있는 위안을 얻게 하여주소서
　　오 거룩하신 아버지,
　　예수님과 성모님과 성 요셉이여,
　　당신의 거룩한 손에 저의 삶과 죽음이 있사오니
　　제 영혼을 당신 손에 맡기나이다. 아멘

더욱이 "성모 마리아는 십자가 위에서 요한 사도를 대표로 하여 우리 온 인류를 당신 아들로 삼으셨으므로(요한 19, 26) 예수님을 사랑하시던 그 지성으로 우리의 영혼과 육신을 위해 온갖 힘을 다 쓰신다"는 초대교회 이래 불변의 이해를 미리 알았더라면, 비록 내 처지가 **"내 영혼이 괴로움에 휩싸였고 이 목숨은 죽음의 문턱에 다다랐습니다. 땅속에 묻힌 것과 다름없이 되었사오니 다 끝난 이 몸이옵니다. 살해되어 무덤에 묻힌 자와 같이, 당신 기억 속에서 영영 사라진 자와 같이, 당신 손길이 끊어진 자와 같이 이 몸은 죽은 자들 가운데 던져졌사옵니다"**(시편 88, 3-5)라는 코라 후손에즈라인 헤만의 시구(詩句)처럼 되었어도, 한 가닥 희망으로 나를 위해 주님께 대신 빌어주시는 성모님께 "이제 곧 죽음이 다가오니 아무도 찾지 않아도 당신은 제 곁을 떠나지 않으시니 아쉬움이 없어라. 어머니시여, 나를 떠나지 마옵소서. 죽음에 이르러 내 눈이 흐려질 때까지!"라고 호소하였을 것입니다.

또한 반복적인 것 같으나 매번 새롭게 시작되는 "은총을 가득히 입으신 마리아님"이라고 하는 가브리엘 천사의 축사와 함께 "천주의 성모 마리아님 이제와 저희 죽을 때에 저희 죄인을 위하여 빌어주소서. 아멘"하고 기도함으로써 임종을 앞둔 제 마음과 영혼에 크나큰 위로를 받을 수도 있었으련만 "성모께 기도 드리는 것은 무익할 뿐 아니라 피조물을 창조주 하나님과 동등하게 대하는 것은 독성행위다"라는 그릇된 교설만을 전부로 알고 있을 때였으니 그저 입으로만 "주여 주여" 할 수밖에 없었습니다. 그러자니 자연 제 기도는 **"주여, 이 잔을 저에게서 거두어 주소서"**(마태 26, 39)라고만 할 뿐 **"그러나 제 뜻대로 마시고 아버지의 뜻대로 하소서"**(마르 14, 36; 루가 22, 42)라고는 할 수가 없었습니다.

이런 것이 회심 전과 회심 후의 차이이기도 합니다만, 그때 저는 정말 난생처음 주님께 간절한 기도를 드렸다고 생각됩니다. 한 달 아니 일 주일만이라도, 아니면 단 며칠만이라도 제 생명을 좀 연장시켜 달라고 눈물로 호소하였으니까요. 회개할 시간도 필요했지만 그보다는 조금이라도 더 살고 싶다는 인간 본연의 욕망이 솟구쳐 올랐습니다.

그럼에도 불구하고 하루하루 몸은 점점 더 쇠약해지고 죽음의 공포와 불안한 마음은 저를 계속하여 짓누르고 있었습니다. 이런 악몽 같은 날들이 계속되던 중 **"주님께서는 당신을 간절히 부르는 자에게는 항상 가까이 계신 분임"**(신명 4, 7)을 다시금 체험하게 되었습니다.

어느 날 비몽사몽인 듯 이상한 복장을 한 두 외국인 불청객(?)이 제 병실을 방문한 것입니다. 당시 저는 그분들을 저승사자로 착각하였습니다. 왜냐하면 많은 목사들이 그들을 '낮도깨비'라고 부르고 있을 때였으니까요. 저 역시 그분들에 관해 그 이상 더 알고 싶지도 않았고 또 알 필요도 없었습니다. 다만 이분들이 갖은 비난과 모욕과 멸시를 받아 가면서도 무엇 때문에 종교가 다른 기독병원을 그것도 제 병실을 방문하였는가에 대한 의문이 간절한 제 기도 속에서 분심으로 나타났습니다.

'저분들이 과연 누구이며 무엇하는 사람들일까? 무엇 때문에 내 병실에 찾아왔을까? 허리에 찬 염주(?) 끝에 있는 십자가에는 왜 예수님을 못박은 채로 달고 다닐까? 그들도 이제는 마리아보다 예수님을 믿으려 하는 것일까? 그런데 저렇게 성스러워 보이는 것은 혹시 천사의 탈을 쓴 마귀의 눈속임은 아닌가?'

당시 쥐꼬리만한 제 종교 지식으로는 그분들을 마리아를 믿는 일종의 우상숭배 교회의 '비구니' 정도로만 알고 있었으니 특히 환자인 저로서는 정서적으로 그분들이 반가울 리도 없었고 불쾌해야 옳았을 터입니다.

그러나 어찌 된 일인지 두 외국 할머니가 제 야윈 손을 살짝 잡아 주시며 기도해 주시고 잔잔한 미소를 지어 주시던 모습은 마치 영화

속에 나오는 천사 같기도 하고 풍기는 분위기는 포근한 외할머니로 부터 느꼈던, 아니 그 이상의 무언가 아늑하고 평화스러움 그 자체였습니다. 그것은 분명 그분들을 통한 주님이 주시는 평화였습니다.

예, 그랬습니다.

그때 제가 받은 느낌과 말을 개신교 신자들이 들었다면 '병약자의 환상이다', '허튼 소리 그만하라' 고들 외쳐 댔을 겁니다. 그렇겠지요. 그런 말이 개신교 신자들에게는 오히려 정직한 의견과 표현이라고 생각합니다. 왜냐하면 저도 당시 그 같은 느낌을 가진 또 다른 사람이 있었다면 똑 같은 소리를 했을테니까요.

그러나 그것이 환상이나 허튼 소리가 아니라는 것은 주님의 품에 안기신 제 부모님과 수호천사 그리고 무엇보다 주님께서 잘 알고 계십니다. 그러고 보니 독실한 장로와 결혼하여 지금도 열심히 잘살고 있는 제 유일한 누이도 알고 있군요.

그분들이 다녀간 이후 찾아든 제 마음의 평화, 사라진 죽음의 공포, 쉽게 잠을 이룰 수 있는 고마움, 아무튼 저는 그날부터 부드러운 과자를 처음 입에 댈 수 있었으며 얼마 후 퇴원할 수 있었습니다. 그러나 그 당시의 느낌은 열심한 개신교 신앙의 열정 속에 덮혀, 아무 일도 없었던 듯 묻혀졌으며 새로운 학업의 시작으로 인해 자연스레 잊혀져갔습니다.

그러나 아직도 저는 **"두 팔과 다리가 후들거리는 수문장같이 되었고 눈은 일손을 멈추고 창 밖을 내다보는 여인들같이 흐려졌으며… 언덕으로 오르는 일이 두려워지고 길에 나서는 일조차 겁이 날 지경"**(전도 12, 3. 5)이었습니다.

이런 상황들 속에서 대학의 전공과목이라는 것은 저에게 아무런 의미를 주지 못하였습니다. 때문에 저는 전공과목을 제쳐두고 도서관에서 하느님에 관한 종교서적 탐독과 기도와 성서 읽기로 매일의 시간을 보내게 되었습니다. 그렇다고해서 전공과목을 포함한 교양과목도 그 성적이 월등하게 저를 능가했던 친구가 있었는지는 아직도 의문입니다. 한 가지 확실한 것은 그 당시에도 주님께서는 저와 항상 함께 계셨다는 사실입니다.

그러던 어느 날 저는 건강에도 어느 정도 자신이 생겼고 뒷산 언덕도 거뜬하게 올라갈 수 있도록 주님께서 허락하신 것을 감사하게 여기며 좀더 두텁고 좀더 큰 분량의 책에 도전하기로 하고 「교부들의 신앙(The faith of our father)」이라는 책을 읽기 시작하였습니다. 'JAMES GIBBONS 추기경 저, 장면 박사 역'이라는 종교서적이었는데 꽤 두터운 책이었지요(지금의 수정판은 매우 간편한 책자로 축소되었음). 그 당시 우리 나라에는 추기경도 아직 계시지 않았고 솔직히 추기경이 무엇 하시는 분인지도 정말 몰랐으며, 번역자 장면 박사는 그저 주미 한국 대사를 지내신 분으로 영어를 매우 잘하시는 외교관 정도로만 알고 있었습니다.

더욱이 그 책이 가톨릭 서적이라는 것은 꿈에도 생각할 수 없었으며, 만약 그 책이 가톨릭에 관한 서적이라는 것을 미리 알았더라면 그 책을 처음부터 빌려 보지 않았을 것입니다. 그리고 원래 제가 어떤 책을 읽을 때 예단을 방지하기 위해 그 책의 서론을 미리 읽지 않는 버릇이 없었다면 아마도 그 책을 읽을 생각조차 하지 않았을 것입니다. 또 어떤 책이든 간에 읽는 도중에 포기하지 않는 습관만 없었어도 저는 그 책을 '마귀의 시험'이라고 혼자 판단하고 '사탄아, 물러가라!'라고 소리 지르며 그 책을 집어던졌을 것입니다. 그러나 당시 열심한 기독 청년이라면 누구나 그럴 법한 대로

"사탄아 물러가라"와

"주여 우리를 시험에 들게 하지 마옵소서!"를 외치며 집어던졌다가도 또 펴들고, 또 집어던졌다가 또 펴들기를 여러 번 하면서도 네 번의 완독과 정독을 하였습니다. 그 후 이 책은 마귀의 시험이거나 그 속에 사탄이 활동하는 것이 아니라 임마누엘 하느님께서 제 삶에 직접 개입하시는 손길로 느끼게 되면서 제 종교적 양심상 하나이고, 거룩하고, 보편되고, 사도로부터 이어오는 가톨릭 교회로 돌아오지 않을 수가 없었던 것입니다.

그러기에 가톨릭 신자가 되게 하신 하느님께 항상 감사 드리면서 자부심을 가지고 지금까지 살아오고 있는 것입니다.

할머니께서는 도대체 무엇이 이 손자를 그렇게 만들었느냐고 물으시겠지요.

예수님께서는 복음에서 당신이 바로 **"길이요, 진리요 생명이다"** (요한 14, 6)라고 말씀하셨습니다. 이것은 주님께서 당신 자신에 대해 내리신 가장 완전한 정의이십니다.

그렇습니다. 예수님은 과연 '진리'이십니다. 우리에게 아버지를 계시하시고 그분의 분명한 '말씀(복음)'을 주시며 하느님의 '계시' 전체를 완성에로 이끄시기 때문입니다.

또한 예수님은 '생명'이십니다. 그분의 구원사업으로 얻게 해주신 '은총'을 통해 우리에게 하느님의 생명을 주시며, 은총 전달의 효과

적 수단으로서 '성사들'을 제정하셨기 때문입니다.

그리고 예수님은 '길'이십니다. 그분은 우리가 구원에 이르기 위해 걸어야 할 '길'로서 우리에게 복음을 주셨고 이를 통해 우리를 성부께로 이끌어 가시기에 이 손자는 그 길을 따라 성교회로 회심하지 않을 수 없었습니다. 그것은 주님의 부르심에 대한 이 손자의 응답이었습니다.

그렇다면 할머니께서는 저에게 이렇게 물으시며 호통을 치실지도 모르겠습니다.

"내가 믿던 개신교회는 길과 진리와 생명이 도대체 없다는 말이냐?"라고요.

그러나 할머니!

'진리'는 있으되 그 해석이 구구각각이었으며, '말씀'도 원래의 것에서 너무 많이 변질되었고, '생명'을 얻는 구원 방법은 주님의 '몸과 피'가 아니라 오직 오역(誤譯)된 성서 하나뿐이었으며, 은총을 얻는 방법은 너무나도 추상적인 '믿음' 밖에는 다른 방법이 없었고, 걸어야 할 '길'은 제시하는 목회자마다 각각 다른 길을 이야기하고 있었습니다.

구원문제는 인생의 최상, 최후, 최대의 문제인 것입니다. 때문에, 성서에서 주님은 **"사람이 온 세상을 다 얻는다 해도 제 목숨을 잃으면 무슨 소용이 있겠느냐?"**(마태 16, 26)라고 하셨고, **"나는 길이요 진리요 생명이다"**(요한 14, 6)라고 하신 것입니다. 그러기에 저는 주님의 엄숙한 말씀에 순종하여 생명을 얻기 위해, 주님의 길과 진리를 그대로 가르치는 주님이 직접 세우신 가톨릭 교회로의 인도를 감사하면서 겸손되이 받아들여야만 했던 것입니다.

예, 그것은 주님의 진리와 사랑이 저를 감싸주었기 때문이라고 저는 확신하고 있습니다. 그야말로 진리가 저를 자유롭게 해준 것이지요(요한 8, 32).

할머니, 저는 그 이후 지금까지 하루 하루가 진정 얼마나 행복한지 모릅니다.
주님! 저를 가톨릭 교회로 불러주심에 감사합니다. 아멘.

문제점으로 떠오른 중요한 점들

"나는 이 책에 기록된 예언의 말씀을 듣는 모든 사람에게 분명히 말해 둡니다. 누구든지 여기에 무엇을 덧붙이면 하느님께서 그 사람을 벌하실 때에 이 책에 기록된 재난도 덧붙여서 주실 것입니다. 또 누구든지 이 책에 기록된 예언의 말씀에서 무엇을 떼어 버리면 이 책에 기록된 생명의 나무와 그 거룩한 도성에 대한 그의 몫을 하느님께서 떼어 버리실 것입니다".

성서를 마음대로 떼어 버려도 좋은가?

할머니, 저는 말을 배우기 이전부터 할머니 무릎에 앉아 하느님 말씀을 매일 들으면서 **"성서는 전부가 하느님 계시로 이루어진 책으로서 진리를 가르치고 잘못을 책망하고 허물을 고쳐 주고 올바르게 사는 훈련을 시키는 데 유익한 책"**(2디모 3, 16)이라는 것을 이해하고, 그 책은 구약 39권, 신약 27권이라고 믿어 왔습니다.

그러나 「교부들의 신앙」이란 책을 읽는 도중 성서는 66권만이 아니라 정경은 73권이며 가톨릭에는 성서뿐만 아니라 성전(聖傳)이란 것도 있으며 "'성서와 성전'은 하느님 말씀의 거룩한 단일 위탁물로서 이 위탁물은 교회에 맡겨져 있다"라는 것을 발견하고 너무나도 놀랐습니다.

물론 이때 저는 이것을 '마귀의 장난'으로 단정하고 "사탄아, 물러가라"를 외치며 그 책을 던져 버렸습니다. 그러나 그렇다고 해서 제 마음이 편해지진 않았습니다. 구원에 대한 지침서는 그 당시까지만 해도 오로지 성서밖에 없다고 믿어 왔던 저이기에 문제는 더욱더 심각했습니다.

처음에는 성서가 73권이라는 말이 믿어지지 않았으나, 더욱 큰 문제는 73권이 옳은 것인지 66권이 옳은 것인지 성서에서도 기도 속에서도 또는 그 큰 학교 도서관의 어떤 문헌에서도 그 대답을 찾을 수가 없었다는 것이었습니다. 당시 제 심정으로서는 가톨릭에서 말하는 73권이 거짓이었으면 하는 마음뿐이었다는 것이 솔직한 고백입니다. 간절히 기도하고 성서를 읽고 각종 종교서적 탐독과 고민 때문에 거의 학교 도서관에서만 지내던 어느 날, 외국 대학의 종교학 책자에서 7권의 외경(위경: Apocrypha)이 있다는 사실을 확인하곤 그에 관한 궁금증은 더해만 갔습니다.

저는 여기서 물러설 수 없었습니다.

'외경은 무엇이며 위경은 또 무엇인가? 그 판정 기준은 무엇이며 판정은 누가 내리는가? 하느님이 직접 내리시는가 아니면 이를 오랫동안 보관해 온 유다 교회가 내리는가? 그것도 아니라면 소위 종교개혁 이전 천주를 믿는다는 그 가톨릭이 내리는가? 그리고 그들이 내린다면 그 근거는 무엇인가?' 등 계속되는 질문만 되풀이하던 중 고맙게도 개신교의 유명한 신학자 R. Barclaius의 책에서 "Canon, 즉 정경은 몇 권의 책으로 된 것으로서 그보다 더 많지도 더 적지도 않다는 것은 성서 자체로는 증명되지 않으므로 여기에 대해서는 성령의 사적 감도나 그렇지 않으면 로마 가톨릭을 신임할 수밖에 없다"라는 그의 양심적인 결론에 공감하고 그 해답을 가톨릭에서야 찾을 수 있게 되었습니다.

답은 매우 간단했습니다. 성서는 구약 46권, 신약 27권, 도합 73권으로서 "하늘과 땅은 사라질지라도 내 말은 결코 사라지지 않을 것이다"**(마태 24, 35; 마르(마가) 13, 31; 루가(누가) 21, 33)라는 확답과 확신이었습니다.

그리고 이 성서(구약)는 기원전 150년경 정경으로 인정된 이래 신약 시대에서도 예수님과 사도 시대를 거쳐 약 1,500년간 정경으로 사용해 왔으나 소위 종교개혁 이후 일부 개신교 종파에서는 구약 39권, 신약 27권을 정경으로 하고 또 어떤 종파는 성 루가(누가)와 성 마르코(마가)는 사도가 아니라 하여 그가 쓴 것을 진짜 복음이 아니라고 주장하기도 하고, 마르틴 루터는 성 야고보서를 "허수아비의 편지"라고 불러 모욕하였으나 다행히 한국성서공의회의 성서 전서에는 루터가 없애 버린 야고보서가 들어 있음도 재삼 확인하였습니다.

확실한 것은 주님과 **"진리의 성령"**(요한 14, 17)께서는 7권의 성서를 떼어 버려도 좋다고 허락하신 바도 없으며 그렇게 떼어 버린 것이 정당하다고 뒷받침하지도 않았다는 것입니다. 그렇다면 상식적으로 생각해 보아도 종교 개혁자라는 사람들이 소위 면죄부(사실은 대사 논쟁) 문제나 그 당시 일부 성직자들의 타락과 부패가 있었다면 스스로 이를 방지하는 소금이 되거나 아니면 종교적 해이만을 개혁할 일이지 감히 죄 많은 인간이 주님의 말씀을 훼손한다는 것은 비록 그것이 구약이라 할지라도 용납될 수는 없는 것입니다. 이는 노아의 자손들이 무엄하게도 높은 탑을 쌓아 하늘에 이르려 했던 교만과 같다고 아니할 수 없는 것입니다.

구약은 어감상 '묵은', '낡은', '오래 된' 것과 같은 형용사가 붙어 있어 이 책을 읽기도 전에 무의식적으로 또는 심정적으로 가볍게 취급하려는 경향이 없지는 않았습니다. 그러나 아직도 예수 그리스도를 인정하지 않는 유다이즘의 입장과는 달리 우리는 구약을 예수님의 신비를 예언한 말씀으로 굳게 믿고 있으며 또 믿어야만 합니다.

교회는 구약성서가 하느님의 영감을 받은 '계시의 책'이라는 사실을 기회 있을 때마다 선언하였으며, 2세기경 구약성서를 얕잡아 보던 영지주의자들을 이단으로 파문하였고 또 히브리서 10장 1절의 말씀을 일방적으로 받아들여 너무나 오랫동안 사도 바오로(바울)의 율법 거부에 심취한 나머지 구약성서 전체를 거부함으로써 많은 악영향을 끼친 마르치온(160년)을 단호히 이단으로 배격하였습니다.

이를 가리켜 아직도 일부 개신교 목회자들은 "가톨릭은 구약을 믿는 종교"라고 하는 터무니없는 모략과 악의에 찬 중상을 하고 있으나, 주님을 반대하는 유다인의 히브리 경전만을 그대로 성서로 받아들이고 헌금을 유도하기 위해서는 신약에는 없고 구약에만 있는 십일조 정신을 내세우면서 기복신앙에 호소하는 개신교야말로 헌금에 관한 한 어찌 보면 유다교의 한 교파 같기도 합니다.

그리고 베드로 대성당을 짓기 위한 소위 면죄부(대사논쟁) 문제로 교회를 개혁한다고 갈라져 나간 형제들이 지금에 와서는 교회를 통째로 그것도 '프리미엄'을 붙여서 사고 팔고 하는 끔찍한 짓을 하면서도 '전도와 선교를 위한 것이며 하나님을 위한 것'이라는 사람들에게 무슨 말을 더 하겠습니까? **"다시는 내 아버지 집을 장사하는 집으로 만들지 말라"**(요한 2, 15-16)고 하신 주님의 채찍에 맡길 수밖에요.

이 손자는 똑똑히 보아 왔습니다. 그리고 저는 그 당시 가톨릭에 관한 것이라면 무조건 믿지 말고 멀리하라고도 배웠습니다.

우리는 삼성 냉장고에 관한 정보를 얻기 위해 대우전자에 가서 알아보려 하지 않고, LG 상품의 정보를 얻기 위해 현대에 가지 않습니다. 이 손자는 너무나 오랫동안 국내 및 국외 정보를 수집, 분석, 판단하는 분야에 파견되어 일해 왔기에 '경쟁자에게서 얻는 정보란 언제나 편견투성이이며 무엇을 아주 빼 버리거나 과장하지 않은 정보를 얻기란 매우 드물다'는 사실을 잘 알고 있습니다. 물고기를 잡으려면 산으로 가지말고 바다로 가야 하듯이 저는 진리를 따라 가톨릭 교회에 들어와야 했으며 들어와서야 옛날의 모든 것이 거짓 또는 과장된 것임을 알 수 있었습니다.

그러나 지금은 모두 하나가 되어야 할 때입니다. 이런 것으로 논쟁을 삼을 때는 아닙니다. 다만 우리는 바오로 사도의 신약과 구약의 백성을 엄격하게 구별하면서도 신약의 백성에게 흔히 잊혀지기 쉬운 다음의 말씀을 명심토록 해야 합니다. 즉 **"그대가 뿌리를 지탱하는 것이 아니라 뿌리가 그대를 지탱하는 것입니다"**(로마 11, 18)라는 고백입니다. 이 말씀은 주님의 원뿌리에서 갈라져 나간 개신교의 현주소라고도 저는 감히 말씀드릴 수 있습니다.

구약에 관해서는 언젠가 주님께서 **"너희는 성서 속에 영원한 생명이 있는 것을 알고 파고들거니와 그 성서는 바로 나를 증언하고 있다"**(요한 5, 39)는 말씀을 하셨는데, 이 말씀은 그 당시 신약성서는 아직 나오지도 않은 시기였고, 다만 율법 스승 바리사이파(그 당시 평민들 중 열성파) 사람들이 예수님을 하느님으로 인정하지 않음을 꾸짖는 말씀으로, 여기의 성서는 당연히 구약을 가리키는 말씀으로 볼 때에 소위 종교 개혁자들은 결과적으로 개혁이란 미명 아래 '주님을 증언'하는 계시의 말씀을 떼어 버린 것이 됩니다. 이것은 확실합니다. 그뿐만이 아닙니다.

마르틴 루터라는 소위 종교 개혁자는 성서를 독일어로 번역하면서 구약의 마카베오 상·하권과 신약의 야고보서를 빼어 버렸습니다. 구약의 마카베오서는 '연옥 교리'가 실려 있는 하느님의 말씀이고 야고보서는 **"행동이 없는 믿음은 죽은 믿음입니다"**(야고 2, 26)라는 핵심 구절로 된 것으로서 파문된 신부의 소위 의화 체험과는 다르기 때문입니다.

그는 또 로마서 3장 28절 **"사람은 율법을 지키는 것과는 관계없이 믿음을 통해 하느님과 올바른 관계를 맺는다고 우리는 확신합니다"**라는 말씀을 "오직 신앙으로 말미암아"라고 하며 '오직 신앙'만으로 구원되는 것으로 여기도록 위작(僞作)하였습니다.

또 고린토 전서 4장 20절 **"하느님 나라는 말에 있지 않고 능력에 있으니 말입니다"**를 "…능력에 있지 않고 말에 있다"라고 뒤집어 놓았습니다. 우리 나라 개신교 성경전서에는 제대로 번역된 것이 퍽 다행한 일입니다.

그러나 불행히도 마태오 19장 29절에서 '아내'라는 말을 빼었고, 루가 2장 48절 성모 마리아께서 예수더러 "아들아"라고 하신 것을 "아이야"로 고쳐 놓았습니다(Envers Ⅲ 323).

당시 엠서(Emser)라는 사람은 "루터는 그리스도 교회가 옛적부터 신뢰해 오던 원문의 여러 곳을 혼란하게 하고 어리석게 만들었고 비뚤어지게 만들어 교회에 불리하도록 하였다. 또 이단적인 주해와

서문으로 교회에 해독을 끼쳤다. 그는 신앙과 선행을 다루는 성구에 이르러서는 횡포하게도 거의 전부 손을 대었다"라고 증언하는 동시에 1,400여 군데의 부정확함을 지적하였습니다(Jansen History of German People, V p. 425).

이것은 결코 루터의 무지로 돌릴 수는 없습니다. 그러기에는 그는 너무나 똑똑하였습니다.

할머니!

사실이 이러한데도 이 손자가 주 하느님의 말씀마저 자기 마음대로 떼어 버리는 이들에게 계속하여 제 영혼을 맡길 수 있었겠습니까? 결코 안 되는 일이지요.

당시 저는 이런 사람들을 "너희는 지식의 열쇠를 치워 버렸고 자기들도 들어가지 않으면서 들어가려는 사람마저 들어가지 못하게 하는"(루가 11, 52) "나더러 주여, 주여만 하는 자"(마태 7, 21)라고 혼자 분개도 해 보았으나, 지금은 주님께서 이런 사람들이 있을 것을 미리 아시고 성서 제일 마지막 장에 요한 사도를 시켜 하신 "나는 이 책에 기록된 예언의 말씀을 듣는 모든 사람에게 분명히 말해 둡니다. 누구든지 여기에 무엇을 덧붙이면 하느님께서 그 사람을 벌하실 때에 이 책에 기록된 재난도 덧붙여서 주실 것입니다. 또 누구든지 이 책에 기록된 예언의 말씀에서 무엇을 떼어 버리면 이 책에 기록된 생명의 나무와 그 거룩한 도성에 대한 그의 몫을 하느님께서 떼어 버리실 것입니다"(요한묵시 22, 18-19)라고 하신 말씀을 상기시켜 드릴 따름입니다.

이렇게 하느님의 말씀이 사람의 손에 의해 훼손된 이래 사랑은 이기심과 증오로, 믿음은 교만과 의심으로, 희망은 어둠과 절망으로, 정직은 기만과 사기로, 선은 사악과 완고한 마음으로 바뀌어 가고 있습니다.

특히 이 시대에는 증오와 억제할 줄 모르는 이기심이 한층 더 위험한 양태로 도처로 퍼져 나가고 있습니다. 악령은 어디에나 분열을 일으킵니다. 가정, 사회, 교회 그 어느 곳이든지 예외가 아닙니다.

오늘날에는 사람들끼리 서로 이해한다는 것이 얼마나 어려운 일이 되었는지 모릅니다. 더욱이 교회간의 이해와 상호 일치는 그저 구호에 지나지 않습니다. 때문에 우리는 어떻게 하면 '하느님의 말씀'을 믿고, 간직하고, 사랑하고, 실천할 수 있는가를 모두 함께 고민해야 하며 함께 기도할 때입니다.

성서(聖書, 성경)에 관하여

　성서 또는 성경이란 하느님께서 당신 자신과 인류에 대한 당신 의지에 관해 계시하신 바를 성령의 영감을 받은 기록자가 작성한 책들(Biblia:-성서의 어원)의 집합체로서 교회에서 정전(正典)이라고 인정한 것을 말합니다.

　성서는 그 시대와 저자들의 매우 다양한 책들의 대집전으로 나타나며 그 전집(全集)의 가장 오래 된 본문과 마지막(최후)으로 쓰여진 본문들 사이에는 거의 천년이나 되는 세월이 흘렀습니다.

　하느님의 말씀이 담겨져 있는 책의 저자는 할머니 말씀대로 바로 하느님이십니다. 그러나 그것은 어느 목사나 장로의 말대로 하느님께서 직접 붓을 들고 쓰셨다거나 인간에게 받아쓰게 하는 식으로 제작되었다는 의미가 아닙니다.

　그리고 이 기회에 두 분 할머니께 말씀드려야 할 것은 성서는 처음부터 '하느님'이 몇 장 몇 절을 직접 정해주셨다고 알고 있는 것과는 전혀 반대로 프랑스 파리대학의 랑통(E. Langton) 학장이 성서의 어느 한 부분을 쉽게 찾을수 있도록 하는 방법을 모색하던 중

1226년 드디어 성서의 '장'을 구분하였고, 그 이후 이 '장'의 구분을 근거로 하여 1551년 파리의 인쇄업자 에티엔느(R. Etienne)가 '절'을 연구 발표하여 오늘날 대부분의 성서에 그대로 사용하는 것입니다. 즉 '하느님'께서 직접 사람에게 '장'과 '절'을 구분하여 그대로 사용하도록 명령한 것은 아니라는 사실입니다.

옛날 할머니께서 그렇다고 말씀하신 것은 그만큼 제가 하느님의 말씀을 정확하고 빠짐없이 외우라는 격려의 말씀으로 받아들여 감사하고 있으며 또한 저를 장차 훌륭한 목사로 만들어 보려던 두 분 할머니의 묵계를 그렇게 해서라도 실현해 보려는 고마움으로 이해하고 있습니다. 그러나 확실한 것은 성서의 '장'과 '절'이 정해진 것은 불과 500년도 채 안 된다는 사실입니다.

그리고 성서의 생성 배경을 보면, 원래 이스라엘이 에집트에서 탈출하여 젖과 꿀이 흐르는 약속의 땅에 들어가 정착하기까지 약 40년 동안 광야에서 유랑 생활을 하게 되었는데, 광야는 인간이 살기 위해 필요한 기본 조건인 먹고 마실 것조차 결핍된 온갖 위험이 가득 찬 죽음의 그림자가 짙게 드리워진 곳이지만 야훼 하느님께서는 그들을 만나와 메추라기로 먹이시고 바위에서 샘물을 솟게 하여 마시도록 하였습니다.

물론 그들은 하느님께 대해 불평불만과 불충도 하였으나 절박한 위험에 직면하였을 때에는 두 손을 높이 쳐들어 기도함으로써 하느님 구원의 능력과 위로를 경험하게 됩니다. 신이 안 계신다고 느끼게 하는 광야에서 하느님을 의식하고 하느님과의 만남을 체험했습니다.

이 점이 타민족의 역사와 이스라엘 역사와의 근본적인 차이라고 할 수 있으며 이스라엘 역사는 하느님이 그들의 역사에 직접적으로 그리고 구체적으로 개입하셨다는 그 이유 때문에 구원의 역사가 되었습니다. 그리고 하느님께서 그들 역사의 사건과 인물들을 통해 말씀하신 그 역사의 기록이 곧 성서가 된 것입니다.

"성서를 저술하기 위해 인간을 선택하신 하느님은 저자(또는 기자의)의 역량과 능력을 그대로 이용하여 그들 안에서 그들을 통하여 당신 자신이 활동하셨고 그들이 참된 저자로서 하느님이 원하시는 것만을 모두 다 기록하게 하였습니다."

즉 하느님은 인간 저자의 시대적 상황, 문화 환경, 그의 표현 능력과 한계, 그의 성품 등을 그대로 사용하게 함으로써 성서 저술에 인간의 주도권을 배제시키지 않으셨으니 이 안에 하느님과 인간과의 심오한 협력 신비가 나타나는 것입니다.

구약 시대에는 기원전 1000년경부터 이스라엘(유다) 민족은 하느님께서 자기 민족의 구원과 해방을 위해 자기 민족사에 어떻게 활동하셨는가를 기록하기 시작하였습니다. 이렇게 하느님께서 세상에 역사(役事)하신 것을 기록한 여러 권의 책들을 한데 묶어서 정경(正經)으로 인정하기까지는 많은 시일이 걸렸습니다.

기원전 450년경까지는 모세오경만을 정경으로 인정하였고, 그 후 기원전 150년경이 되어서야 지금의 구약성서가 정경으로 확정되었습니다.

신약 시대에 들어와서도 글로 쓰여진 신약성서가 있기 훨씬 이전부터 초대 교회의 복음선교는 예수님의 말씀과 행적을 전파하고 있었습니다. 간단히 말해서 복음서는 이러한 구전적 전승(口傳的傳承)을 수록한 책이라 할 수 있습니다.

즉 '교회와 복음'은 성서라는 책이 있기 이전에 존재하고 있었으며 성서도 아예 처음부터 교회에서 생긴 책이며 교회를 위한 책이요, 교회 안에서 사용하고 해석하는 책이었습니다. 이 책은 어떤 보고서처럼 쓰여진 것이 아니고 신앙과 불신을 가름하는 편지요, 소식이며, 한마디로 복음이었습니다. 그리고 이 복음이 오늘날의 신약성서로서 확정되기까지는 300년이라는 세월이 걸렸습니다.

- 교회는 하느님의 계시 진리를 가르칠 사명을 받은 유일한 교사입니다.
- 성서는 하느님의 말씀을 간직한 커다란 창고입니다.

또 성서는 교회의 책으로서 우리 손에 쥐여졌고 아직도 그런 것으로서 다른 사람들에게 전해지고 있습니다. 실상 누가 성서를 손에 들고 그것을 읽기 시작했다면 그것은 대개 교회 안에서의 일 것이며 어떤 모양으로든지 교회와 접촉을 갖게 되면서부터 읽게 되었을 것입니다. 만일 교회라는 공동체와 그 신앙이 없었다면 성서가 과연 성서로서 오늘날까지 존속할 수 있었는지조차 의문스럽습니다.

즉 교회가 없었다면 성서는 확실히 우연한 기회에 쓰여진 가지각색의 저서들이 우연한 기회에 한데 모여 이루어진 책일 것이고 거기에 전해 오는 금언(金言)이나 속담(俗談) 혹은 여러 가지 이야기들은 처음에 읽어 보면 그저 괴상하고 기이하게 보일 것이며 실상 그

깊은 의미와 그것이 우리에게 도움을 줄 수 있는 힘이 얼마나 위대한가를 얼른 깨닫지 못할 것입니다.

우리가 오늘날 성서를 읽고 이해할 수 있다면 그것은 모든 시대에 걸쳐 모든 나라에 이르기까지 교회가 **"성령과 그의 능력"**(1고린 2, 4)으로서 우리에게 성서를 증거하고 이를 깨닫게 해주었기 때문입니다. 그러기에 성 아우구스티노(성 어거스틴)도 "하나이요 보편적인 교회의 권위가 없었다면 나는 복음을 믿지 않을 것이다"라고 말할 수 있었던 것입니다.

예수님께서는 단 한 줄의 성서도 친히 쓰지 않으셨고 또 제자들에게 성서를 쓰라고 명하신 적도 없습니다. 다만 사도 요한에게 묵시록을 기록하라고 계시하신 적은 있습니다.

예수님께서 유다교를 없애시고 새로운 당신의 몸인 교회를 세우실 때 당신의 복음이 성서의 전파로 널리 퍼지기를 명하지 않으시고 입을 통한 설교로 만민을 교화하시려 하셨습니다. 또한 제자들을 여러 곳으로 파견하실 때 이미 있던 성서를 배포하라 하시지 않으시고 **"너희는 온 세상을 두루 다니며 모든 사람에게 이 복음을 선포하여라"**(마르 16, 15), **"너희 말을 듣는 사람은 내 말을 듣는 사람이다"**(루가 10, 16)라고 하셨습니다.

또 주님의 12제자와 72인의 또 다른 제자는 물론 초대 교회 신자들 가운데 여덟 분만이 성서를 기록하였으며, 네 복음서와 서간 등은 모두 어느 개인이나 어떤 교회에 보낸 것입니다. 또 그것(성서)은 교회 내의 어떤 폐습을 바로잡을 목적 또는 신자들의 행동 규범을 세워 줄 목적으로 하는 주교의 교서(敎書) 같은 것이며 이것을

"성령의 영감을 받은 자가" 기록하였다고 교회가 인정한 교회 책들의 집합체를 말하고 있습니다.

"**모든 인간은 풀과 같고 인간의 영광은 풀의 꽃과 같다. 풀은 마르고 꽃은 떨어지지만 주님의 말씀은 영원히 살아 있다**"(이사 40, 6-8), "**여러분에게 전해진 복음이 바로 이 말씀입니다**"(1베드 1, 24)라는 성서의 말씀은 으뜸 사도 성 베드로가 소아시아 지역에 흩어져 사는 이민(移民)자들에게 구약의 이사야서를 인용하여 쓴 첫 번째 편지입니다.

성전(聖傳)에 관하여

할머니!

앞서 말씀드렸던 바대로 성전(聖傳)에 관해 말씀드리고자 합니다. 한마디로 요약하여 '성전'이란 '성서에 기록되지 않은 하느님의 말씀이며 주님과 사도들의 가르침과 배운 바를 설교와 모범과 교훈으로 전한 것'을 말합니다. 가톨릭 교회의 전통도 이 성전에 해당되며 이것은 성서로도 증명됩니다.

- *구약에서* "너희 아비에게 물어 보아라. 그가 가르쳐주리라. 노인들에게 물어보아라. 그들이 일러주리라"(신명 32, 7).
  "하느님, 우리는 두 귀로 들었습니다. 우리 선조들이 하는 이야기를 들었습니다. 선조들이 살던 시대 그 옛날에 당신께서 하신 일들을 전해 들었습니다"(시편 44, 1).
- *신약에서* "예수께서는 이 밖에도 여러 가지 일을 하셨다. 그 하신 일들을 낱낱이 다 기록하자면 기록된 책은 이 세상을 가득히 채우고도 남을 것이라고 생각한다"(요한 21, 25).

"우리가 전한 말이나 써 보낸 글을 통해서 여러분에게 가르쳐 준 전통(교리)을 굳게 지키십시오"(2데살 2, 15).

성서는 성령의 영감을 받아 기록된 하느님 말씀이며, 성전은 하느님께서 주 예수 그리스도와 사도들에게 위탁하신 하느님 말씀입니다. 사도들은 위탁된 하느님의 말씀을 후계자들에게 전해 주었고 후계자들은 성령의 비추심을 받아 그 말씀을 충실히 보존하고 설명하며 널리 선포하여 왔습니다. 이러한 성전과 성서의 관계는 똑같은 하느님의 계시이며 서로 밀접히 연결되어 같은 목적을 지향하고 있습니다.

기록된 말씀이나 전해지는 하느님의 말씀과 전통에 대한 유권적 해석은 예수 그리스도의 이름으로 그 권리까지 행사하는 교회의 교도권에만 맡겨져 있습니다. 이 교도권은 하느님 말씀보다 더 높은 것이 아니라, 하느님 말씀에 봉사하고 전하고 가르치며 하느님의 명령과 성령의 도우심으로 하느님의 말씀을 경건히 듣고 거룩히 보존하며 성실히 진술하고 또한 하느님의 계시로 믿어야 한다고 제시하는 것이지 어느 유명한 목사나 어느 한 개인에게, 특히 주님의 몸인 교회에서 파문된 신부에게 맡겨진 것이 결코 아닙니다.

즉 "예수께서는 이 밖에도 여러 가지 일을 하였다. 그 하신 일들을 낱낱이 기록하자면 기록된 책은 이 세상을 가득히 채우고도 남을 것이다라고 생각된다"(요한 21, 25)라고 하신 요한 복음의 맺는 말이 이를 증명할 것이며, "우리가 전한 말이나 써 보낸 글을 통해서 여러분에게 가르쳐 준 전통(교리)을 굳게 지키십시오"(2데

살 2, 15)와 **"나에게서 들은 건전한 말씀을 생활원칙으로 삼으시오"**(2디모 1, 13) 등의 말씀은 성서에 기록되지 못한 가르침과 전통이 또 있음을 가리키는 것입니다. 가톨릭 교회는 이 성전을 초기 교회 때부터 잘 보전해 오고 있으며 성서와 함께 똑같이 존중하고 있습니다.

실상 성서에는 신조(信條) 전부가 들어 있지도 않고, 또 거기에서 신자가 준수해야 할 세부 내용 전부를 찾아낼 수도 없습니다. 주일을 거룩하게 지켜야 하는 의무를 예로 든다면, 성서에서는 그에 대한 명백한 구절을 하나도 찾아볼 수 없습니다. 오히려 성서의 안식일은 토요일이지 일요일은 아닌 것입니다. 또 우리는 성령께 기도를 드리는데, 그러나 성령께 기도하라는 구절은 성서에서 발견할 수 없습니다.

할머니,

그 당시 이 손자는 성전의 존재를 입증할 사도 바오로의 다음 말씀을 통해 앞으로 제가 나아갈 방향을 제시하시는 주님의 음성을 뚜렷하게 들을 수 있었습니다.

"우리에게서 받은 전통을 따르지 않는 교우는 멀리해야 합니다"(2데살 3, 6)라는 말씀입니다.

그렇습니다. 주님과 사도로부터 1,500여 년간 이어 내려오는 전통을 완전 무시하면서 **"가증한 것이 거룩한 곳에 서서"**(마태 24, 15) 마치 자기가 전능하신 하느님의 아들보다 더 우위에 있는 양 **"나보다 먼저 온 사람은 모두 다 도둑이며 강도이다"**(요한 10, 8)라고 하 듯 "구약성서도 7권은 외경 또는 위경이다" "성전은 필요 없다. 도외시해도 된다" 심지어 주님께서 직접 세우신 "7성사"마저 무시하고 진리를 마구 짓밟는 소위 종교개혁자와 후계자들을 더 이상 따를 수가 없었고 사도 바오로의 말씀처럼 멀리해야 했습니다.

이들의 말을 그대로 따른다면 73권의 성서와 성전을 가지고 1,500여 년 동안 주님을 믿어 온 사도들과 그 후계자와 수많은 순교자와 성인 성녀들과 무수한 신도들은, 그 믿음이 잘못된 것으로서 오류가 1,500여 년 동안 존속되어 온 것이 됩니다.

이는 분명 지옥의 세력이 그리스도를 유린한 사태이며 예수님께서 **"세상 끝날까지 너희와 함께 계시겠다"**(마태 28, 20)고 약속하시고, **"진리의 성령을 보내시어 영원히 교회에 머물러 계시게 하겠다"**(요한 14, 16)고 하신 말씀이 결과적으로는 거짓말을 했다는 것이 되며 주님께서는 생명인 진리를 잃어버려 오류에 빠진 교회를 방관만 하고 계신 결과가 되는 것입니다.

"예수 그리스도는 이랬다 저랬다 하시는 분이 아니십니다"(2고린 1, 19).

이는 주님과 성령께 대한 모독이며 독성인 것입니다.

교회는 성전과 성서를 정성을 다해 함께 보전하여 왔습니다. 여기에 성전에 관한 신앙 교부들의 증언을 소개합니다.

- ■*2세기*: 성 이레네오(130-202년)는 "전 지구상에 널리 퍼져 있는 신앙과 교리와 성전은 전 세계의 교회가 마치 한가족과 같이 또 한 영혼과 한 마음과 한 입을 가진 듯이

일치하게 신봉한다"라고 하였고,
- *4세기*: 성 아타나시오(296-373년)는 "이러한 전통과 교리와 믿음은 그리스도께서 말씀해 주셨고 사도들이 선포했으며 교부들이 지켜 온 것이고 그 위에 교회가 설립되었기 때문입니다"라고 하였으며,
- *5세기*: 성 아우구스티노(성 어거스틴: 354-430년, 성녀 모니카의 아들)는 "그러므로 이와 같은 크리스챤의 전통적인 이름들은 참으로 많고 아주 강력하며 가장 마음에 들기 때문에 믿는 이를 가톨릭 교회에 머물게 합니다"라고 말씀하셨습니다.

 이 같은 전통에 근거한 교리들은 초대 교회에서부터 계승되어 왔고, 이 성전은 1517년 소위 프로테스탄트가 생겨나기 이전까지의 약 1,500여년 간은 가톨릭은 물론 비가톨릭적인 곱트 교회, 그리스 정교회, 러시아 정교회에 이르기까지 매우 보편적이었음을 증명할 수 있습니다.
 예수님께서 승천하신 후 한동안은 정식 성서는 아직 존재하지 않았으나 '교회는 존재'하였고 또 '복음과 성전도 존재'하였으며 그리고 이 성전을 기초로 하여 성서가 나오게 된 것이기 때문에 성전을 부정하면 곧 성서를 부정하는 모순을 낳게 되는 것입니다.
 어떤 목사들은 교부들도 사람인 이상 그들의 말도 결국 사람의 말이지 성서는 아니라 하여 전혀 이를 도외시하고 오직 성서 문구에만 집착합니다. 또한 "오직 성서만이!"를 외치면서 성서만을 구원의

유일한 지침서인 양 말하면서 성전 따위는 필요가 없다고도 합니다.

이와 같은 말은 1517년 소위 종교개혁자들이 주님께서 직접 제정하신 7가지 성사를 그들의 사제직 파문으로 인해 직접 집전할 수도 없고 가톨릭 교회에서 가지고 나간 것은 오로지 성서 66권밖에 없기 때문에 나온 주장이기도 합니다.

또한 인류가 인쇄술을 발명한 것도 근세인 1440년 구텐베르크에 의해서 이루어진 것입니다. 따라서 성서가 완성된 4세기경(300년경)부터 인쇄술이 발명된 15세기(1440년)까지 10여 세기(1,000여 년) 동안에는 오늘과 같이 성서 한 권씩을 공급하기란 불가능한 일이었습니다. 그리고 성서가 없었던 초대 교회 시대가 오히려 그리스도 교회의 황금 시대라는 것은 그들도 너무나 잘 알고 있는 역사적 사실입니다.

만약 성서가 구원을 위한 유일한 지도서라면 성서가 없던 시대의 신자들은 어떻게 구원되겠습니까? 성서가 모든 것을 다 가르쳐 주고 모든 것을 다 해결해 주는 만능의 것만은 아닙니다. 그리고 주님께서 행하신 사소한 일들까지 모두 들어 있지도 않습니다.

만일 그 같은 사소한 일들이 모두 들어 있다면 성서에는 예수님이 매일 세 끼의 식사를 하셨다거나 또 하셨다면 어떻게 해서 드셨다거나 하는 말은 없으며 또 주님께서 분명 다녀오셨을 화장실에 다녀왔다는 기록은 왜 없느냐고 물어 보면 성서 모독이라고 화부터 먼저 냅니다.

"입으로 들어가는 것이 사람을 더럽히지 않고 오히려 입에서 나오는 것이 더럽힌다"(마태 15, 11)는 주님의 말씀을 알면서도 추한 말을 하는 친구도 있습니다.

가톨릭 교회는 어느 교부 한 사람의 의견만을 절대시하지 않습니다. 그리고 대체로 성서와 교리에 대한 초대 교부들의 공통적 해석을 매우 존중합니다.

수많은 기적을 행하며 진리를 전하시던 그리스도와 사도들이 그 진리를 오류가 없는 공공(公共)연한 진리로 후계자들에게 이해시키지 못했을 리 없고 또 진리를 위해서는 목숨까지 희생한 당시 신자들과 교부들이 스승의 가르침을 알아듣지 못하고서 그것을 함부로 남에게 가르쳤을 리도 만무합니다.

그들(초대 교부들)은 사도들의 문하생이 아니면 2대 3대 제자들이었으므로 사도들의 가르침을 정확히 파악했을 것이며 또한 이미 진리를 깨닫게 하시는 성령 강림 이후이니 더욱 그러했겠지요. 그러므로 초대 교회의 뛰어난 박학자요 또 순교까지 한 가장 경건한 교부들이 믿고 인정(信認)하는 성전이야말로 그리스도와 사도들이 남긴 가르침이 분명하다고 믿습니다.

가톨릭 교회는 성전과 초대 교부들의 공공적 신앙에 준거하여 성서를 해석합니다.

성서에는 **"하느님 야훼(여호와 하나님)께 맹세했으면 꼭 지켜야 한다"**(신명 23, 24)고 말씀하십니다. 그러나 하느님 앞에 청빈과 정결과 순명을 서약(맹세)해 놓고서도 어느 날 갑자기 자기 마음대로 이를 모두 파기한 소위 개혁자의 개인적인 의화 체험으로 교회를 갈라놓고, 교회의 성전마저 도외시하고 더욱이 **"의인은 오직 믿음으로 살리라"**(로마 1, 17 개신교 번역)라는 주장 때문에 **"행동 없는**

믿음은 죽은 믿음"(야고 2, 26)이라고 한 성서마저 "허수아비의 편지"라면서 내던진 사람의 길은 당연히 넓을 수밖에 없으며 그 길을 따르는 사람도 많을 수밖에 없습니다(마태 7, 14; 루가 13, 24).

이 손자는 500여 년간의 의화논쟁도 종식된 이즈음 여기에 관해서는 더 이상 말씀드리지 않겠습니다.

다만 저는 주님께서 말씀하신 **"좁은 문으로 들어가"**(마태 7, 13) 비록 그리로 찾아 드는 사람이 적을지라도 이 지상 나그네로서 순례의 여정을 마감하는 날까지 그들과 함께 걸어가기로 결심하였습니다.

희랍(헬라)어 성서와 제1·제2경전

할머니!
이스라엘 역사는 하느님께서 직접 개입하신 구원의 역사라고 말씀드렸습니다.

그들의 역사 중 기원전 1000년경 다윗의 아들 솔로몬 왕이 죽자 이스라엘은 두 왕국으로 분리됩니다. 북쪽은 이스라엘이고 남쪽은 유다인데, 유다는 정통 다윗 왕가를 계승한 나라이지만 이스라엘은 다윗 왕가를 이탈한 나라가 됩니다(2열왕 17장).

그 이후 이들은 야훼를 배반한 죄로 이스라엘은 앗시리아에 패망하고, 유다는 바빌로니아에게 멸망당해 유배 생활을 하게 됩니다(2열왕 25장). 이것이 곧 바빌론 유배입니다. 이때 성전은 폐허가 되었고 예배 의식도 중단되었습니다. 예언자들은 그 까닭이 계약에 불충실한 때문이라고 정확하게 지적하였으며, 자신들의 죄를 깨닫고 물려받은 유산을 연구하기 시작하여 율법을 전문적으로 연구하는 학자들과 주석가들이 나오게 되었습니다. 그들이 바로 성서에 등장하는 율법학자, 즉 랍비들(개신교:서기관)입니다.

그런데 중요한 것은 이 유배 기간 동안 자기들의 죄를 통회하는 랍비들에 의해 그들의 성서는 계속 기록되고 있었다는 사실입니다.

그 이후 기원전 333년 그리스의 알랙산더 대왕은 페르시아를 점령하고 세계를 통일하게 됩니다. 이때부터 지중해 세계의 많은 나라들이 공용어로서 희랍어를 사용하게 되는데 이것은 역사적으로 매우 중요한 사실입니다.

이때부터 랍비(서기관)들에 의한 성서 기록은 히브리어뿐 아니라 희랍어로도 쓰이기 시작합니다. 원래 히브리어로 쓰여진 성서를 희랍어로 번역할 필요가 절실히 요구된 이유는, 나라를 잃고 떠돌이하던 유다인과 알랙산드리아 지방으로 이민해 온 많은 유다인들과 그리고 그들의 후손들이 히브리말을 잊어버리고 그리스 문화에 동화되는가 하면, 더더욱 우려되는 것은 이들이 자기 민족을 구원하신 하느님과 이스라엘의 뿌리마저 잃어버릴 위기에 처해졌기 때문입니다.

이에 기원전 250년경 희랍어에 정통한 유다인 학자 70명이 알렉산드리아에 모여 성서를 희랍어로 번역하게 되어 완성하게 되는데, 이를 '70인역'이라 부르게 됩니다. 이제 순수 히브리어 성서에서 희랍어로 번역된 39권과 희랍어로 쓰여진 7권을 합쳐 총 46권의 성서가 출현하게 되었습니다.

그리고 약 340여 년간 사용해 오던 이 성서는 기원후(주후) 70년에 로마 제국에 의해 예루살렘 성전이 함락, 파괴되고 유다인들이 팔레스티나에서 쫓겨납니다. 여기서 이래서는 안 되겠다고 여긴 율법 학자들이, 기원후 90년경 그들의 율법을 간직하고 유다인이라는 선민 의식을 가지고 살아가도록 하려는 취지에서 히브리 언어를 강조한 40권의 히브리어 성서 중 원본을 찾지 못한 1권을 제외한 39권만을 최종적으로 확정하고 희랍어로만 쓰여진 7권의 성서는 정경에서 제외시켰습니다.

이때부터 구약성서의 정경이 두 종류가 나타나게 됩니다.

- 팔레스티나 유다인 정경: 제1정경(히브리 정경)
- 헬라(그리스)문화권 유다인 정경: 제1경전 및 제2경전이라 불리는 정경목록 ; 바룩서, 토비트서, 유딧서, 마카베오 상·하, 집회서, 지혜서(7권)
- 이중 마카베오 상권은 원래 히브리어로 쓰여졌으나 원본이 분실되고 희랍어 번역본만 남아 있다고 하여 이것마저 제1경전에서 제외시킴.

여기서 우리는 고집센 유다인의 모습을 또 볼 수 있습니다.

그런데 할머니, 사도들과 사도 시대 교부들 중 누구도 제2경전이 성령의 영감을 받은 하느님의 말씀이라는 것을 의심하는 사람은 아무도 없었습니다. 원래 제2경전이라는 용어는 중세기에 시에나의 식스토(1528-1569년)에 의해 붙여진 이름이고 초기 교부 시대에는 제1경전, 제2경전 구분 없이 그저 "교회의 책들(Libri ecclesiastici)"이라고 불렀습니다.

그러나 소위 종교 개혁자들은 16세기 이르러 제2경전을 성서에서 제외시켜 버렸습니다. 그리고 루터는 또 1534년 독일어로 번역한 구약성서 끝에 제2경전을 '외경(Apokrypha)'으로 간주하여 부록으로 붙여 놓았습니다.

원래 '외경'이란 용어는 '감추어진'이라는 의미를 지닌 그리스어(희랍어, Apokryphos)에서 나온 말로서 보통 사람으로서는 이해하기 힘든 '감추어진' 내용을 담고 있다는 뜻에서 붙여진 이름이지만 지금은 이것마저 인정하지 않으려 합니다.

가톨릭 교회에는 정경(즉 교회의 책들) 이외에 유다인들과 초대교회 신자들에게 읽혀지고 있던 책들도 많이 있습니다. 이런 책들을 '외경'이라고 하며 신앙생활에 유익이 된다고 믿고 있으나 개신교에서는 아무런 근거도 없이 이를 '위경(僞經)', 즉 '거짓된 책(Pseudepigrapha)'이라고 합니다. 때문에 이 성서에 관하여 현재까지 가톨릭과 개신교 간에는 그 용어상 차이가 있어 여기에 표시합니다.

가톨릭	개신교
제1경전	정경
제2경전	외경
외경	위경

※ 최근 쿰란 동굴에서는 히브리어로 쓴 제2경전이 일부 발굴되었다고 합니다.

희랍(헬라)어 성서(70인역)의 중요성과 신약성서(新約聖書)의 형성

70인역 희랍어 성서는 첫 수 세대의 그리스도인들에게 성서의 권위를 행사하였습니다. "**나는 알파(A)요 오메가(Ω)다**"(희랍어의 알파벳)라고(묵시 1, 8) 하신 주님과 사도들도 이 성서를 사용하셨고, 신약성서의 저자들도 대부분 이 희랍어 번역본을 인용(약 300회 이상)하고 있습니다.

초기 교회는 이 희랍어 번역본(70인역) 성서를 경전으로 인정하였고(382년) 이것을 공식적인 전례 성서로 받아들여 사용하여 왔습니다. 또한 후기 구약성서들 몇 가지와 신약성서 전부는(마태오 복음만 예외일 가능성이 있음) 원래 희랍어로 쓰여졌으며 로마의 그리스도교 전례도 3세기까지 희랍어로 집전되었습니다. 또 초대 교회는 한결같이 히브리어 성서를 제1경전이라 하여 똑같이 성서로 받아들였습니다.

그러나 개신교에서는 1517년까지 사용해 오던 이 성서를 임의로 바꾸어 지금의 유다교와 같이 히브리어 경전만을 구약성서로 인정하고 있습니다. 그 이유는 할머니께서도 안 가르쳐 주셨기에 저는 아직 모르고 있으며 또 '하느님'께서 언제 왜 무엇 때문에 그렇게 하라고 하셨는지 모르고 있습니다. 물론 제2경전은 역사학자적인 관점에서 세부적으로 따져 드는 사람들에게는 그 이유가 전혀 없지는 않겠지요. 그러나 이 한 묶음의 책들(제2경전)은 매우 중요합니다.

제2경전의 기록 시기와 동기를 보면, 알렉산더 대왕이 죽은 후(기원전 323년) 팔레스티나는 셀류코스 왕조에 의해 정치, 문화, 종교적 박해를 받게 되는데 유다인들에게 안식일과 할례를 금지시키고 율법이 금하는 고기를 먹게 하기도 했습니다.

이런 상황에서 하느님 백성으로서의 신원을 잃지 않고 하느님께 대한 신앙을 충실히 간직하면 언젠가는 반드시 승리하리라는 확신을 불어넣어 주기 위해 기원전 300~350년경 하느님의 인도하심, 즉 영감에 의해 쓰여진 하느님의 말씀이 바로 제2경전으로 한 묶음의 책들에서 교회 안에서 보전되어 내려온 중요한 교리들의 근거를 발견하게 됩니다. 구체적으로 부활, 천사와 악마, 연옥 등 구약 히브리 경전 39권에 분명히 드러나지 않는 계시의 발전상을 보게 됩니다.

또한 신약성서에 많이 등장하지만 구약성서 히브리 경전에 없는 바리사이파, 사두가이파의 역사적 기원도 이 박해 시대에서 찾을 수 있습니다. 또 신학적으로는 메시아의 새로운 희망이 싹틉니다. 특히 바리사이파의 부활과 내세에 대한 믿음(지혜서, 마카베오 하권)은 가톨릭 교회가 연옥에 대한 믿음을 갖게 되는 성서적 근거이기도 합니다.

그리고 예수님께서도 이 성서를 사용하였습니다. 용서에 대한 가르침(마태 6, 14-15)은 집회서 28장 2절의 말씀에서, 기도에 대한 가르침(마태 6, 7)은 집회서 7장 14절에서, **"고생하며 무거운 짐 진 자들아 나에게 와서 쉬어라"**(마태 11, 28-30)는 말씀은 집회서 51장 23-27절에서, 어리석은 부자의 비유(루가 12, 18-19) 말씀은 집회서 11장 18-19절에서 그 내용을 엿볼 수 있습니다.

또 한 가지 예를 들면, 부활이 없다고 주장하는 사두가이파 사람들이 예수님께 **"칠 형제 모두 한 여자에게 장가를 들었다가 자식이 없이 죽은 후 부활 때 그 여자는 누구의 아내가 되겠습니까?"** (마르 12, 20-23)라고 한 질문은 토비트서 3장 8절을 그대로 인용한 것입니다. 그뿐만이 아닙니다. 로마서(1, 20)와 지혜서(13, 5), 신약, 특히 바오로 서간과 야고보서, 히브리서 등에서 제2경전과 같은 내용을 수록하거나 또는 인용한 것을 많이 볼 수 있습니다.

이와 같이 예수 그리스도께 직접 가르침을 받은 사도들로부터 비롯된 전통에 따라 하느님 말씀으로 인정되어 온 제2경전을 무엄하게도 빼어 버리고는 큰소리는 혼자 치고 있습니다.

또 제2경전은 이스라엘이 알렉산더 대왕을 시작으로 한 그리스 제국의 지배 아래서 유다 백성의 본모습, 특히 팔레스티나 밖에서 살고 있는 유다인들의 본모습을 지켜 내기 위해 쓰여졌습니다. 하느님께 충실하고 정의로운 유다인의 표본을 제시하고 있는 제2경전은 지혜 문학의 형식으로 쓰여졌습니다. 특히 신앙의 전통과 가치를 다시 발견하고 재평가하도록 하여 그들의 충실성과 신뢰심을 자극하고 강화하려고 애쓰는 길잡이로서 극심한 압제하에서의 유다 공동체의 상황 분석, 하느님의 섭리, 하느님의 뜻에 대한 충실성, 분별 있는 행동과 저항 및 투쟁, 부모에 대한 사랑, 기도와 단식, 온전한 결혼 생활, 죽은 사람들을 존중하는 마음과 순교에 대한 성찰의 기초를 보여주고 신앙의 영웅들을 찬양하고 있는 하느님의 말씀인 것입니다. 그런데 이 말씀을 누가 감히 손을 대어 훼손하거나 떼어 버릴 수 있단 말입니까? 우리가 팔레스티나에 살고 있는 유다인이란 말입니까?

그리고 매우 이상한 것은 기원후 90년경이라면 이때의 유다인들은 예수님을 죽이는 데 동참했거나 혹은 죽이라고 고함치던 사람들, 아니면 바로 그들의 2세들로서 성 스테파노(스데반)를 돌로 치며 예수님을 지금까지 인정하지 않는 사람들일 터인데 그들이 주장하는 히브리어 경전만을 구약으로 삼는 소위 종교 개혁가들의 의도를 도저히 알 길이 없습니다.

"예수는 믿는다!"

그러나

"하느님 말씀은 예수님을 배척한 사람들이 주장한 것만을 믿는다?" 어딘지 좀 어색합니다.

소위 종교개혁 이후 500년이 다 되어 가는 지금까지 저는 성서가 66권으로 변경된 이유를 알지 못하고 있습니다. '몰라도 믿기만 해라?' 그것은 무리입니다. 다만 저는 할머니와 여러 목회자들이 성서가 66권이라니까 그저 그런 줄로만 알았을 뿐입니다.

그러나 지금은 아닙니다. 성서는 73권이며, 하느님은 유다인의 하느님만이 아니라 만인의 하느님이십니다.

"유다인이나 그리스인(희랍인)이나 할 것 없이 하느님의 부르심

을 받은 사람들에게는 그가 곧 메시아이시며 하느님의 힘이며 하느님의 지혜입니다"(1고린 1, 24).

할머니, 물론 그렇기는 하지만 저는 약120여 년밖에 안 되는 짧은 우리 나라의 개신교 역사 속에서도 그분들이 매일 성서를 읽고 기도하고 그 말씀대로 살려고 애써 노력하고 있음은 너무나 존경스러운 일이라고 이미 말씀드렸습니다.

다만 이 기쁜 소식의 복음을 생활화함에 있어 오직 자기 구미에만 맞도록 유한한 인간의 머리로 자유 해석함에 있어서는 찬성할 수가 없습니다. 왜냐하면 이 같은 행위가 자칫하면 또 다른 교회 분열, 교파 분열을 자초하는 악의 씨를 뿌릴 수도 있기 때문입니다.

■ 정경의 시대적 변화

BC 450년 : 모세5경

BC 150년 : 70인역(구약 46권)

신약(AD)에 들어와서

AD 90년: ① 팔레스티나 지방 유다인 정경 : 히브리어 성서 39권
　　　　　② 그리스 문화권 지방 유다인 정경 : 희랍어 번역본
　　　　　　46권(70인역)

382년 : 70인역(46권)+신약성서(27권) = 73권으로 약 1700년간

1517년 가톨릭교회 : 제1경전(히브리어 39권)
　　　　　　　　　+제2경전(희랍어 7권)
　　　　　　　　　+신약성서 27권
　　　　　　　　　=73권

> *개신교회* : 제1경전만 인정(히브리어 39권)
>   +신약성서 27권
>   ＝66권(교파마다 약간씩 다르나 제2경전을 외경 또는 위경이라 함)
> *1954년 이후*: 세계 기독교 통일신령회 : 원리강록(예수를 실패한 그리스도로 취급하고 있음)

그런데 할머니, 몇 년 전 남미계의 어떤 신학자가 제2경전을 하나의 '소설 또는 사랑 이야기' 정도로 평하면서 "엄격히 따져서 마카베오 상권만을 역사서로 여길 수 있다"고 한 말이 기억납니다.

할머니께 죄송스러운 말씀이기는 하나 이제 이 손자도 나이가 들어서인지는 몰라도 그 신학자라는 사람의 이름이 기억나지 않습니다. 하기야 신학자답지 못한 신학자의 이름을 저로서는 일일이 기억할 필요도 느끼지 않습니다. 그는 성서 해석 방법을 제시하면서 이같은 말을 하였으나 성서의 의미를 알아듣게 해주시는 열쇠는 바로 예수님이십니다.

또 예수 그리스도께서는 **"안다는 사람들과 똑똑하다는 사람들에게는 이 모든 것을 감추시고 철부지 어린이들에게 나타내 보이시는"**(마태 11, 25) 분이시며 12살 나시던 사생활 시절이나(루가 2, 46) 공생활 중에서도 소위 '소설이나 사랑 이야기'를 읽으시며 이를 인용하여 말씀하시거나 그렇게 하심으로써 우리에게 구원을 주시는 분은 아니십니다.

다시 말씀드리지만 우리의 구원은 신학적으로 이루어지는 것이 아니라 **"사랑으로 표현되는 믿음"**(갈라 5, 6)을 통해 그분과 **"올바른 관계를 맺는 것"**(로마 3, 28)으로서 그런 신학자는 우리에게 혼란을 주지 말고 차라리 그의 머리로 추리소설이나 쓰는 편이 더욱 나을 듯도 합니다.

왜냐하면 많은 신학자들이 우리 교회에 큰 공헌을 하였으나 한편으로는 잘났다 하는 적지 않은 신학자들이 그들만의 지식으로 교회 분열을 조장해 왔기 때문입니다.

갑자기 사라져 버린 연옥(煉獄) 교리

　개신교에서 제1경전만 인정하다 보니 또 하나의 큰 문제가 발생하였습니다. 16세기까지 보편적으로 믿어 오던 '연옥' 교리가 갑자기 없어진 것입니다.
　'연옥'이란 '영원한 복을 누리는 천국과 악인들이 영원한 벌을 받는 지옥과의 사이에 중간 장소 또는 형태로서 작은 죄를 지은 상태로 죽은 사람이나 이미 죄 사함을 받았지만 주님의 공의를 완전히 보상하지 못하고 돌아간 영혼들이 정화되어 승천할 때까지 단련을 받게 되는 곳'을 말합니다.
　흔히 개신교 형제들은 연옥은 성서에 없는 것이므로 믿을 수 없다고들 합니다. 그 말이 옳습니다. 그 교리가 들어 있는 구약성서 마카베오서 상·하권을 모두 없애 버렸으니 성서에서는 찾아볼 수도 없으며, 신약에서도 여러 곳에 암시되어 있으나 이를 구구각각 자유 해석하고 있으므로 그런 말이 나올 수밖에 없습니다.
　생각해 보십시오. 여기 예수를 믿던 어떤 사람이 병상에서 잠시 간병하는 가족들에게 화를 냈거나 남의 흉을 보며 욕을 했거나 예를 들어 '바보' 또는 '미친놈'이라고 하며 눈을 흘기다가 죽었다면 이 영혼이 즉시 천국에 갈 수 있었을까요?

저는 그럴 수 없다고 생각합니다.

'예수 천당, 불신 지옥'의 신념으로 왜 못 가느냐고 반문할 것입니다. 흔히 예수를 열심히 믿는다고 하는 사람이 다른 사람을 보고, 바보 또는 미친놈이라고 하는 말을 저도 많이 들었습니다.

그러나 이 '미친놈'이라는 말을 한 사람은 비록 예수를 믿었다고 하더라도 예수님께서 직접 말씀하신 대로 **"불붙는 지옥에 던져질"** (마태 5, 22) 수밖에 없으며 '바보'라고 욕한 사람은 **"중앙법정에 넘겨질"** (마태 5, 22) 것임을 우리는 알아야 할 것입니다. 즉 천국은 아무리 작은 죄라도 하느님의 신성이 이를 절대로 용납하지 않습니다. 또 조금이라도 흠이 있는 자는 천국에 갈 수 없다고 성서에 분명하게 말씀하셨습니다(묵시 21, 27).

비록 그 죽은 사람이 예수를 믿어 생명의 책에 자기 이름이 올라 있다고 굳게 믿고 천국행을 확신했을지는 몰라도 이는 어디까지나 그의 소망일 뿐이지 확약된 사항은 아닙니다. 왜냐하면 하느님의 공의(公義)가 그를 용납하지 않을 것이기 때문입니다.

소죄투성이의 영혼일지라도 육신을 떠난 그 순간 즉시 하느님 앞에 나아가 결백한 천사들의 대열에 든다는 것은 상상도 못할 일입니다.

또 어떤 이는 죽기 전에 죄사함 다 받고 왔다고 항변할지는 모르나 그 사람이 죄사함 다 받았다는 증거가 어디 있습니까? 그는 자기가 하느님으로 착각하는 것뿐입니다. 아니 그저 그렇게 생각하고 싶었을 뿐입니다.

그렇다고 소죄를 가진 영혼이 간음자나 살인자들과 같이 지옥 불 속에서 영원한 고통을 받아야 옳은 것은 아닙니다. 이 또한 하느님의 공의(公義)와 인자(仁慈)가 용납하지 않기 때문입니다. 그러므로 건전한 상식 판단으로라도 일종의 중간 처소나 상태의 존재를 인정하게 됩니다.

성서 말씀대로 하느님께서는 각 사람에게 자기의 공적대로 갚아 주시게 되는 것입니다. 즉 순결하고 착한 사람에게는 천국 영복을 주시고, 흉악한 죄인에게는 지옥의 영원한 고통을 주시며, 작은 죄만 있는 영혼에게는 연옥 잠벌을 주시는 것입니다.

이것은 신약성서에도 함축되어 있습니다.

"나는 너희 각 사람에게 자기 행적대로 갚아 주기 위해서 상을 가지고 가겠다"(묵시 22, 12).

"만일 그 기초 위에 세운 집이 그 불을 견디어 내면 그 집을 지은 사람은 상을 받고 만일 그 집이 불에 타 버리면 그는 낭패를 볼 것입니다. 그러나 그 자신은 불 속에서 살아 나오는 사람같이 구원을 받습니다"(1고린 3, 14-15).

이와같이 연옥에 있는 영혼들이 불 속에서 나오게 하기 위해 이 지상에 살아 있는 우리는 기도로 그들에게 도움을 줄 수가 있습니다. 이것이 곧 사도신경에 나오는 "모든 성인의 통공을 믿으며(모든 성도의 교통함을 믿으며)"라는 우리의 신앙고백이기도 합니다.

이 연옥 교리는 구약성서 마카베오 하권 12장 41절부터 45절 사이에 명백히 기록되어 있으며, 유다 민족이 죽은 이를 위해 기도하고 희생 봉사하던 것은 역사적 문서로도 충분히 인정되는 사실입니다. 개신교에서는 마카베오서를 빼어 버렸으니, 여기 간단하게 소개하겠습니다.

"그들은 숨은 일을 모두 드러내시는 주님을 찬양하였다. 그리고 죽은 자들이 범한 죄를 용서해 달라고 애원하면서 기도를 드렸다…. 그리고 유다는 각 사람에게서 모금을 하여… 그것을 속죄의 제사를 위한 비용으로 써 달라고 예루살렘으로 보냈다…. 그가 죽은 자들을 위해서 속죄의 제물을 바친 것은 그 죽은 자들이 죄에서 벗어날 수 있게 하려는 것이었다"(2마카 12, 41-45).

그러나 16세기의 소위 종교 개혁자들은 이 구절 속에 대사 문제가 함축되어 있고 이것을 소위 면제부 사건으로 끌고 가려면 이 성서의 몇 구절을 바꾸어서는 도저히 안 되겠다는 판단에서인지는 알 수 없으나 무엄하게도 마카베오서 모두를 성서에서 없애 버렸습니다. 그 때문에 지금까지 많은 사람들로부터 "음험한 자가 반대편의 증인을 암살하듯이 예수님의 기적으로 부활한 라자로를 살해하여 예수의 전능의 증거를 없애 버리려던 당시 유다인의 심술과도 같다"는 혹평을 받고 있습니다.

마카베오서는 다른 성서와 같이 하느님의 말씀인 정경입니다. 원래 정경, 위경 판정은 오로지 하느님께서 직접 교회에 주신 권위로서만이 이루어지는 것입니다. 이것은 구약 시대에도 그랬거니와 신약 시대에도 마찬가지입니다.

기원전 150년 이래 약 1,700여 년을 정경으로 인정해 오던 이 성서를 소위 종교개혁이란 이름하에 몇 사람이 자기들 마음대로 떼어 버림에 대한 배반과 모순은 예수님이 직접 세우신 교회와 예수님의 이름으로 몇몇 사람이 세운 교회를 우리로 하여금 식별케 하고 있습니다.

신약의 주인이신 예수님께서는 이 세상에 오셔서 우선 유다교 법전 중 쓸모없는 조문을 빼어 버리시고 그 교리 중 조작된 전습(傳習) 부분은 과감히 폐기하여 그를 정화시켰습니다. 안식일을 지키기 위해 남을 돕는 일조차 못하게 하던 바리사이파들을 꾸짖으셨고 또 그들의 교리와 규칙의 모순점을 낱낱이 지적하여 그들을 호되게 나무라셨습니다(마태 23장).

그러나 당시 유다인 사이의 전통적 관행인 사후 중간 장소 존재를 믿는 마음으로 하는 '죽은 이를 위한 기도' 행위에 대해서는 비난하시거나 꾸짖으신 적이 전혀 없습니다. 꾸짖으시기는커녕 오히려 연옥의 존재에 대하여 아주 똑똑히 말씀하셨습니다.

"**사람의 아들을 거역해서 말하는 사람은 용서받을 수 있어도 성령을 거역해서 말하는 사람은 현세에서도 내세에서도 용서받지 못할 것이다**"(마태 12, 32)라는 말씀은 내세에서도 용서받을 수 있는 죄가 있다는 의미가 함축된 것이 아니고 무엇이겠습니까?

그곳은 천국도 지옥도 아닙니다. 천국에는 아주 작은 죄라도 갚기 전에는 들어갈 수 없으며 지옥의 벌은 그야말로 영벌(永罰)이므로 사죄란 있을 수 없는 것입니다. 그러므로 이곳은 일종의 중간 장소 존재로서 '거기서 마지막 한 푼까지 다 갚기까지는 풀려나올 수 없는 곳'입니다. 이곳이 연옥 존재이며 이것은 사도 이래 순교한 많은 교부들의 전통적 해석입니다.

교부들의 증언(연옥에 관한 교부들의 증언)은 너무도 많아서 여기 저명한 것들만 골라 세기별로 간단하게 말씀드리겠습니다)

- *1세기*: 성 야고보 사도의 경본, 성 마르코의 경본, 초대 교황 베드로의 경본에는 한결같이 "죽은 자를 위한 기도문"이 실려 있어 오늘날까지 보존되고 있습니다.
- *4세기*: 성 에프렘은 "형제들이여, 나 죽은 뒤에 기도하러 모이거든 나에게는 향액을 주지 말고 기도로 도와 달라. 죽은 자의 영혼이 산 성인의 기도로 큰 이익을 얻는 법이다"(Apud Faith of Catholics Vol Ⅲ. p. 162)라고 하였습니다.
- *5세기*: 성 아우구스티노는 그의 어머니 모니카가 사제인 아들에게 언제든지 주님의 제대에 설 때 나를 위하여 기도하라고 한 유언에 대하여 다음과 같은 눈물의 기도를 드렸습니다.

  "내 마음의 하느님이시여, 내 어머니 죄를 위해 주님께 간구하옵니다. 십자가에 달리신 상처의 구속 능력으로 말미암아 제 기도를 들어주소서…. 어머니가 아버지와 함께 평안히 쉬게 하여 주소서.

  주님, 또한 제 마음과 소리와 붓으로 봉사하는 내 형제들로 하여금 이 기도문을 읽을 때마다 주님 제대 앞에서 주님의 종 모니카를 기념하도록 북돋아 주시옵소서" (Confessiones Book Ⅸ).

그리고 9세기에 로마 가톨릭에서 갈라져 나간 정교회의 예절 경본에도 죽은 자를 위한 기도문이 들어 있습니다. 연옥이 없다면 이들은 무엇 때문에 죽은 자를 위하여 기도했겠습니까?

이 교리 역시 유독 개신교만이 부정하고 있으며 성서나 성전이나 이성의 아무런 근거가 없는 '사견'만으로 죽은 부모, 형제를 위한 한마디의 기도도 드리지 않음은 정말 이만저만 냉혹한 것이 아닙니다. 여행 중인 형제의 안전을 위해서도 기도하는 것이 사람의 정이거든 하물며 죽음의 괴롭고 먼바다를 건너 영원의 피안에 이르는 그를 위해 어찌 기도하지 않을 수 있단 말입니까?

죽음이란 다만 육신과 영혼의 분리입니다. 육신은 죽어 흙으로 돌아가나 영혼은 생존하며 영원한 존재임을 우리는 믿습니다. 육체가 죽은 뒤에도 여전히 생활하고 그 의사와 기억과 애정이 그냥 계속되는 것입니다. 따라서 하느님께서는 현세에도 무덤의 저편 세계에도 다 통치를 하십니다.

보십시오 아브라함이 죽은 지 2,000년 후 주님께서는 **"나는 아브라함의 하느님이요, 이삭의 하느님이요, 야곱의 하느님이다… 이 말씀은 하느님께서 죽은 이들의 하느님이 아니라 살아 있는 이들의 하느님이라는 뜻이다"**(마르 12, 26-27)라고 하셨습니다.

기도가 산 이를 돕는다면 어찌 죽은 이를 돕지 못하겠습니까?

죽은 이를 위해 기도하는 것 또한 제가 가톨릭 신자가 되어 크게 행복을 느끼는 것 중 하나입니다. 저는 할머니와 어머니 그리고 다른 죽은 형제들과 또 살아 있는 형제들을 위해 똑 같이 기도 중에서 매일 만날 수 있어 더욱 행복합니다.

이 교리를 부정하던 개신교에서도 최근 한 신학교에서 이 연옥 교리를 믿고 지지한다고 나섰기에 퍽 다행으로 생각합니다. 그리고 머지않아 모든 개신 교회가 이 교리를 믿게 되기를 소망합니다. 그래서인지는 몰라도 어느 날 우연히 기독교 유선 TV 방송(CH42)에서 어떤 목사가 심판에 관한 토론식 설교를 하는 것을 유심히 들은 적이 있습니다. 그때 여(女) 집사가 믿는 자의 심판과 불신자의 심판과의 차이에 관한 질문에 그 목사는 이렇게 대답하였습니다.

"우선 불신자는 안 믿었으니 무조건 지옥이다. 그런데 믿는 성도들의 심판은 하느님 앞에 가서 그가 세상에서 한 모든 일을 셈 바쳐서 매우 잘한 이는 주님으로부터 면류관을 받고 그렇지 못한 사람은 오히려 꾸지람을 듣는다"라고 하셨습니다.

이 목사는 자기가 벌써 하느님이 되어 자기 마음대로 모든 영혼의 천당과 지옥을 분류하였으나 그가 이미 연옥에 관한 교리를 인정한 것을 그 자신은 모르고 있었습니다. 주님으로부터 "면류관을 받은 자"는 주님과 함께 바로 천국에 들어가 주님과 함께 살 것이고 그렇지 못한 영혼, 즉 "주님으로부터 꾸지람을 받은 영혼"은 천국에 들어가기까지 연옥 단련을 받게 되는 것입니다. 다만 이 목사는 연옥의 존재를 함축한 성서 구절들을 발표하지 않았을 뿐입니다.

"누가 너를 고소하여 법정으로 끌고 갈 때에는 도중에서 얼른 화해하여라. 그렇지 않으면 고소하는 사람이 너를 재판관에 넘기고 재판관은 형리에게 내어 주어 감옥에 가둘 것이다" (마태 5, 25).

"주님께서는 당신을 경외하는 사람들은 유혹에서 건져내시고 악인들은 심판 날까지 계속 벌을 받게 하실 수 있으십니다. 특히 육체의 더러운 욕망에 빠져 사는 자들과 하느님의 권위를 멸시하는 자들을 벌하실 것입니다"(2베드 2, 9).

"그리스도께서는 갇혀 있는 영혼들에게도 가셔서 기쁜 소식을 선포하셨습니다. 그들은 옛날에 노아가 방주를 만들었을 때 하느님께서 오래 참고 기다리셨지만 끝내 순종하지 않던 자들입니다"(1베드 3, 19-20).

"어떤 사람이 자기 형제가 죄짓는 것을 볼 때 그것이 죽을 죄가 아니라면 하느님께 간구하시오. 그러면 하느님께서 그 죄인을 살려주실 것입니다. 사실 죽을 죄가 있습니다"(1요한 5, 16).

"그는 각자에게 그 행한 대로 갚아 주실 것이다"(마태 16, 27).

"심판의 날은 불을 몰고 오겠고 그 불은 각자의 업적을 시험하여"(1고린토 3, 13)

"네가 마지막 한 푼까지 다 갚기 전에는 결코 거기에서 풀려 나오지 못할 것이다"(마태 5, 26).

"산 사람 모두에게 너그럽게 은덕을 베풀 것이며 죽은 사람에게까지도 은덕을 베풀어라"*(집회 7, 33).*

그러나 사실 연옥이란 말은 확실히 명시적으로 성서에 기록되어 있는 것은 아니고 연옥에 관한 교리도 성서에 분명하게 써 있는 것도 아닙니다.

그러나 연옥에 관한 믿음은 오래 되었고 '하느님의 심판'에 대한 '성서의 분명한 가르침'에 뿌리박고 있음만은 분명합니다. 연옥에 대한 믿음은 또한 하느님을 뵙기 위해 성덕이 필요하고 용서받은 죄에 대해서는 현세적 벌이 있다는 교리에 근거하고 있습니다. 또한 연옥이란 '저주받아 마땅한 죄인'이 죽음 속에서 맞는 하느님과의 해후의 순간으로서 정화되는 만남으로 이해할 수도 있습니다.

한 가지 분명한 문제는 연옥조차 갈 수 없다고 여겨지는 파문된 죄인이 아무 뉘우침도 없이 왜 제2경전을 빼어 버렸나 하는 무서운 사실입니다. 연옥이 있다고 믿는다 해서 모두 천당에 가는 것도 아니고, 연옥이 없다고 믿는다 해서 모두 지옥 가는 것도 아닙니다. 한 가지 분명한 것은 연옥이란 하느님께서 아주 악하지도 않고 그렇다고 아주 선하지도 않은 인간을 벌하기 위해 만드신 일종의 반지옥은 아니라는 것입니다.

우리 성교회는 죽은 이들을 위해 기도 드리는 아름다움을 가지고 있습니다.

매 식사 후 기도 중에, 미사 중에 그리고 특별히 매년 11월을 '위령의 달'로 따로 정하여 죽은 이들을 위해 기도하고 있습니다. 우리 자신의 나약함을 인정한다면 우리를 사랑하던 그들의 고통을 잊고

살 수는 없습니다. 저는 연옥 영혼 중에서도 가장 버림받은 영혼을 위해 기도하기를 좋아합니다.

그렇게 함으로써 그들의 고통을 덜어 주고 하느님 품안에 평안히 쉴 수 있게 하기 위해서입니다.

또한 교회는 신자 모두가 좀더 아름다운 기도를 드릴 수 있게 하기 위하여 위령기도, 호칭기도, 죽은 부모·형제·친척·은인을 위한 기도, 문상 때·성묘 때의 기도 등을 표본으로 제시해 주고 있습니다. 우선 제가 매일 드리는 '세상을 떠난 부모를 위한 기도'를 소개합니다.

○ 주님, 주님께서는 부모를 효도로 공경하며
　 은혜를 갚으라 하시었나이다.
● 세상을 떠난 아버지(어머니)를 생각하며 기도하오니
　 세상에서 주를 섬기고 주님의 가르침을 따랐던
　 아버지(어머니)에게 자비를 베푸시어
　 영원한 행복을 누리게 하소서.
○ 또한 저희는 아버지(어머니)를 생각하며
　 언제나 서로 화목하고 사랑하며
　 주님의 뜻에 따라 살아가게 하소서.
◎ 아멘

그리고 연령을 위해서 매 식사 후에 이렇게 기도합니다.

\+ 전능하신 하느님, 지금까지 베풀어주신 모든 은혜에 감사하나이다.

◎ 아멘

\+ 주님의 이름은 찬미 받으소서.

◎ 이제로부터 영원히 받으소서.

\+ 세상을 떠난 모든 이가
하느님의 자비로 평화의 안식을 얻게 하소서.

◎ 아멘

성서 자유 해석에 관하여

할머니, 할머니께서는 '사공이 많으면 배가 산으로 올라간다'고 말씀하신 적이 있습니다. 옳으신 말씀입니다. 이는 모두가 자기 주장만 옳다고 믿고 논쟁만 한다면 그 공동체는 제 구실을 하지 못하고 파멸하고야 만다는 뜻일 겁니다.

다행히 그 배가 산에 올라갔기에 망정이지 망망 대해에서 이 같은 일이 일어났다면 그 배는 결국 물속에 가라앉고야 말았을 것입니다. 만일 모두가 한마음으로 뜻을 합하여 노를 저었다면 신속히 목표에 도달할 수도 있었을 그 배는 파손되고 그 배에 탄 많은 사공들 역시 물에 빠져 죽고 말았을 것입니다.

항해하는 데 한갓 나침반과 조타의 방향에 대해 이러쿵저러쿵 논쟁만을 일삼고 일정한 뱃길을 잡지 못한다면 그 배에 타고 있는 승객들은 얼마나 불안하고 초조하겠습니까?

흔히 우리는 교회를 구원의 방주로서 배에 비유하고 있습니다. 따라서 이 배를 타고 영원한 고향을 향해 가고 있는 인생의 대항로에서 그 선원들이 항로에 관한 논쟁만을 일삼는다면 그 위험은 이루

말할 수가 없을 것입니다. 더욱이 우리의 생사가 달린 구원의 항해에는 반드시 권위자의 절대 무오(無誤)한 조종이 있어야 합니다. 특히 성난 파도와 풍랑 속의 승객들일수록 그 조타수의 권위 있는 말 한마디에 전 존재를 내맡길 수 있는 신뢰를 가져야 합니다.

우리 구원의 길잡이인 성서도 마찬가지입니다.

"성서는 모두 우리에게 교훈을 주려고 기록된"(로마 15, 4) 창조주 하느님의 말씀으로서 그것은 처음부터 교회에 맡겨져 있었습니다. 때문에 그 말씀에 대한 피조물의 임의 해석은 절대 금물이었던 것입니다.

구약 시대든 신약 시대든 신자들은 교회의 산 권위에 대해 지도를 받도록 되었으며, 또한 결코 하느님의 말씀인 성서의 자유 해석을 하지 못하도록 되었습니다.

세상에는 유다인보다 더 성서를 존중히 여기는 민족은 없을 것입니다. 성서는 그들의 일대 영예이며, 평화시에는 성서를 국가(國歌)로 삼았고 재난과 유배를 당할 때에는 성서를 묵상과 위안의 글로 삼았었습니다.

그러나 종교적 논쟁이 일어난 경우, 그들은 아예 주님의 말씀에 대한 사견(私見)으로 문제를 해결하려 들지 않았고 대제관(大祭官)과 중의소(衆議所)에서 이를 결정하며 만일 대제관과 판관들의 판결에 불복하는 자는 사형이라는 엄벌을 받았습니다(신명 17, 8-12). 하느님께서 유다 민족의 종교 쟁의(爭議)를 처리할 때 법률의 조문에 따라 하지 않고 당신의 특정 기관인 종교 법정의 산 권위로써 하였음에 우리는 주목해야 합니다(말라 2, 7).

신약 시대에 들어와 초기로부터 1,500여 년까지는 이 같은 전통이 이어져 우리 구원의 지침으로서 아무런 문제도 없었습니다. 그러나 그 이후 소위 몇몇 종교 개혁가들은 하느님의 말씀인 성서를 자기 마음대로 임의 해석함으로써 그 어리석음을 여지없이 드러냈습니다.

즉 교회의 무류(無謬) 판단을 무시하고 성서 자유 해석으로 최고 지침을 삼은 그때부터 그들은 성서의 가장 중요한 점에 있어서 서로 논쟁을 일삼게 되었습니다. 드디어 그들의 성서(Bible)는 마침내 베이블(Babel 바벨탑)이 되었으니 노아의 자손들이 무엄하게도 높은 탑을 쌓아 하늘에 이르려다가 언어의 혼란으로 그 계획이 물거품이 되었듯이, 사람들을 각기 하늘 나라에 인도하려다가 마침내 혼란을 일으키고 종교 분열만 심화시키고 있는 것입니다.

신약 시대에 베드로 사도 자신도 사도 바오로(바울)의 편지에 관해 말하기를 **"바오로는 어느 편지에나 이런 말을 하고 있습니다. 그러나 그 중에는 이해하기 어려운 대목이 더러 있어서 무식하고 마음이 들떠 있는 사람들이 성서의 다른 부분들을 곡해하듯이 그것을 곡해함으로써 스스로 파멸을 불러들이고 있습니다"**(2베드 3, 16)라고 하였고 또 다른 곳에는 **"무엇보다 먼저 알아야 할 것은 성서의 어떤 예언도 임의로 해석해서는 안 된다는 점입니다"**(2베드 1, 20)라고 하였습니다.

또 에디오피아 여왕 간다게의 내시가 마차에 앉아서 이사야 예언서를 읽고 있을 때 그 곁에서 함께 가던 필립보가 그 예언의 뜻을 알겠느냐고 묻자 그는 **"누가 나에게 설명해 주어야 알지 어떻게 알겠습니까"**(사도 8, 31)라고 하였습니다.

이는 성서를 개인적으로는 깨달을 수 없다는 솔직한 고백입니다.

학문에 조예가 깊은 4, 5세기의 교부인 성 아우구스티노, 성 이냐시오, 신·구약성서를 라틴어로 번역한 성 예로니모, 성 그레고리오 등은 성서 연구에 일생을 바쳤으면서도 모두 성서의 난해함을 고백하였습니다. 그러나 오늘날 적지 않은 교역자들이 얕은 성서 지식을 가지고 방자하게도 창세기부터 묵시록에 이르기까지 주님의 말씀을 완전 통달한 양, 득의양양(得意揚揚)하는 일들이 많은데 이는 실로 "천사들도 밟기를 무서워하는 곳을 어리석은 자들이 뛰어든다"라는 시구(詩句)에 해당하는 사람들입니다.

주님께서 직접 세우시면서 분명하게 말씀하신 성체성사의 **"이는 내 몸이다"**(마태 26, 27)라는 말씀에 대해 종교개혁이라는 명분으로 이를 자유 해석의 초점으로 논쟁화하면서 처음에는 80여 종의 해석을 덧붙이더니, 나중에는 100여 종의 자기들 멋대로의 해석이 나타나기에 이르렀으며 오늘날 프로테스탄트는 분파에 분파를 거듭하여 마침내는 '일인(一人) 일교파(一敎派)' 상태에까지 이르고야 말 추세로서 이런 교파 분열은 성서 자유 해석주의를 주창하면서부터 시작된 것입니다.

다시 말씀드리지만 예수님은 **"진리"**이시며(요한 14, 6), 참으로 **"진리는 우리를 자유롭게 하십니다"**(요한 8, 32). 그러나 그 자유는 성서를 마음대로 해석하라는 자유가 아닙니다. 주님이 진리이신 까닭은 살아 계신 '말씀'인 그분이야말로 모든 '신적 계시의 원천이요 봉인'이시기 때문입니다. 그러기에 자연주의적, 합리적 해석이라는 것으로 그분의 신적 말씀을 흐리게 해서는 안 됩니다. 또 말씀을 더욱 잘 이해하게 하고 받아들이게 하려 한다는 명분으로 말씀의 모든 초자연적 내용을 삭제하거나 회피해서도 안 됩니다.

이런 일들로 인해 교회 전반에 걸쳐 오류가 확산되고 있는 것입니다. 이런 오류의 확산은 오늘날 많은 사람들로 하여금 올바른 신앙에서 멀어지게 하고 있으며 종국에 가서는 신앙의 상실, 즉 배교로 이어지도록 유혹합니다. 이것은 초대 교회 사도단에 있었던 악의 유혹 즉 배반의 유혹과 같은 것입니다. 또 이같은 일을 조장하는 사람들은 새로운 우상 곧 거짓 그리스도와 거짓 교회를 세움으로써 그리스도와 그분의 교회를 파괴하는 임무를 자기도 모르는 사이에 부여받게 되는 것입니다.

할머니!

저더러 이 세상에서 겁없이 살아가는 사람 세 명만 꼽으라고 하시면 저는 다음과 같은 사람을 추천하겠습니다.

첫째, 평생 책 한 권을 읽고서는 세상의 진리를 모두 터득한 양 떠드는 사람,

둘째, 독서에 관계없이 무조건 자기 주장만 옳다고 하는 안하무인격인 사람,

셋째, 성서를 자유 해석하면서 자기 감정에 자기가 도취되어 자기가 무슨 말을 하는지도 모르면서 그것이 성령의 역사하심이라고 떠드는 풋내기 설교가입니다.

이 가운데 가장 위험한 사람이 바로 세 번째 사람입니다. 그 같은 사람들은 각기 새로운 교파 창립의 천명(天命)을 받은 양 그 이름

을 역사에 길이 남길 교조(敎條)가 되어 보려 날뛰면서 영구 불변의 성서로 변천 무상한 자기 교설을 변호해 보려고 무던히 애쓰기도 합니다. 하나가 되게 하여 달라시는 주님의 요청을 거부하는 밀밭의 가라지 비유(마태 13, 36-43)를 연상케 할 뿐입니다.

보십시오. 할머니,

할머니께서 계실 때는 대체로 장로교, 감리교, 성결교, 침례교 등, 그저 비슷비슷한 교파가 있었을 뿐이었는데 지금은 어떤 교파에서는 하느님께는 일위(一位)밖에 없다고 성서를 인용하는가 하면, 다른 교파에서는 똑같은 성서를 인용하여 예수는 하느님이 아니고 다만 사람이라고 주장합니다. 또 다른 교파는 그 성서를 인용하여 삼위(三位)를 주장하고, 똑같은 구절을 통해 예수님의 신성(神性)을 부정하는 교파도 있습니다.

성사(Sacra-ments)는 원래 없는 것이라고 성서로 변증하는 교파가 있는가 하면, 어떤 교파는 성사란 두 가지밖에 없다고 합니다. 일부 교회 목회자들은 강단에서 대담하게도 몇년, 몇월, 며칠 예수께서 재림하시고 세계가 멸망한다고 예언하기도 하고 막상 그날이 되어 아무 이상이 없으면 실례의 말이지만 뻔뻔스럽게도 그 날짜가 연기되었다고도 합니다. 일부다처주의를 주장하다가 거센 반발에 부딪쳐 교회가 문 닫을 지경이 된 어느 한 교파는 하느님이 다시 수정하여 말씀하셨다고 합니다.

소위 성령의 빛을 받아 진리를 가르친다는 일부 목회자들의 성서 해석 태도가 이렇게도 천차만별이며, 심한 경우에는 논쟁의 대립이 정도를 지나쳐 같은 예배당 안에서 격투까지 벌어지는 실례를 우리는 가끔 보고 듣고 있습니다. 저 역시 어머니가 집사였던 교회에서 직접 보고 그로 인해 한때 교회에 대한 회의를 느낀 적도 있었습니다.

도대체 이래서야 양떼는 누구를 믿고 따라야 옳단 말입니까? 하는 수 없이 신자들 역시 자기 의견과 비슷한 어느 하나를 골라잡게 될 것인바 '소경이 문고리 잡기'가 그리 쉬운 일도 아니지 않습니까?

어떤 목회자는 "사람이 성서를 읽을 때 성령이 각자를 비춰 그 참뜻을 잘 알아듣게 해주신다"고 하면서 성서 자유 해석을 성령을 통해 합리화하려 하고 있습니다. 하느님과 각 사람의 관계는 일대일의 관계이며, 하느님과의 만남은 개별적인 것은 틀림없고 **"성령께서 각 사람에게 각각 다른 은총의 선물을 주심"**도 사실입니다(1고린 12, 11).

그러나 **"그것은 공동 이익을 위한 것입니다"**(1고린 12, 7). 하느님께 향하는 방법은 각각 다를 수 있다 하여도 구원은 공동체적입니다. 즉 진리의 성령은 교회에 공공적(公共的)으로 허락되셨지 결코 개인이 주관적 감정이나 흥취(興趣)적으로 받을 수 있는 존재는 아닌 것입니다.

실제로 수많은 교파가 '주님은 사람 모양만을 한 하나님(하느님)'이라고 하고 있지 않습니까? 그래서 '십자가에 못박힐 때도 아프지 않았다'고 하면서 '오직 우리는 부활하신 하나님(하느님)만 믿기 때문에 개신교의 십자가에는 못박히신 예수가 없다'고 하지 않습니까?

이들은 성령이 그들 각자를 비추어 그 참뜻을 잘 알아듣게 해주신 것이 아니라 **"그리스도의 적대자로부터 악령을 받은 사람들"**(1요한 4, 3)이라고까지 여겨질 때가 많습니다. 때문에 '성령이 각 개인을 비춰주어 성서를 잘 알아듣게 하신다' 함은 결국 성서 자유 해석을 구실로 수많은 오류와 이단 발생 책임을 성령께 돌리려는 독신(瀆神)적, 신성모독(神聖冒瀆)적 망설이며 **"진리의 성령"**(요한 14, 16)께 이보다 더 큰 모욕이 없으리라 여겨집니다.

한 나라의 법률도 개인적 해석을 금하고 그 해석은 사법 당국에 위임되어 있습니다. 하물며 구원의 생사가 달린 성서의 해석과 교회의 통리(通理)를 어찌 각 개인의 의견에 맡겨 버리겠습니까?

성서는 인간의 신앙과 행동을 다스리는 하나의 규범이므로 고정(固定)성이 요구됩니다.

우리가 사용하는 미터기도 그 고정성을 유지하기 위해 미터원기(原器)를 현재 파리 박물관에 누구나 다 볼 수 있게 보관하고 있으며 온도의 영향으로 늘었다 줄었다 하는 폐단을 막기 위해 백금으로 만들고 그 단면을 ×자형으로 하였습니다. 만일 누구나 마음대로 늘이고 줄일 수 있도록 고무줄로 만든 미터기가 있다면 이는 공공연한 도량(度量)기는 될 수 없고 오직 교활한 장사꾼의 손에나 있을 법한 부정한 기구일 것입니다.

하물며 신앙과 도덕의 규범인 성서가 시중에서 통용되는 미터기만 한 가치와 중요성도 없고 특히 고정성도 없이 자기 멋대로 이렇게 저렇게 해석하여 고무줄로 된 부정확한 기구같이 줄이고 늘이기를 마음대로 할 수 있대서야 말이 되겠습니까?

저는 지금 **"하느님의 말씀을 파는 잡상인들"**(2고린 2, 17)이 누구인지를 확실히 알게 되었습니다. 즉 전능하신 하느님의 말씀을 유한한 인간의 머리로 자기의 편의에 따라 제 마음대로 해석하는 소위 성서 자유 해석가들입니다.

성서를 제 마음대로 해석하고 제 마음대로 설교함은 성서의 권위에 대한 치명상입니다. 우리의 지력과 자유를 **"그리스도께 복종시키는"**(2고린 10, 5) 성서이지만 한번 그것이 자유 해석의 포로가 되는 날엔 무제한의 자유와 자유, 의견과 의견이 다투어 일어나 드디어 아전인수의 해석을 제멋대로 붙이게 됩니다.

교회 역사의 사실로 보아 성서 자유 해석자가 삼위일체를 반대하고 차등하며 그리스도의 천주성을 부인하기까지 이르렀습니다. 또 자유 해석이 사람의 자유를 근본적으로 부정하고, 교회를 부정하고 칠성사까지 부인하면서 선행 무용론까지 제창하였습니다.

이제는 연옥뿐 아니라 천국과 지옥 심지어 영혼까지 부인하는 교파까지 생겨났습니다. 이 모든 그릇된 해석은 오로지 성서 자유 해석이 낳은 괴물들입니다. 주님의 말씀을 온 세상에 전파하려는 그 열의는 가상하다고 할 수 있으나 주님의 말씀을 전하려면 주님께서 원하시는 뜻을 올바르게 전해야지 각자 자기의 뜻에 맞게만 전하면 안 된다는 말씀입니다.

할머니, 성서의 자유 해석 못지 않게 성서 원문의 잘못된 번역도 큰 문제인 것 같습니다.

저는 같은 그리스도를 믿는 한 형제로서 아직도 성서 자유 해석을 마음껏 즐기는 목회자 분들께 이렇게 호소하고 싶습니다.

"제발 하느님의 말씀을 겸손하게 받아들여 주십시오. 복음이 목회자들의 손에 굴절되어 나오지 않도록 문자 그대로 우리를 가르쳐 주십시오. 이 암흑 시대에는 성서, 특히 예수님의 복음만이 우리를 비추는 빛이 되어야 하기 때문입니다. 인간적이고 합리주의적이며 자연주의적인 성서 해석으로 예수님의 복음이 함부로 난도질당하고 있으며, 이 세상은 너무나 극심한 오류로 만연되어 있기에 복음은 더욱 말씀 그대로 전달되어야 합니다.

제발 우리에게 더 이상 혼란을 주지 마십시오. 하느님의 진리를 이해하려면 반드시 작은 사람이 되어야 하며, 올바른 빛 안에서 진리를 보려면 가난해져야 하고, 진리를 온전하게 보존하려면 단순해져야 하며, 진리를 본연의 광채대로 다른 이들에게 전해 주려면 겸손한 사람이 되어야 합니다."

작고 가난하고 단순한 목동들이 **"예수님을 뵈올 수 있었던"**(루가 2, 8-20) 것은 천사들이 그들에게만 찾아왔기 때문이며, 여러분이 따르는 착한 목자 예수님은 **"마음이 온유하고 겸손"**(마태 11, 29)한 분이시기 때문입니다.

그렇습니다. 인간적으로는 퍽 어려운 일이겠으나 주님의 조력은 총에 힘입어 작은 사람이 되고 가난하고, 단순하고, 겸손한 분들이 되어 주십시오.

때문에 돈을 써 가며까지 노회장이나 총회장이 될 필요는 더더욱 없는 것입니다. 특히 금전적이거나 권위적이거나 또는 교만하게 된 분들일수록 저에게 항의하지 마십시오. 그러실 경우 제 입은 **"거룩한 것을 개에게 주지 말고 진주를 돼지에게 던지지 말라"**(마태 7, 6)시는 주님의 말씀으로 대답하여 여러분의 마음에 상처를 입힐까 매우 우려됩니다.

어떠한 경우에도 저는 여러분 모두를 사랑합니다.

십일조(十一租) 정신

두 분 할머니!

그 당시 녹음기가 아직 개발되지 않았던 시대였음에도 불구하고 십일조에 관한 두 분의 가르침은 성능 좋은 녹음기보다 더 정확하고 한결같으셨습니다.

"하느님께 복을 받으려면 우선 십일조를 꼭 바쳐야 한다",

"연보(헌금)는 꼭 새 돈을 골라서 해야 한다",

"십일조 할 돈을 다른 곳에 우선 쓰거나 뒤로 미루면 하느님께서 벌하신다" 등등….

지금 생각하면 약간의 협박성이거나 기복신앙을 부추기는 듯도 하지만 그렇지만은 않은 것 같아요. 왜냐하면 주님께 성심껏 바치면 두 분 할머니의 말씀대로 더 많은 것으로 채워 주셨으니까요.

제가 가톨릭으로 회심한 이후 한번은 이런 일도 있었답니다. 그러니까 1972년도인가 봅니다. 그 당시 연탄가스 중독으로 약 1개월 가량 사경을 헤매다가 전국 신자들의 간절한 기도와 주님의 은총으로 기적적으로 쾌유되신 그야말로 유명하신 신부님께서 저희 본당 제3

대 주임 사제로 오시게 되었습니다.

부임 후 얼마 되지 않아 그 분은 어느 주일미사 강론에서

"우리도 새 성당을 지어야겠으니 우선 열심히 기도하고 폐품 수집부터 시작하자"는 것이었습니다.

그 당시 신자들 대부분은 아직도 호구지책이 어려운 상태여서 그 형편을 고려해 그렇게 말씀하신 것으로 생각됩니다. 물론 저도 그 일에 열심히 동참했었지요.

그러나 성전 신축비를 폐품 수집만으로는 충당하기에는 턱없이 부족했고 그 시간도 오래 걸린 것은 물론이었지요. 그래서 주임 사제는 대신학교 철거공사를 맡아 거기서 나오는 자재를 팔아 성전 건립에 보태시겠다고 하며 이를 실행해 보았으나 겨우 철거비만을 충당했을 뿐이었지요. 하는 수 없이 주임 사제는 외부로 구걸(?)을 다녀 보기도 하였으나 그때는 다른 본당도 모두 어려운 상태라 기진맥진 지쳐가기 시작했습니다.

얼마 후 주일 미사강론에서 다시 한 번 본당 신자들의 정성을 호소하며 모금을 부탁하기에 이르셨고

"우선 성당 신축비용의 일부를 모 은행에서 융자를 해주겠다고 하는데 담보물이 없으니 여기에 동참하실 분들이 계시면 완공 후 책임지고 돌려드릴 것이니 본당 총회장이나 사무장에게 연락 바란다"는 요지의 말씀을 하셨습니다. 우선 성당을 외상으로 지으시겠다는 것이었죠.

그런데 이게 웬일입니까?

대부분의 신자들 중 없는 이들은 성서의 **"과부의 동전 두 닢"**(루

가 21, 1; 마르 12, 42)을 묵상하면서 조용히 받아들이고 있었으나, 신자들 중 좀 가졌다고 보여지는 몇몇 유지급 교우들 사이에서는

"신부님이 강론시간에 점잖지 못하게 돈 이야기를 하다 못해 집까지 맡기라고 하신다. 돈 이야기는 사목위원들에게 맡겨도 될 텐데…."

"신부님의 건강이 아직 회복되지도 않은 형편에 무슨 성당을 경험도 없이 지으려고 저러시는가?"

"신부님 머리가 아직도 회복이 덜 되신 게 아닌가" 등등, 제가 개신교에서는 일찍이 경험하지도 못했고 상상도 못할, 아니 두 분 할머니께서 저에게 가르치셨던 것과는 너무나 거리가 먼 이야기들을 수군수군 하는 게 아니겠습니까?

저는 조건 반사적으로 제 집을 우선 담보로 쓰시라고 본당에 연락을 드렸습니다. 물론 그 순간 할머니께서 늘 하시던 말씀대로 '주님께 바치면 더 큰 것으로 갚아 주실 거야' 하는 은근한 기대심과 함께 한편으로는 '월남 참전으로 생명과 바꾼 내 유일한 재산인데' 하는 야릇한 애착심도 없지 않았음을 솔직히 고백합니다.

그런데 주위에서는 또 한 번의 웅성거림이 나타났었지요

"고작 영관장교의 신분으로 신자 열 명이 한 구좌로 된 봉헌금을 혼자 담당하겠다는 것도 부족하여 집까지 내놓겠다니!"

"혹시(당시 만연하던) 부정축재자 중의 한 사람은 아닌가?",

"행여 과시욕에 사로잡힌 사람이거나 전역 후 정치판에 출마할 사람이거나 아니면 약간 맛이 간 광신자는 아닌가" 등등….

저는 유구무언이었습니다.

그런데 이게 또 웬일입니까? 며칠 전까지만 해도 저를 이상하게 여기던 그분들이 변하기 시작한 것입니다.

"'군인'도 저 정도 바치는데 '사람'인 우리는 당연히 더 바쳐야지"라며 당시 유행하던 '군인과 사람'의 농담까지 하며 자발적으로 봉헌에 참여하였으며, 또한 없는 분들은 치마로 벽돌을 나르는 등 각종 노력봉사를 하였습니다. 모두들 열심히 노력하고 기도한 결과 성당은 훌륭히 완공되었고 얼마 후 추기경을 모시고 성대한 성전 봉헌미사에 모두 함께 참여할 수 있는 기쁨도 맛보았습니다.

그 이후 주임 사제는 민주화의 기수라는 실제 그분의 별명과 함께 '목수 신부님'이라는 별명이 하나 더 추가되었고, 맡겨졌던 제 집도 저당이 해제되어 그 집문서는 저에게 곧 돌아왔습니다. 하지만 주님께서는 제 집을 잠시나마 공짜로 쓰신 게 아니었더군요.

완공된 새 성당은 집에서 거리상 퍽 멀어졌습니다. 주일미사는 괜찮았으나 매일 미사참례는 퍽 힘들게 되었지요. 그러나 저는 옛날 가톨릭 신앙 선조들을 생각하면서 매일 구보로 새벽미사를 다녔습니다. 아침 출근시간에 쫓기어 아슬아슬한 나날을 보낸 지 두 달이 채 못 된 어느 날, 저는 봉헌했던 그 집을 팔고 성당 가까이 전세라도 들어가기로 마음먹고 가까운 부동산 소개소(당시 복덕방)에 들렀지요.

한데 그때 어떤 신사 한 분이 부동산 할아버지에게 간곡한 부탁을 하고 있었습니다. 알고 보니 그 신사분은 사업에 성공하여 타 지역으로 이미 이사를 했는데, 성당 부근에 있던 그의 옛 집은 관리할 사람도 없고, 수리하자니 시간과 비용이 많이 들고 그렇다고 그 집을 비워 둘 수도 없다는 것입니다. 설상가상 집을 팔려고 내놓았으나 집이 너무 커서 가격조차 물으러 오는 사람이 없으니 이제는 가격 고하를 막론하고 속히 처분해 달라는 것이었습니다.

한편 부동산 할아버지는 저에게 "요새 이곳은 신흥개발지역이라 작은 집은 손쉽게 팔릴 수 있으니 집을 팔고 그 돈으로 이 신사분의 집을 적당한 가격에 사라"는 것이었습니다. 이 말을 들은 그 신사분은 할아버지와 곧 합세하여 제 집과 자기 집을 적은 웃돈을 얹어 맞바꾸든지 아니면 제 집을 팔아 자기 집을 사고 모자라는 차액은 3년 내에 상환해도 된다면서 가격도 저렴하게 할 터이니 오히려 자기를 좀 도와 달라는 것이었습니다.

당시는 지금과 달라 땅 투기도 그리 심하지 않았던 시절이기에 비록 그 신사의 집 대지가 넓기는 해도 그 차액은 그리 크지 않았고, 저로서는 우선 성당이 가까운 것이 마음에 들어 기도한 후 이것은 주님의 뜻이라고 생각하고, 그 자리에서 3년 월부로 결정하였지요. 오랫동안 버려진 듯한 집이었으나 잡초를 제거하고 페인트칠 등 약간의 수리를 마치고 나니 옛날 살던 집에 비해 다섯 배나 넓어졌고 시가도 약 5, 6배나 되는 듯한 그야말로 저택의 소유자가 되었지요. 당시 대부분의 제 동기생들은 전셋집도 제대로 마련하지 못하던 시절이었습니다.

어떻든 할머니 말씀대로 주님을 위해 잠깐 제 집을 내놓았는데도 주님은 눈에 보이도록 큰 물질적 축복도 허락하셨습니다. 진실로 하느님께서는 받고자 하는 사람에게는 어떤 축복도 주시는 분이십니다. 그러나 눈에 드러나는 축복이 신앙의 목적과 결과가 아니라는 사실을 저는 알고 있습니다.

  주님께서 주신 보다 더 큰 축복은 당시 개구쟁이인 저의 두 아들, 그러니까 할머니의 두 증손자는 놀아도 가까운 성당에서 놀고 하더니만 드디어 미사 때마다 사제를 돕는 복사단에 나란히 뽑히게 되는 축복을 받았고, 지금은 두 분 할머니의 기도가 제 두 아들을 통해 주님의 부르심에 응답하여 사제의 길을 걸으며 열심히들 살고 있습니다. 물론 동정 마리아의 삶을 본받아 한평생 착하게 살아가도록 제 기도 속에 매일 기억되는 고명딸 안나도 그렇고요. 주님의 축복은 그뿐이 아니었습니다. 하느님께서는 제가 무엇을 조금 했다고 해서 복을 내려 주시는 분이 아니십니다.

  하지만 세월이 흐른 요즘 그 좋은 십일조 정신을 이어오던 개신교 일각에서는 교회의 양적 비대화와 권력화, 담임목사의 세습화를 반대하는 의견과 함께 십일조 정신마저 비판하는 목소리가 나오고 있다고 합니다. 알고 보니 "십일조에 관한 하느님의 말씀은 구약에만 있고 신약에는 그 언급이 없음에도 불구하고 한국 개신교 목사들은 지나치게 십일조를 강요한다"는 또 다른 목사의 비판이었습니다.

  성서를 신앙의 유일한 규범으로 삼고 있는 개신교 목회자 분들의 토론과 비판에 끼여들 생각은 추호도 없으나 어쩐지 구약의 하느님과 신약의 하느님이 따로 계시는 듯한 뉘앙스에 마음이 쓰입니다.

  얼마 전 전에 다니던 성당(먼저 언급한 성당)을 지나갈 일이 있었습니다. 30년이 지난 지금, 그 동네는 외형적으로 몰라보게 많이 변해 있었습니다.

  그런데 놀라운 일은 예나 지금이나 성당은 하나뿐인데 비해, 크고 작은 개신교 교회가 30여 개 이상 우뚝 우뚝 세워져 있는 것입니다. 물론 많은 금속과 보석 중에서도 매우 작은 다이아몬드가 제일 귀하고 값진 것임을 알듯이 저는 지금 영원한 생명이시요, 주님의 몸이신 성체를 직접 감실에 모신 성당과 오로지 기도와 예배의 모임을 위한 예배당과는 비교도 할 수 없음은 너무도 잘 알고 있습니다. 아무리 그렇다 해도 제 느낌은 남달랐습니다.

요즘 개신교에서는 교회건물이나 기도원을 지을 때 일부 목회자들이 지나치게 기복신앙을 부추기는 폐단에도 불구하고 대부분의 평범한 신자들은 **"너희가 그리스도의 사람이라고 하여 너희에게 물 한 잔이라도 주는 사람은 반드시 자기의 상을 받을 것이다"**(마르 9, 41)라는 주님의 말씀을 소박하게 믿고 바친 결과가 저렇게 수적으로나마 크게 발전하는 모습을 보면서, 가톨릭 신자들은 우선 그리 크지도 않은 성당 하나 지으려고 할 때에도 본당 신부가 몇 차례씩 심신이 아파 누워야 하고 처자식도 없이 평생 독신인 그분들의 흰 머리카락을 수없이 늘리도록 해야 하는 현실은 너무나 대조적입니다.

비록 가난한 봉급 생활자라 하더라도 월급 날이면 어김없이 받은 월급의 '10분의 1'을 먼저 떼어놓고 나머지 '10분의 9'로 생활하는 것이 습관화된 또는 의무화된 수많은 개신교 신자들과 비교하여 불과 '20분의 1' 또는 '30분의 1' 정도를 바침으로써 모든 의무를 다한 것으로 여기는 가톨릭 신자들은 **"하늘 나라는 밭에 묻혀 있는 보물에 비길 수 있다. 그 보물을 찾아내는 사람은 그것을 다시 묻어두고 기뻐하며 돌아가서는 있는 것을 다 팔아 그 밭을 산다"**(마태 13, 44)는 주님의 말씀을 좀더 깊이 묵상하고 생활화했으면 하는 바람입니다. 특히 십일조 정신을 기억하면서 말입니다.

지금 제가 가톨릭으로 회심한 상태에서 객관적으로 십일조에 대해 가톨릭 신자들과 개신교 신자들을 비교해 보라고 할 때 "대부분의 개신교 신자들은 십일조를 안하면 죽는 줄로 알고, 대부분의 천주교 신자들은 십일조를 하면 죽는 줄로 안다"고 한다면 좀 지나친 표현일까요?

그러나 크게 지나친 표현은 아닌 것 같습니다. 왜냐하면 요새 한국의 천주교(天主敎)는 한문으로 쓰면, 千主敎(천주교)가 된다는 풍자의 말이 성행하기 때문입니다.

원래 하늘의 주인인 초월적 하느님을 믿는 한국의 천주교(天主敎)! 100여 년간의 피비린내 나는 순교의 역사를 간직한 채 220년간 자라난 천주교 후예들은 각종 헌금(연보) 때에 보면 천(千)원 짜리를 주(主)로 내기에 천주교(千主敎)라고 한답니다. 또한 계속 하락되는 화폐가치 때문에 고액권의 화폐발행이 고려되지만 천(千)원권만큼은 한국 천주교인들 때문에 없앨 수가 없다는 풍자입니다.

그리고 또 한가지가 있습니다. 이것은 실제 있었던 이야기입니다.

얼마 전 우리 나라는 IMF 위기를 맞아 경제적으로 어려움을 겪었고 그 어려움은 그리스도교계라고 예외는 아니었습니다.

한 개신교 목사가 교회 운영이 하도 어려워 천주교의 실태를 알아보려고 이웃 천주교 신부를 찾아가 다음과 같이 물어 보았답니다.

"IMF 이후 천주교회는 운영에 어려움이 없습니까?"

이에 천주교 신부는

"우리 교우들은 IMF 이전이나 그 이후나 각자의 교회 헌금은 천 (千)원 짜리로 고정되어 있어 매 한가지입니다. 아마도 500원짜리 동전은 1,000원짜리 지폐보다는 무거워서 갖고 다니기에 불편한가 봅니다"라는 대답이었답니다.

할머니!
위의 말씀들은 이 손자가 아직도 두 분 할머니 앞에서 재롱을 떨고 싶은 마음에서 가볍게 말씀드리고 있으나, IMF 이후 제 친구 장로 부인으로부터 제가 직접 들은 사실 하나는 좀 염려스럽습니다.
제 친구는 꽤 오래 된 개신교 장로로서 한 신도시에서 열심히 목회자를 도와 교회 일을 하고 있습니다. 재정 장로인 그는 그 교회가 생애의 전부입니다. 그런데 IMF 위기에다 교인 수마저 점점 줄어들고 성전 건축은 이미 계획되어 있고 하여 긴축 재정을 펴려는 뜻에서 우선 당회장의 높은 급료부터 고통분담 차원에서 약간의 하향 조정을 건의했었나 봅니다. 쾌히 승낙해 주시리라고 믿었던 당회장은 갑자기 화를 내면서 IMF로 인해 미화($)값이 올라 미국에 가 있는 자녀의 학비 송금에 애로가 많으니 오히려 상향조정을 하라면서 주먹까지 불끈 쥐더랍니다. 그러는 과정에서 제 친구는 다른 여러 가지 일들로 인해 지금까지 마음이 상해 있답니다.
제가 그 내용을 전부 공개하기에는 제 친구와 그 목회자의 인격에 관계된 문제가 있기에 밝히지 않겠습니다. 이와 비슷한 경우는 또 다른 친구 장로들에게도 있으나 생략합니다.
제가 이 말씀을 드린 것은 결코 어떤 교파나 교단을 비방하거나

타 교회와 비교하려는 의도는 추호도 없습니다. 다만 두 분 할머니께서 신앙하시던 그때와 지금의 개신교는 너무나도 많이 달라져 있다는 현실이 안타까워 그저 할머니께 말씀드리는 것뿐입니다. 불과 50~60여 년 사이에 너무나 다른 모습으로 변한 것만은 사실인 듯합니다.

여기 깨어 있는 외로운 개신교 단체의 목소리가 이를 뒷받침합니다. '교회 헌금 바로 사용하기 운동'을 전개하는 기독시민 사회연대(집행위원장 박현응 목사)의 목소리 입니다.

- 21세기의 선악과인 돈을 함부로 먹지 말라.
- 천사의 마음으로 모인 돈이 악마의 마음으로 사용되고 있는 것이 우리가 목도하는 일부 교계의 세태이다.
- 수단과 방법을 가리지 않는 성장 지상주의의 교회 이면에는 '부자는 복받은 사람, 가난한 사람은 저주받은 사람'이란 논리가 깔려있다고 해도 과언이 아니다.
- 특정 교회 장로들이 제기한 교회 재산의 유용 시비와 일부 교단의 금권선거 파문과 담임목사직 세습 시비는 결국 교회를 사유재산, 즉 자식에게 대물림하는 재산으로 여기는 데 따른 문제라 할 수 있다.
- 교회가 성장 일변도를 추구하는 과정에서 헌금을 강요하고 헌금의 액수에 따라 축복을 난발해 왔다.
- 신앙의 문제가 오히려 주변문제로 변해 신의 부정으로까지 나아가는 모습이다.

주님께서는 오늘도 이렇게 말씀하고 계십니다.

"너희 같은 눈먼 인도자들은 화를 입을 것이다. 너희는 성전을 두고 한 맹세는 지키지 않아도 무방하지만 성전의 황금을 두고 한 맹세는 꼭 지켜야 한다고 하니 이 어리석고 눈먼 자들아, 어느 것이 더 중요하냐? 황금이냐? 아니면 그 황금을 거룩하게 만든 성전이냐? 또 너희는 제단을 두고 한 맹세는 지키지 않아도 무방하지만 그 제단 위에 있는 제물을 두고 한 맹세는 꼭 지켜야 한다고 하니 이 눈먼 자들아, 어느 것이 더 중하냐? 제물이냐? 아니면 그 제물을 거룩하게 만든 제단이냐? 사실 제단을 두고 한 맹세는 제단과 그 위에 두고 한 맹세이고 성전을 두고 한 맹세는 성전과 그 안에 계신 분을 두고 한 맹세이며 또 하늘을 두고 한 맹세는 하느님의 옥좌와 그 위에 앉으신 분을 두고 한 맹세이다"(마태 23,16-22).

인간의 불행은 모르는 것을 안다고 하는 데 있습니다. 모르면 솔직히 모른다고 해야지 이를 아는 척하거나 또는 어설피 알면서 완전히 아는 척하며 이를 하느님의 말씀같이 이용하여 자기 개인 또는 이기심으로 모든 일을 처리하려는 데 더 큰 불행이 있습니다.

옛날 율법학자와 바리사이는 주님을 몰라서 십자가에 못박았으나 오늘의 종교 지도자들은 안다고 하면서도 주님을 못박고 있습니다.

한국의 공동 번역 성서에 관하여

　제2차 바티칸 공의회(1962～1965년) 이후 자모이신 성교회에서는 가톨릭과 그 외 모든 그리스도교의 일치를 위해 성서를 공동으로 번역하여 사용할 것을 권장하였으며, 이를 위해 1968년에 세계성서공회와 로마 가톨릭 교회의 일치 사무국은 제2경전을 가톨릭과 개신교의 '공동번역'에 수록하도록 합의하였습니다.

　그리하여 한국에서도 1968년 1월 '성서 번역 공동위원회'가 조직되고 가톨릭과 개신교의 성서학자들이 모여 1969년 1월부터 번역에 착수하여 1971년 4월 공동번역 신약성서가 대한성서공회의 발행으로 간행되었고 이어 1977년 4월 예수 부활 대축일을 기해 공동번역 성서가 간행되었습니다. 참으로 뜻 깊은 일이 아닐 수 없습니다.

　이 번역을 위해 천주교의 '천주님'과 개신교의 '하나님'을 표준말에 의거한 '하느님'으로 분류하였고, '야훼'와 '여호와'는 현대의 성서 신학계에서 따르고 있는 '야훼'라는 명칭을 따르기로 하였습니다.

　그 외에도 개신교 관주성서(영어, 한자, 일본어 성서를 구한말 식

맞춤법에 따라 번역한 성서)의 영어식 지명과 인명 표기로 인해 원지명과 다른 문제(예:다마스커스/Damascus 다메섹)는 원어 표기와 사전 및 교과서의 명칭을 따르기로 하는 등 여러 가지 면에서 한국 그리스도교의 일치와 대화를 위해 획기적인 시도를 이루었습니다.

그러나 미국을 비롯한 다른 나라와는 달리 우리 나라에서는 급진주의적인 개신교 학자들의 반대에 부딪쳐(하나님, 여호와 및 제2경전을 받아들이는 문제 등) 개신교에서는 오늘날까지 이를 사용하지 않고 있으며, 대한성서공회에서도 공동번역을 발간하면서 천주교용과 개신교용으로 구분하여 개신교용에는 제2경전을 위경으로 표현하고 있습니다. 그렇다고하여 한국 개신교 내의 일치가 확고하게 되는 것도 아니고 오히려 교파 및 교단의 분열은 날로 심화되고 있으며 각 교단간 문제도 매우 심각한 것 같습니다.

그런데 여기 이 공동번역에 관하여 개신교 내에서는 참으로 말하기조차 부끄러운 일이 있었다고 합니다.

감리교의 한 장로라는 사람이 교계 신문에 광고를 내기를 "마리아를 숭배하는 천주교 집단과 어울려 '하나님'을 '하느님'으로 바꾸는 따위의 말도 안되는 성서 공동번역에 참여한 자들은 하나님의 저주를 받으라"는 끔찍한 내용을 게재(揭載)했다고 합니다.

이 같은 사람은 신은 '하나다'라고 강조하면서 "앗쌀라 무알라이꿈"하는 기도와 함께 검지(檢指)로 하나를 가리키는 즉, '유일신' '알라'를 '하느님'으로 숭배하는(야곱이 부인 4명을 거느렸다고 하여 자기들도 4명의 부인을 합법화하는) 이슬람교도도 하지 못할 이야기를 하고 있습니다.

아마 이런 사람은 '하나님'을 광적으로 믿는지는 몰라도 전 인류를 구속하시려고 말씀이 사람이 되시어 십자가에 못박혀 돌아가시고 묻히시고 사흘 만에 다시 살아나신 '예수님'이라는 분을 올바로 믿는 사람은 아닌 것같이 생각됩니다. 왜냐하면 예수님은 '하나님'이나 '하느님'이라는 단어(명칭) 때문에 저주를 내리는 분이 아니라 사랑 자체인 분이시기 때문입니다.

할머니, 저는 개신교에서 크게 잘못된 교육을 받은 게 한 가지 있다고 생각합니다.

그것은 '하느님께서 사랑의 하느님이라시기보다' '나를 벌하시는 하느님', '내가 잘못한 것을 기다렸다가 형벌을 내리시는 하느님' 등으로 오인하도록 두 분 할머니들로부터 강요되어 온 게 아닌가 하는 의문을 지울 수가 없습니다.

십일조를 잘 안 내도 벌, 월요일이 시험날인데도 주일에 시험 공부하면 또 벌, 주일에 장사하면 그 가게는 꼭 망하고, 목사나 장로의 흉을 보면 벌받는다, 그리고 하느님은 '홍수로 쓸어버리시는 분', '소돔과 고모라를 멸망시키시는 분', '온갖 재앙을 내리시는 분' 등 그야말로 진노하시는 하느님만을 강조하셨던 게 사실입니다. 사실 하느님께서는 착한 사람에게 상을 주시고 악을 행하는 사람에게 벌을 주시는 두려우시고 정의의 하느님이시기도 합니다.

그러나 그분은 **"상한 갈대도 꺾지 않으시고 꺼져 가는 등불도 끄지 않으시는 자비하신 분(神)"**(이사 42, 3)으로서 천상의 영복을 마다하시고 우리 인간을 사랑하신 나머지 우리 인간과 같이 사시려고 비천한 인간이 되어 오셨으며 도리어 피조물인 인간들로부터 수많은 능욕과 고통을 당하시다가 인간의 죄 사함을 위해 십자가에 당신의 목숨까지 내놓으시면서도 못박는 자들을 위해 **"아버지, 저 사람들을 용서하여 주십시오"**(루가 23, 34)라고 기도하시는 분으로서 그분의 한결같으신 사랑을 저에게 강조하고 교육시키셨어야 했습니다.

그분은 부활 승천하신 다음 인간을 위해 성령을 보내셨고 세상 끝날까지 교회와 인간들을 보살피도록 하시는 분이라는 것은 부흥회나 사경회 때에만 간혹 들었을 뿐이었습니다.

솔직히 저는 이 성령을 할머니께서 '보혜사'라고 부르셨기에 '보혜사'는 성령의 고유명사로만 알고 있었고 그것이 '협력자 성령', '변호자 성령' 등의 의미로 쓰이는 것은 이 공동번역이 세상에 나온 이후부터였습니다.

할머니께서 보시던 개신교 성서에는 이렇게 기록되어 있지요.
"내가 아버지께 구하겠으니 그가 또 다른 보혜사를 너희에게 주사 영원토록 너희와 함께 있게 하시리니 저는 진리의 영이라"(요한 14, 16).

저는 이것이 무슨 뜻인지 몰라 개신교의 영어 성서를 찾아보았더니 '보혜사'를 'Advocate'로 표현했더군요. 그래서 또 그 단어를 영한사전에서 찾아보려 했으나 우리 나라 사전에는 이를 보혜사로 기록한 사전은 없었으며 아직까지도 저는 그런 사전을 보지 못하고 있습니다.

그러나 공동번역을 보면 **"내가 아버지께 구하면 다른 협조자를**

보내 주셔서 너희와 영원히 함께 계시도록 하실 것이다. 그분은 곧 진리의 성령이시다"(요한 14, 16)라고 너무나 알기 쉽도록 번역해 놓았습니다.

이와 같이 하느님 말씀을 알아듣기 쉽게 번역하는 그야말로 주님의 복음선포 사업에 참여한 훌륭한 목사들을 격려하고 칭찬해 주지는 못할망정 "저주를 받아라"(이현주 목사 저 「돌아보면 자국마다 은총이였네」 중)하는 바로 그 사람은 한 교회의 원로로서 또 남을 잘 다스려야 하는 한 교회의 장로로서 그의 혀부터 억제해야 한다고 생각됩니다.

여기 개신교 신자들이 주 예수님의 친동생이라고 잘못 알고 제멋대로 부르고 있는 성 야고보의 편지를 먼저 소개해야 할 것 같습니다.

- 개신교 번역 관주성서: "누구든지 스스로 경건하다 생각하며 자기 혀를 재갈먹이지 아니하고 자기 마음을 속이면 이 사람의 경건은 헛것이다"(야고 1, 26).
- 개신교 영어성서: "A man may think he is religious, but if he has no control over his tongue, he is deceiving himself, that man's religion is futile"(James 1, 26).
- 공동번역: "누구든지 자기가 신앙생활을 한다고 생각하면서도 자기 혀를 억제하지 못한다면 그것은 자기 자신을 속이는 셈이니 그의 신앙생활은 결국 헛것이 됩니다"(야고 1, 26).

또 "혀는 휘어잡기 어려울 만큼 악한 것이며 거기에는 사람을 죽이는 독으로 가득 차 있습니다. 우리는 같은 혀로 주님이신 아버지를 찬양하기도 하고 하느님의 형상대로 창조된 사람들을 저주하기도 합니다. 같은 입에서 찬양도 나오고 저주도 나옵니다. 내 형제 여러분, 이래서는 안 되겠습니다. 같은 샘구멍에서 단물과 쓴물이 함께 솟아나올 수 있겠습니까? 내 형제 여러분, 무화과나무에 어떻게 올리브 열매가 달릴 수 있겠습니까? 짠물에서 단물이 나올 수는 **없습니다**"(야고 3, 8-12)라고 하셨습니다.

이 장로는 분명 사랑의 복음을 전하기보다는 그 입으로 남들을 저주하였고 그것도 광고매체를 통해 공개적으로 행한 것을 보면 사랑보다는 미움을 더 전하고 싶었던 것 같습니다. 이 장로나 개신교의 극소수의 지나친 열성자들은 오로지 그들이 믿는 '하나님'을 위해서 그렇게 저주했다고 말할 것입니다.

실제로 '하나님'을 위한다는 마음으로 저주한 것이 사실일 것입니다. 그러나 주님께서는 당신을 냉대하는 사마리아 동네를 지나시면서 다른 야고보 사도를 통해 **"하늘에서 불을 내리게 하여 그들을 불살라 버리라"**고 말씀하지 않고 오히려 그런 제안을 한 제자들을 꾸짖으신 분(루가 9, 54-55)이심을 기억해야 합니다.

그 장로는 그가 다니는 교회에 기여를 많이 하여 한국 감리교회의 장로가 되었는지는 알 수 없는 노릇이지만 이 같은 사람일수록 고맙게도 우리 나라에 감리교를 맨 처음으로 전한 미국 감리교회(연합)에는 장로란 직분이 없음을 아마도 알지 못할 것 같습니다. 장로뿐 아니라 권사도 없습니다. 어떻든 한국에서 장로라고 하면 교회의 한 원로요 지도자로서 존경받아야 할 사람이라는 것이 일반적인 통념입니다.
　여기 비록 잘못 번역된 한국의 개신교 성서에도 장로는 존경받아야 한다고 하느님의 말씀인 양 번역해 놓고 있습니다.

- *개신교 영어 성서 원문*: "Elders who do well as leaders should be reckoned worthy of a double stipend…."(I Timothy 1, 17)
- *공동번역*: "남을 지도하는 원로들은 갑절의 대우를 받아야 합니다"(1디모 5, 17).
- *개신교 번역 성서*: "잘 다스리는 장로들은 배나 존경할 자로 알되…"(1디모데 5, 17).

이와 같은 개신교 성서에 나타나 있는 말씀에도 불구하고 이 장로는 존경받기는 고사하고 두려운 마음으로 사도 바오로의 다음과 같은 말씀을 먼저 묵상해 보아야 할 것 같습니다. 즉 **"우리는 말할 것도 없고 하늘에서 온 천사라 할지라도 우리가 전한 복음(사랑)과 다른 것을 여러분에게 전한다면 그는 저주를 받아 마땅합니다"**(갈라 1, 8)라는 구절입니다.
　그리고 하느님을 믿는다고 하는 그 장로 같은 사람이 많으면 많을수록 교회일치는 고사하고 종교분쟁 또는 심하면 종교전쟁까지 일어나게 할 사람들이 많아진다는 데 그 심각성이 있습니다. 또 이같은 사람이 한 사람이라면 아예 할머니께 말씀드리지도 않았겠으나 문제는 이런 장로, 권사, 집사들이 지금의 개신교에는 비교적 많다는 데 더 큰 문제가 있는 것입니다. 물론 과거엔 이 손자를 포함해서 말입니다.

우리는 '예수님을 믿고 따르는 사람', 즉 '크리스찬(Christian)'이라는 아름다운 명칭을 가진 사람들입니다. 이 명칭은 세상 어떤 명칭보다 더욱 고귀한 것이며 이 명칭에는 반드시 거기에 따르는 의무가 있다는 것을 잊지 말아야 합니다. 이는 허명(虛名)이 아닙니다. 거기에는 가장 엄숙한 의의가 내포되어 있습니다.

크리스찬이란 말은 '우리는 그리스도의 제자로서 스승의 가르침을 받들어 따르고 그분의 덕을 본받는 사람' 이란 뜻입니다. 그리스도 신자라는 이름을 지녔으면서도 그리스도를 닮은 점이 없다면 이런 큰 모순은 없을 것입니다.

이런 사람들 때문에 저는 '하나님'을 믿지 않는다고 이야기합니다. 그렇다고 '하느님'을 믿는 것도 아니라고 하면 모두들 의아해 합니다. 그러나 저는 '하나님'이나 '하느님'을 믿지 않습니다.

'하나님과 하느님'은 오직 한국어의 보통명사일 뿐입니다. 때문에 '하나님과 하느님'은 수없이 많을 수도 있습니다. 실제로도 많습니다. 지금은 돈과 권력이 그리고 쾌락이 곧 하느님이란 사람들이 너무 많아 보입니다.

사실 하나님과 하느님은 실제로 볼 수 없습니다. 때문에 저는 다만 보이는 '하나님'으로 오신 '예수님'만을 믿습니다.

그리고 그분이 세례를 받으시고 물에서 올라오실 때 **"이는 내 사랑하는 아들, 내 마음에 드는 아들이다"**(마태 3, 17)이라고 하신 그분의 '성부님'을 믿습니다.

또한 하늘이 열리고 비둘기 모양으로 예수님 위에 내려오신 제3위 '성령님'을 믿습니다(마태 3, 16; 마르 1, 10; 루가 3, 22). 더욱 중요한 것은 이 세 위께서 한 분이시라는 것을 믿는 사람이란 것입니다.

때문에 저는 크리스찬의 아름다운 이름을 가졌습니다.

굳이 하나님과 하느님 중에 어느 한 분만을 꼭 믿어야 한다면 "**나는 곧 나다**(I Am that is who I am)"(출애 3, 14)라고 모세에게 말씀하신 바로 그분만을 믿겠습니다. 혹시 '여호와'를 '야훼'라 하여 또 트집을 잡고 저주하는 사람들이 있을지도 모릅니다만 그런 분들은 제가 언젠가 읽었던 개신교 신학자 김 모 교수의 '여호와' 이름에 관한 글을 읽어 보았으면 합니다. 그는 결론에서 여호와는 하느님의 일종의 가명 같은 것이라고 표현하였는데 가명(假名)이든 진명(眞名)이든 연구한 그분도 또 저주를 받지 않았으면 좋겠습니다.

한마디 부연한다면 세계 신학자들은 거의 모두 하느님을 야훼로 쓰고 있으며 지금도 유다인들은 학자에 따라 야훼라고 쓰든지 또는 여호와라고 쓰든지 간에 글은 그렇게 쓰지만 거룩하신 그분의 이름을 부를 때에는 '아도나이'라고도 부릅니다. 무식이 곧 용감이라고 유독 한국에서만 '하나님, 하느님'하고 싸우고 있으니 한심한 노릇이 아닐 수 없습니다. 영어에도 다만 God이라는 한 단어밖에는 없습니다.

할머니, 이 손자가 우스운 이야기 하나 전해 드릴까요?

옛날 캐나다의 어느 도시에서 '가톨릭 신자 팀'과 '개신교 신자 팀' 사이에 축구 시합이 벌어졌다고 합니다. 많은 관중이 모여들었고 그곳에는 예수님도 일반 사람의 모습으로 응원을 했었답니다. 시합이 시작된 후 전반전 15분경 가톨릭 팀이 먼저 한 꼴을 넣었습니다. 모든 가톨릭 신자들은 환호하였고 예수님도 그 자리에서 일어나 박수를 보냈습니다. 후반전 15분경 마침내 개신교 팀도 드디어 한 꼴을 넣었습니다.

이때 모든 개신교 신자들은 너무 기뻐했고 예수님도 일어나서 큰 박수를 보냈답니다. 그런데 예수님 뒤에서 응원하던 한 노신사가 예수님인 줄 모르고 어깨를 툭툭 치며 "도대체 당신은 어느 편입니까" 하고 물었답니다. 그런데 예수님께서는 "나는 어느 편도 아니고 그저 축구를 구경하러 왔을 뿐입니다"라고 대답하셨더랍니다.

이 말을 들은 그 노신사는 "아하! 당신은 분명 무신론자이로구먼"하였더랍니다.

물론 가공된 이야기입니다만 세상의 종교가들은 자기가 믿는 곳으로 모든 이가 와주기를 바라고 자기들만이 예수님 편이라고 속단하는 수가 많습니다.

특히, 개신교 신자들은 무조건 상대편은 마귀나 또는 이단자로서 지옥 간다는 속단과 편견을 가지고 상대방의 인격마저 모독하는 경우를 저는 많이 보아 왔습니다. 이와 같은 일은 오히려 예수님을 슬프게 하여 드릴 뿐입니다.

누가 누구를 보고 이단이라고 합니까? 심지어 심한 경우에는 가톨릭에도 성서와 찬송가(성가)가 있느냐고 질문하는데 속된말로 삶은 소머리도 웃을 지경입니다.

　여기 공동번역에 참여하셨던 두 분 목사가 점심식사 중에 하신 실제로 있었던 사담 한마디를 간단히 소개해 올리겠습니다.

　문익환 목사: 공동번역을 하자니까 한 가지 사실이 발견되었어. 무엇인지 알아?
　이현주 목사: ???
　문익환 목사: 요새는 말이야 구교(Catholic)가 신교(新敎)이고 신교(Protestant)가 구교(舊敎)더라고!!

　이제는 문익환 목사도 가시고 저의 개신교 시절 덕망 높으신 한경직 목사도 세상을 떠났습니다. 물론 할머니 시대의 손양원 목사도 가고 안 계십니다. 그런데 그 훌륭하신 목회자들의 뒤를 이어 묵묵히 일하시는 목사들도 많이 계신데도 요즘은 목사들에 대한 인식과 존경심도 점차 사라지는 듯하여 안타까울 뿐입니다. 특히 모든 것을 숫자적으로 계산하는 풍조에서는 목회자의 인격이 들어설 공간이 없음도 문제인 것 같구요….

　여기 유수한 개신교 잡지에 공개적으로 지적한 몇 가지만 말씀드리겠습니다(「교사의 벗」 2000년 1월호).

　■ 무임목사(실업 상태에 있는 목사) 수는 약 7,000여 명으로 증가일로에 있으며 신학교는 총 270개로 그중 220개는 무인가 신학교이며 50개만이 인가교이다. 매년 배출되는 졸업생은 6,500

명이나 5,000명은 무인가 신학교 출신이다. 이들 가운데는 정작 학생들을 가르치고 교육시킬 교육 목사와 교육 부서를 인도할 만한 자질조차 갖추지 못한 사람들이 비일비재하다.
- 무인가교는 대부분 강의실과 도서관이 아주 빈약하며 도서관이 아예 없는 학교도 많다.
- 한국 교회 위기는 세속적인 스타성 목사들의 맹활약이다. 이러다 보니 연합 단체는 물론 개혁 단체들조차 공명심으로 행동한다(조직에는 회장급만도 20여 명이고 부흥사 협의회는 협동 총무만도 200여 명에 가깝다).
- 세미나는 부흥을 갈망하는 목사들의 요령 터득의 현장이며 돈과 시간을 아까워하지 않는다. 이들은 벳세다 들판의 떡을 위해 모여든 청중이다.

할머니! 여기 재미 동포 사업가 중 한 분이 개신교를 떠나며 개신교 잡지에 긴급 투고한 원고를 극히 일부 발췌하여 말씀드리겠습니다. 아마도 이 투고는 개신교가 반성해야겠다는 취지에서 자체 공개한 것이라고 보여지지만 그 사업가가 어디로 갔다는(개종) 말은 없습니다.

제 생각으로는 그분의 문맥으로 보아 가톨릭으로 회심하지 않았나 하는 생각이 듭니다. 그 이유는 간단합니다. 주님의 복음정신에 따라 열심히 살려고 노력하는 평신도일수록 완전한 진리에 접하면 금방이라도 회심할 수 있으며, 직분이 있는 사람들은 여러 가지 이유로 인해 회심하기 어려운 것이 상례이나 기묘한 방법으로 회심하신 분들을 많이 보았습니다. 더욱이 강렬하신 주님의 부르심에 십자가를 지고 응답하신 목회자들은 그야말로 자기 육신의 생명 줄인 그 모두를 버리고 오직 영원한 새 생명을 찾으려는 노력으로 회심하는 경우를 많이 보아 왔기 때문입니다.

- ■ 나는 왜 개신교를 떠났는가(왜곡된 교회의 모습을 보며) / 재미 사업가 황OO(「기독교사상」 1999년 11월~12호)
- 오늘날 한국 개신교는 여러 가지 면에서 왜곡되어 가고 있다. 기복 신앙은 아주 일반화되어 가고 있고 교회의 기업화는 이미 그 한계를 넘었다는 느낌이다. 교세 확장이라는 목표를 향해 마치 제동장치가 고장난 자동차같이 달리기만 한다. 어떤 행위도 합리화하고 정당화하고 있다.
- 오늘날 한국 개신교회는 일반 사회의 기준으로 보아도 조금도 나을 것이 없으며 솔직히 말해서 어떤 경우는 교회의 운영이 기업보다 훨씬 비리를 많이 갖고 있는 경우가 허다하다. 교단의 감투에 수억 원의 돈을 쓰며 공공연히 교회를 매매하기도 하면서 목사들은 이것도 모두 전도를 위한 것이니 궁극적으로 잘못된 것이 아니라는 논리를 전개한다.
- 1994년 샌프란시스코 공항 근처에 있는 한 호텔에서 한국 모 교단의 선교대회가 열린 적이 있다. 한국 재벌 그룹의 간부로 여러 해 근무했던 나지만 대회 규모에 너무 놀랐다. 호텔 1층에 있는 연회실을 여러 개 터서 족히 일천 명 이상이 참여할 수 있는 대규모 연회장에서 일 주일 동안 계속되었으니 수십만

달러가 소요됐음은 쉽게 짐작할 수 있다. 이 같은 대회라면 선교 추진 본부가 있는 한국에서 개최해도 충분하지 않은가?

- S교회 담임 목사였던 A목사는 80년대 초 C장로에게서 $100,000을 무이자로 빌려 집을 샀다. 그 집의 은행 융자금은 주택 수당으로 교회가 지급했고 얼마 안 가서 그 집은 목사의 소유가 되었다. 그러나 만약 학교 교사가 학부형에게 무이자로 돈을 빌려 집을 샀다면 지탄의 대상이 될 것이다. 수년 전 자민련의 이모 의원은 정덕진씨에게 무이자로 수억을 빌려 썼다가 실형을 살고 나왔다. 공직자에게는 뇌물이 되는 일이 어떻게 목사에게는 극히 칭찬받을 일이 되는가?

- 성서 말씀이나 복음을 목사들 편한 대로 귀에 걸면 귀걸이 코에 걸면 코걸이 식으로 갖다 붙이니 신앙은 자연적으로 왜곡된다.

- 한국 사람들은 신분 의식이 매우 강하다. 남의 집 머슴을 살아도 명함만은 커야 한다. 교회에 와서도 집사니 권사니 장로니 하는 계급을 받는 것을 좋아하며 목사들은 헌금을 유도하기 위해 이를 적극 활용하여 진급 심사의 중요한 기준으로 삼는다.

- 교포들은 별달리 사회적 지위가 없다 보니 교회의 직분에 더 집착하는 것 같다. L씨는 S교회로 온 지 1년 만에 부부가 다 집사로 진급했고, K장로는 S교회에 온 지 1년 만에 다른 사람은 20년 다녀도 되기 힘든 장로를 월 $4,000 정도의 헌금으로 간단히 진급했다.

- 감사 헌금을 위해서는 추수감사절과 심지어 맥추 감사절도 있

다. 내 친구 K목사가 미국 유학 후 귀국 준비하며 한 말에 의하면 "분당에서 교회를 하는 친구가 교인이 70명 정도, 강단과 의자, 전세금 등을 합하여 그 교회를 약 8,000만 원에 팔려고 하며 그 돈으로 유학을 하려 한다…." 인간적으로 이해가 안가는 것은 아니다. 그러나 그것은 명백한 교회 매매이다. 한국에서 교회 매매는 어제오늘의 일이 아니다.

- 오늘날의 한국 개신교는 중병에 걸린 환자 같다. 너무나 깊이 병이 들어 자신이 병들었다는 것조차 느낄 수 없는 정도가 아닌가 의심스럽다. 교회가 기업화되고 타락했다면 모든 교인에게 책임이 있다고 말할 수 있으나 싫든 좋든 교회의 지도자는 목사들이다. 때문에 그 주된 책임은 곧 목사들에게 있다. 오늘날 골목골목마다 세워진 개신교가 진정 올바른 복음 위에 기초했는지 깊이 생각해 봐야 한다.

- 우리 주위의 목사 자녀로 유학 온 사람들을 많이 본다. 목사의 자녀라고 유학하지 말라는 법은 없다. 70~80년대 초까지 유학이란 여간한 경제력 없이는 엄두도 못 내었다. 그러나 어떻게 목사의 봉급으로 유학을 시킬 수 있는가? 만일 공무원이 그랬다면 그 재산은 의심해 볼 것이다.

- 모 목사는 아들이 이곳 북가주에서 사업하기 때문에 자주 온다. 그는 아들을 유학시켰을 뿐 아니라 사업 자금까지 대 준 것이다. 언젠가 설교에서 아들의 사업 자금을 충분히 대주지 못한 것을 아쉬워하면서 "교회는 목회자에 대해 더 좋은 대우를 해주어야 한다"고 강조했다. 때문에 십일조는 최소의 의무이고

그 이상 소득의 20% 또는 30% 정도는 헌금해야 한다고 강조했다. 미국에서는 아들 사업 자금을 위해서 또 한국에서는 상류층 운동인 골프를 즐기기 위해서 평신도로부터 20~30%의 헌금을 거둔다면 한참 지나친 일 아닌가? 그러나 그것은 사실이다.

- 내가 한국에 있을 때 내 상관이었던 B전무는 장로교회 목사의 아들이었다. 그가 한탄하는 것은 대 그룹의 전무로서 아버지를 노회장 한번 시켜 드릴 능력이 없다는 것이었다. 내용은 1억 5천만 원이 없다는 것이었다. 그때 내가 수원의 25평 아파트를 1,600만 원에 샀으니까 대략 이 아파트 값 9채 값이었다. 이 목사는 B전무가 사장이 되어서야 비로소 노회장이 되었다. 이 목사는 그래도 잘난 아들 덕분에 노회장이 되었지만 다른 노회장들이나 감독들은 모두 잘난 아들 덕분에 출세했다고는 볼 수 없을 것이다.

할머니! 더 이상은 누워서 침 뱉기라고 생각하여 여기서 줄이겠습니다.

그러나 꼭 한 말씀은 목회자들에게 물어 보아야겠습니다.

"그날에 많은 사람이 나를 보고 주님 주님! 우리가 주님의 이름으로 예언을 하고 주님의 이름으로 마귀를 쫓아내고 또 주님의 이름으로 많은 기적을 행하지 않았습니까?"(마태 7, 22)라고 할 때 주님께서 "악한 일을 일삼는 자들아 나에게서 물러가라. 나는 너희를 도무지 알지 못한다"(마태 7, 23)라고 하신 말씀은 바로 당신들에게 해당되는 말씀이라고는 전혀 생각해 보시지 않으셨는지요? 한번쯤은 꼭 바로 당신이라고 생각해 보십시오. **"당신들은 잠깐 나타났다가 사라져 버리는 안개에 지나지 않습니다"**(야고 4, 14).

할머니, 여기 물질을 초월한 주님의 사랑만을 전하다 주님 품에 안긴 한 가톨릭 사제의 이야기를 간단히 소개하겠습니다.

벨지움의 트레머루 태생인 '성 다미안 신부'가 바로 그 주인공입니다. 그는 브렌느러콩트 대학에서 공부한 후 1860년 예수와 마리아 성심회(The Father of the Sacred Hearts of Jesus and Mary 'The pie pus Fathers')에 입회하여 '다미안'이란 수도명을 받고 호놀루루에서 사제로 서품되었습니다(1864년).

그 후 그는 9년 동안 푸노와 코알라 주민들의 복음화를 위해 헌신하다가 1873년 몰로카이 나환자촌에 파견을 자원하여 여생을 나환자들과 함께 살며 주님의 말씀을 온몸과 마음으로 실행하였습니다. 다미안 신부가 나환자 수용소 몰로카이 섬에 갔을 때 그곳은 그야말로 지옥이나 다름없었습니다. 서로 싸우고 온통 절망에 빠져 자살하는 환자도 많았습니다. 다미안 신부의 헌신적 노력에도 불구하고 그들은 코웃음만 쳤습니다.

"흥, 하느님 사랑이 다 무슨 헛개비 소리인가? 정말 사랑하신다면 우리를 이토록 썩어 문드러지게 내버려 둔다는 말인가? 그따위 '사랑'은 당신네처럼 건강한 자들만이 읊어 대는 사치한 잠꼬대야!!"라고 빈정대며 욕설을 퍼부을 뿐이었습니다. 그때부터 다미안 신부는 무릎을 꿇고 하느님께 기도했습니다.

"주님, 저에게도 같은 나병을 허락하시어 저들의 고통에 동참하게 해주소서!!"라고요.

과연 그 기도는 응답이 되어 다미안 신부도 나환자가 되었습니다. 그때부터 다미안 신부는 강론(설교)때마다

"동료 나환자 여러분! 저도 여러분과 똑같은 나환자입니다. 하느님께서는 변함 없이 우리 모두를 사랑하고 계십니다. 내 몸은 비록 썩어 들어가고 있지만, 내 마음속에는 평화가 있습니다"라고 하였습니다.

다미안 신부의 진솔한 사랑에 감복되어 그 섬은 사랑과 평화의 섬으로 변했습니다. 지금도 그분의 성덕과 애덕은 수많은 사람들 마음속에 영원히 살아 있습니다.

그뿐만이 아닙니다. 할머니께서 말씀하시던 손양원 목사는 두 분 할머니 모두 돌아가신 이후 이데올로기의 갈등과 동족상잔이라는 비극 속에서 두 아들(동신, 동인) 모두를 잃고 말았습니다. 목사의 아들이란 이유로 어떤 청년이 잔악하게 죽인 것이지요. 그런데 손양원 목사는 자기의 두 아들을 죽인 바로 그 범인을 용서하고 자신의 양아들로(안재선 → 손재선으로)까지 삼는 모범을 보여주셨습니다.

이는 당신을 십자가에 못박은 사람들을 향하여 **"아버지, 저 사람들을 용서하여 주십시오 그들은 자기가 하는 일을 모르고 있습니다"**(루가 23, 34)라고 하신 예수님을 그대로 따르신 것입니다. 참으로 훌륭하신 분이십니다.

그런데 제가 보기에는 오늘날 개신교회 내에도 이 같은 목회자들

이 분명 많음에도 불구하고 그분들은 일부 빗나간 목사들과 양적(量的) 팽창에만 집중하는 소위 스타성 목사들의 그늘에 짓눌려 때로는 질식 상태에까지 이르곤 합니다.

그리고 더욱 한심한 것은 열심하고 유명하다는 목사들조차 설교를 위해 손양원 목사의 자료를 옮겨 적어 사용한 후에는 그 양들이 지금 어디서 무엇을 하는지 또는 그 자손들은 어떻게 신앙생활을 하는지조차 태반이 모르고 있다는 사실입니다. 교계도 너무나 삭막한 세상이 되었습니다. 때문에 이 손자는 가끔 철야 기도를 통해 이분들을 위해서도 특별히 기도합니다.

할머니!
여기 초대 박해 시대 때 순교하신 '성 폴리카르포 주교' 순교자에 관한 '스미르나 교회의 편지'를 공개해야 할 것 같습니다.

성 폴리카르포는 사도들의 제자였고 스미르나의 주교였으며 안티오키아의 성 이냐시오와 함께 로마로 가서 부활축제 문제에 관해 제11대 교황 아니체투스(Anicetus)와 회담도 하였습니다.

이 순교자 주교는 가톨릭 정통교리의 수호자이셨고 '사탄의 맏이'라 부른 마프치오니즘과 바렌티아니즘을 배격하라고 역설했습니다. 또 그는 이교신에게 제물을 바치지 않는다는 이유로 155년경 스미르나 시내의 경기장에서 화형으로 순교하였습니다.

다음 글은 순교 현장을 목격한 어느 신도가 '스미르나 교회의 편지'라는 이름으로 기록한 것입니다.

그의 둘레에는 화형에 쓰일 물건들이 다 준비되어 있었습니다. 사형 집행인들이 그에게 쇠못을 박아 움직이지 못하게 고정시키려 했을 때, 폴리카르포는 그들에게 이렇게 말했습니다.

"그대로 두시오. 나에게 불을 견딜 힘을 주시는 분께서는 당신들이 못을 박지 않더라도 장작더미 위에서 흔들리지 않고 꿋꿋하게 서 있는 것을 허락하실 것이오."

그래서 그들은 못박지는 않고 묶어 놓기만 했습니다. 이때 그는 하늘을 우러러보며 이렇게 말했습니다.

"전능하신 주 하느님, 우리가 그분을 통해 당신을 알게 된 사랑하올 복되신 아들 예수 그리스도의 아버지이시여, 천사들과 대천사들 그리고 모든 피조물과 당신 면전에서 살고 있는 모든 의인들의 하느님, 당신을 찬미하나이다.

당신께서는 이 날과 이 시간에 제가 순교자들 가운데서 그리스도의 잔을 함께 나누고 성령을 통해 불사 불멸 안에서 육신과 영혼의 새 생명에로 다시 일어나도록 마련하셨나이다. 성실하시고 거짓 없으신 하느님이신 당신께서 마련하시고 저에게 이미 보여주셨으며 이제 이루어 주신 대로, 오늘 당신의 순교자들과 함께 살찌고 마음에 드는 제물로서 저를 받아주소서. 그래서 이 모든 것 때문에 영원하신 천상의 대사제이신 당신의 사랑하시는 아들 예수 그리스도를 통하여 당신을 찬미하고 찬송하며 영광을 드리나이다.

그리스도를 통하여 성령과 더불어 당신께 이제와 미래에 영원토록 영광이 있으소서. 아멘."

그가 '아멘'이라고 말하며 기도를 마쳤을 때 사형 집행인들은 불을 붙였습니다. 거센 불길이 타오를 때 우리는 한 기적을 보았습니다. 우리에게 그 기적을 보는 것이 허락된 것은 다른 사람들에게 이를 전하도록 하기 위해서입니다.

불은 바람을 가득 담은 배의 돛처럼 불 가마의 모양을 띠고는 그 순교자의 몸을 감싸주었습니다. 그 가운데 있는 몸은 타고 있는 육신처럼 보이지 않고 오히려 구워지고 있는 빵이나 또는 용광로에서 제련되고 있는 금이나 은처럼 보였습니다. 그리고 우리는 마치 유향 냄새나 어떤 귀한 향료 같은 향기를 맡았습니다.

우리는 교파를 초월하여 그리스도인으로서 **"세상의 빛과 소금"**(마태 5, 13-14)이 되고 그리스도의 향기를 피워야합니다.

"누가 감히 우리를 그리스도의 사랑에서 떼어놓을 수 있겠습니까? 환난입니까? 역경입니까? 박해입니까? 혹 위험입니까?… 나는 확신합니다. 죽음도 생명도 천사들도 권세의 천신들도 현재의 것도 미래의 것도 능력의 천신들도 높음도 깊음도 그 밖의 어떤 피조물도 우리 주 그리스도 예수를 통하여 나타날 하느님의 사랑에서 우리를 떼어놓을 수 없습니다"(로마 8, 35-39).

우상 숭배(偶像崇拜)에 관하여

할머니, 우상 숭배에 대해서는 먼저 제 청소년 시절, 천주교 신자 친구들에게는 마리아를 믿는 우상 숭배자들이라고 비방하고, 불자 친구들에게는 목탁이나 두드리면서 평생 빌어먹을 인생들이라고 악담을 하며 멸시했던 일들을 깊이 사죄하고 있습니다.

우상 숭배 문제는 신앙인에게는 매우 중요하고 또 민감한 문제이기에 제 생각과 느낌보다는 성교회의 전통적 가르침과 'Gibbons' 추기경의 말씀을 토대로 좀더 자세하게 말씀드리겠습니다.

저는 개신교 목사 교장 선생님과 집사 담임 선생님 밑에서 생활한 개신교계 중학교 시절은 말할 것도 없고, 고등학교 3년 동안 행여 소풍이나 수학여행을 유명 불교 사찰로 갈 것을 계획할 경우에는 예외 없이 학우들 앞에 서서 반대를 선동했고 또 이를 항의하는 과정에서 지지하는 친구들과 선생님들의 마음을 매우 아프게 하였던 일들은 그저 철없는 어린 시절의 일이라고 덮어두기에는 너무나 큰 잘못들을 저질렀다고 생각합니다.

아마도 그 당시 지금처럼 누가 단군 동상을 건립한다고 했다면 감옥을 두려워하지 않고 제가 제일 먼저 그 동상을 파괴하려고 했었을 겁니다.

저는 그 정도의 과격하고 한편 열심(?)했던, 이른바 한국의 기독 청년이었기에 지금도 우상 숭배에 관한 한 개신교 형제들의 생각과 주장을 비교적 잘 이해할 수 있다고 여기며 어떤 면에서는 그들이 그럴 수밖에 없는 사정을 너무나 잘 알고 있습니다.

우선 그분들의 우상 숭배 배격 행위의 근거는 구약성서의 **"너희는 내 앞에서 다른 신을 모시지 못한다. 너희는 위로 하늘에 있는 것이나… 그 모양을 새긴 우상을 섬기지 못한다. 그 앞에 절하며 섬기지 못한다"**(출애 20, 3-5)는 말씀이며 그 말씀을 보다 더욱 철두철미하게 지키기 위해서입니다.

때문에 이분들은 조상 제사는 물론 누구를 문상할 때나 심지어 자기 부모님의 무덤 앞에서도 절하지 않음은 물론 만일 어떤 사람이 불상 앞에 절을 하거나 성모상 앞에 촛불을 켜 놓고 기도를 하거나 또는 예수님 성상 앞에서 꿇어 기도하는 모습을 보면 곧바로 우상 숭배자들이라고 속단해 버립니다.

그러나 그것은 대개 가톨릭에 대한 선입견 또는 편견이거나 오해와 일부 무지에서 오는 결과인 것입니다. 또한 그분들은 대개 가톨릭 교회의 경배 행위에 등차(等差)가 있음을 전혀 알지 못하고 있기 때문이기도 합니다. 그러나 가톨릭 교회에서는 초기부터,

■ 창조주 하느님께는 최고 최상의 흠숭지례(欽崇之禮 : 하느님께만 드리는 흠모와 공경)를 드리고,

- 예수님의 어머니 성모님께는 천사들과 성인·성녀들을 초월한 상경지례(上敬之禮)를 드리며,
- 모든 성인·성녀들에게는 공경지례(恭敬之禮)를 드리고 있습니다.

개신교에서는 성모님의 상경지례를 마리아 숭배라고 합니다. 하기야 '숭배'라는 말에는 '지극히 공경한다'는 뜻도 포함됩니다만 이를 고의적으로 또는 느끼기에 따라서는 악의적으로 '우상 숭배'라는 뉘앙스를 풍기도록 호도하고 있습니다.

그러나 주 친히 세우신 가톨릭에서 세례 받은 신자라면 비록 그가 냉담자라 할지라도 예수님을 믿지 않고 성모 마리아만 우리의 구원자라고 믿는 사람은 하나도 없습니다. 그리고 가톨릭신자들은 마리아를 한 피조물로 인정하고 마리아가 누리는 모든 특권은 오로지 하느님의 선물임을 확신하고 있습니다. 때문에 기도할 때에도 하느님께는 "저희를 불쌍히 여겨 구원하소서"라고 하며 성모님께는 다만 "저희 죄인을 위하여 빌어주소서"라고 합니다.

여기에 관해 어떤 개신교 형제들은 "어떻게 피조물인 성모 마리아에게 기도를 드릴 수 있느냐?"고 반문하기도 합니다.

그러나 그것은 '사도신경'의 내용을 제대로 이해하지 못한 데서 오는 오해일 뿐입니다. 좀더 구체적으로 말씀드려 '사도신경' 중에 원래 "모든 성인의 통공(通功)을 믿으며"라는 구절을 그분들은 "모든 성도들의 교통함을 믿사오며"라고 바꾸어 번역함으로써 다만 똑같은 내용(Communion : 친교)을 제대로 소화하지 못한데서 오는

결과인 것입니다.

　우선 개신교 신자들이 말하는 '성도'란 이 세상에서 숨쉬며 살아가는 신자들을 국한하여 이들과 서로 교통한다는 것을 말합니다. 그러나 그것은 하느님을 중심으로 볼 때에 너무나 협소한 자유 해석입니다. 왜냐하면 하느님께서는 산 자와 죽은 자를 모두 다스리시는 분이시기 때문입니다. 가톨릭 교회의 '성도'라 함은 지상에 있는 성도와 이미 이 세상을 떠나 주님 곁에 계신 성도들을 총망라합니다.

　하느님은 죽은 자의 하느님이 아니라, 산 자의 하느님이라고 예수님은 말씀하셨습니다. 이 말씀은 2000년 전 이미 숨은 끊어져 죽었으나 아직도 그리고 영원히 주님과 함께 살아 있는 **"아브라함과 이삭과 야곱의 하느님"**(마르 12, 26-27)이시라는 것입니다.

　원래 '성도'라는 말은 로마 6장 22절에 근거합니다. 즉 **"여러분이 죄에서 해방되어 하느님의 종이 되었습니다. 그 결과로 거룩한 사람 (성인, 聖人 : 성도, 聖徒)이 되었고 마침내 영원한 생명을 누리게 되었습니다"**라고 하신 말씀대로, 이 세상에서뿐 아니라 영원한 생명을 누리는 우리이기에 이 지상에서만 교통하고 저 세상에 가서는 교통할 수가 없다는 것은 예수님의 가르침과 사도들이 믿어오던 사도신경의 참 믿음과는 너무나 거리가 멀게 느껴집니다. 모든 성도의 교통이라는 구절의 내용의 진정한 의미는 이러합니다.

　즉 하느님의 의로운 자녀들 중에는 이미 죽어서 천국의 영예를 누리는 이들도 있고(천국 교회에서), 아직 이 세상에 생존하는 성도들도 있습니다(지상 교회에서). 이 두 부류의 신자(성도)들은 서로서로 기도와 공로를 통교(通交 또는 通功)한다는 말입니다. 통교는 엄격히 말하면 연옥(단련 교회)까지 세 가지 부류이나 연옥 영혼들은 아무것도 할 수 없으며 오로지 받기만 할 뿐입니다.

하늘에 있는 성도(천국 성도)들은 끊임없이 하느님께 기도합니다. 지상 나그네인 우리는 서로를 위해 하느님께 기도합니다. 또한 우리 지상 나그네들은 천국에 계신 천국 성도들에게 기도를 부탁하는 경우도 있습니다. 이것은 지극히 자연스러운 일이며 이것이 2000년 동안 사도들로부터 이어져 내려오는 신앙고백입니다.

그렇다면 '과연 하늘의 천사와 성인들이 우리의 간청을 들을 수 있을까?'라고 할 것입니다. 우리는 육체가 있으므로 눈을 빌리지 않으면 볼 수 없으며 귀 없이 들을 수가 없습니다. 그러나 하늘의 성인·성녀들은 하느님 안에서 모든 것은 똑똑히 볼 수 있게 됩니다.

지금으로부터 1세기 반 이전에는 유럽과 미국 간의 통신에 60일이 걸린 적도 있었습니다. 그러나 지금은 휴대용 전화로 또는 화상 전화로 바로 통할 수가 있습니다. 만일 200년 전 누가 이를 예언했다면 아마도 그를 분명 미친 사람이라고 했을 것입니다.

그러나 오늘날에는 이것이 사실입니다. 무선전화로 수십만 리, 수억만 리 떨어진 사람과도 통화할 수 있는데 하물며 과학의 신이신 하느님께서 우리와 하늘 나라 형제들과 상통하는 방법을 마련해 주시지 못할 리가 어디 있겠습니까? 심지어 천국과 지옥 간에도 대화가 된다고 성서는 기록하고 있습니다(루가 16, 23-25). 그러기에 하늘의 성인들과 땅 위의 형제들과의 상통은 더욱 더 쉬운 것입니다. 이것이 곧 우리의 믿음이며 그것을 사도신경으로 고백하는 것입니다.

여기서 초기 교회 교부들의 가르침을 일일이 열거할 수는 없으나 이에 관련된 성서를 몇 구절 조용히 읽고, 묵상하며, 교회의 가르침대로 따르기만 한다면 모든 의문은 자연히 풀리게 됩니다(마태 22, 3; 창세 18; 출애 17; 바룩 1, 13 ; 욥기 4; 2 역대 7, 15).

가톨릭 신자들은 성모 마리아뿐만 아니라 성 요셉에게도 또 성 아우구스티노와 성녀 모니카에게도, 성 프란치스코를 비롯한 수많은 성인·성녀와 또 수많은 이름 모를 순교자들과 마귀를 쳐부수는 미카엘 대천사를 비롯한 모든 천사들과 자기를 일생 동안 보호하도록 하느님께로부터 명받은 각자의 수호천사에게도 기도합니다.

이 모두가 즉흥적으로 기도하고 싶다고 기도하는 것이 아니라 모두 성서와 성전에 근거를 두고 하는 것입니다.

그런데 여기서 개신교 신자들이 가톨릭 신자들을 보고 우상숭배를 한다고 함은 아마도 가톨릭 교회에서 예수님을 비롯한 여러 성인 성녀들의 성상(聖像)과 성화(聖畵)를 공경하는 것을 보고 또 그 성상들 앞에서 기도하는 것을 보고 하는 말이라고 여겨집니다.

1. 성상 공경 문제

사실 출애굽기 20장 3-5절의 **"너희는 내 앞에서 다른 신을 모시지 못한다. 너희는 위로 하늘에 있는 것이나 아래로 땅 아래 물속에 있는 어떤 것이든지 그 모양을 본따 새긴 우상을 섬기지 못한다. 그 앞에 절하며 섬기지 못한다. 나 야훼 너희의 하느님은 질투하는 신이다"라고 하신 말씀은 조상(彫像, 조각된 상) 제작을 무조건 엄금하라고 하시는 말씀이 아니고, 신(神)으로 숭배하려는 목적으로 제작하는 행위를 금하라는 계명입니다. 보십시오.

성서의 여러 곳에선 조상 제작을 금지하였으나, 또 다른 곳에는 **"순금으로 거룹상을 둘 만들라"**(출애 25, 18) 하셨고, 또 모세에게는 **"구리뱀을 만들라"**(민수 21, 8)고 제작을 명하셨으니 절대 금지란 안 되는 말입니다. 왜냐하면 하느님께서는 모순을 행하실 수 없기 때문입니다.

'거룹'은 '하늘의 천사'이며 '뱀'은 '땅과 물속에 사는 양서 동물'이니 이는 하늘에 있는 것과 아래로 땅 위에 있는 것과 땅 아래 물 속에 있는 것을 만들라고 하신 것 아니고 무엇이겠습니까?

만일 개신교 신자들의 해석이 옳다면 우리는 모두 하느님의 첫째 계명을 어긴 큰 죄인이 될 것입니다. 왜냐하면 대개 어느 가정에서든 산 자와 죽은 자의 초상(사진)을 걸어 두지 않은 집이 없기 때문입니다. 산 이의 초상은 땅 위의 것이고, 죽은 이의 초상은 하늘의 것이 아니고 무엇이란 말입니까?

그러므로 이에 대해 성 요한 다마스체노(754년 시인, 학자 교부)는 "유다인들에게는 우상 숭배의 경향이 심하므로 이런 명령이 있었으나, 우리는 신학적으로 말하면 이미 미신의 오류를 면하고 진리를 알게 되어 하느님을 모시고 오직 그분께 흠숭지례를 드릴 줄 알며, 하느님께 대한 지식을 더 완전히 더 풍부히 가졌으므로 어린 시대를 지나 장성한 사람이 되었다. 우리는 유치원생이 아니며 하느님께로부터 식별 능력을 받아 형상 표시의 가능 불가능도 알 수 있게 되었다"라고 하였습니다.

 설령 연세 많으신 할머니 할아버지들 사이에서 행하여지는 지나친(?) 성상 공경이 다른 사람들에게 우상 숭배로 비칠 수 있을지는 몰라도 그것은 다만 그렇게 보일 뿐 우상 숭배는 아니며 가톨릭 신자치고 이교(異敎)의 우상과 가톨릭의 성상과의 근본적 차이를 모르는 이는 없습니다.

 예수님께서는 당신의 몸을 가리켜 **"나는 생명의 빵이다"**(요한 6, 48)라고 말씀하시면서 우리에게 받아 먹으라고 하십니다. 사실 밀가루로 만든 빵을 예수님의 '살이다', '몸이다'라고 그대로 믿기에는 우리의 지혜로는 한계가 있음도 사실입니다.

 때문에 사도 바오로도 **"세상이 자기 지혜로는 하느님을 알 수 없습니다. 이것이 하느님의 지혜로운 경륜입니다"**(1고린 1, 21)라고 말씀하신 것입니다. 그러나 하느님 아버지께서는 **"나는 하늘에서 내려온 살아 있는 빵이다. 이 빵을 먹는 사람은 누구든지 영원히 살 것이다"**(요한 6, 51)라고 하신 말씀을 있는 그대로 확실히 믿도록 만들어 주셨기에 더욱 감사드리며 그러기에 저는 국내에서는 물론 해외 어느 곳, 심지어 아프리카 오지에서라도 가톨릭 성당이 있는 곳이면 어디든지 성당을 찾아가서 감실(즉 살아 있는 '빵', '축성된 성체'를 모셔 두는 곳) 앞에 꿇어 엎드려 최대의 흠숭의 예를 드리며 그분과의 대화, 즉 기도를 드립니다.

 이 같은 제 행동을 보는 개신교 친구들은 틀림없는 우상 숭배라고 말하곤 합니다. 그러나 예수님 당시 **"이 사람이 어떻게 자기 살을 우리에게 먹으라고 내어 줄 수 있단 말인가?"**(요한 6, 52)라고 한 유다인들과 제 친구들과의 차이를 저는 전혀 알지 못합니다.

할머니, 여기 다윗과 솔로몬이 '야훼'의 궤 앞에서 어떤 행동을 했는지 다시 한 번 살펴보겠습니다.
"오베데돔의 집에 하느님의 궤를 모셔 두었기 때문에… 다윗 왕은 너무나도 기뻐 하느님의 궤를 오베데돔의 집에서 자기 도성으로 모시고 올라왔다…. 다윗은 살진 황소를 잡아 바쳤다"(2사무엘 6, 12-13).
"솔로몬 왕은 자기에게 모여 온 이스라엘 회중을 이끌고 궤 앞에 헤아릴 수 없이 많은 양과 소를 제물로 잡아 바쳤다"(2역대 5, 6). 그러나 '계약의 궤' 안에는 오로지 "만나를 담은 항아리와 싹이 돋은 아론의 지팡이와 계약이 새겨진 석판들이 들어 있을 뿐입니다"(히브 9, 4). 물론 그들의 행동만을 보면 우상 숭배처럼 어떤 특정 물건에 공경을 드리는 것이 됩니다.

그러나 솔로몬과 그 밖의 제사장들이 그 물체가 표상하는 하느님께 경배하지 않고 그 특정물 '궤'에 경배했다고 하며 우상 숭배를 했다고 단언하는 사람은 하나도 없을 것입니다. 그런데도 주 예수의 성상 앞에서의 경배 행위를 우상 숭배 행위라고 하는 사람들이 아직도 있으니 참으로 기괴한 일이 아닐 수 없습니다.

원래 성상 제작 풍습은 고대 유다 민족 사이에서는 오늘날처럼 성행하지는 않았습니다. 우상 숭배의 경향이 짙은 당시의 유다 민족에게 또는 지리적으로 우상 숭배를 하는 이교 민족에게 둘러 싸여 있던 유다 민족에게는 성상 공경의 본뜻에 대한 오해가 일어날 우려가 있었던 까닭입니다.

초대 교회 신자들도 성상제조와 이방인들에게 그것을 공개하기를 매우 조심했었습니다. 이는 가톨릭 교회의 성상이 이교도의 우상과 혼동될까 우려했던 까닭입니다. 그러나 그때에도 가톨릭 내부에서는 신앙에 관한 상징적인 것을 많이 사용하였습니다.

초기 박해의 3세기 동안 가톨릭 신자들의 밀회와 미사의 장소인 로마 카타콤바의 유적을 보면 성령의 상징인 흰 비둘기를 그린 벽면과 유리병을 발견할 수 있으며, 또 거기에 십자가를 지신 그리스도의 형상과 어린양을 메신 주님의 형상을 새기기도 했으며, 그리스도의 상징인 어린양과 믿음의 표시인 닻 모양과 교회를 의미하는 큰배를 그리기도 하였습니다.

2. 성상 파괴 행위

그럼에도 불구하고 역사적으로는 한때 이 성상 및 성화의 반대와 파괴 행위도 있었습니다. 그 최초의 반대자요, 폭행자는 8세기의 콘스탄티노플 황제 레오였으며 그 계승자는 그의 아들 코프르니무스였습니다. 이들은 성당의 성화를 불사르고 금, 은, 동, 철제 성상은 깨뜨려 자기 초상을 새긴 화폐를 만들고 성상 파괴 칙령에 대한 찬사 쓰기를 거부한 도서관 학자들을 도서관에 감금하고 3만 권의 책과 함께 불살라 죽였습니다. 이 같은 만행은 헨리 8세와 크롬웰처럼 겉으로는 신앙의 순결을 외치면서 이면 동기는 바로 탐욕으로 가득

찬 그것과 똑같은 것이었습니다.

이에 대하여 당시 용감한 수도자 스테파노는 황제의 초상을 새긴 동전 한 닢을 내밀며 "폐하, 이것은 누구의 초상입니까?"라고 묻고는 "짐의 초상이다"라는 황제의 말이 떨어지기가 무섭게 그것을 내던지고 짓밟아 버렸습니다. 그는 즉각 사형 선고를 받았지요. 형장에서 그는 황제에게 "아! 나는 한 나라 국왕의 모습을 모독하여 사형을 당하는데, 만왕의 왕 예수 그리스도의 모습을 태우고 그 성상을 파괴한 악당들은 어떠한 형벌을 받아야 마땅할 것이냐?"라고 하였다 합니다.

성상 파괴의 독성 행위는 16세기의 소위 종교 개혁자들도 저질렀습니다. 특히 영국, 독일, 네덜란드에서 더욱 심했습니다. 8세기 성상 파괴자들이 성상의 금, 은을 욕심냈듯이 이들도 마찬가지였으며 한발 더 나아가 성전마저 온통 점유해 버렸습니다. 영국과 유럽 대륙의 수많은 프로테스탄트 예배당 중에는 당시 점거한 그 당시 가톨릭 성당 그대로의 것도 있는데, 영국의 웨스트민스터 성당이 그 좋은 예입니다.

이들 만행이 만일 남부 유럽에까지 침범했었다면, 미켈란젤로와 라파엘로의 불후의 대작들도 흔적조차 없이 사라졌을 것이며, 개신교 신자들이 오늘날 가끔 사용하는 최후의 만찬 그림도 볼 수 없었을 것입니다.

이것은 극도의 독성이며 모독입니다. 이 같은 만행의 절정은 1917년 볼셰비키 혁명 이후 구 소련에서 있었습니다. 아직도 자행되고 있는 중국과 북한에서의 파괴 및 성전 몰수 행위는 붉은 용(묵시

12, 3)의 악마적 만행이라 하겠습니다.

이와 같이 수세기에 걸친 성상 파괴와 온갖 박해 속에서도 가톨릭은 그리스도의 성상과 모든 성인·성녀들의 성상을 성당 내에 모시는 것은 옳은 일임을 확고히 선포하였습니다.

3. 성상과 우상

성상을 공경하는 것은 성상 자체에 신성(神性)이나 덕능(德能)이 있어서가 아니며 또 성상 자체에 기도를 드리려 해서가 아닙니다. 일찍이 이교인들이 우상에게 무슨 희망을 갖듯 성상에게 무슨 미신적 신뢰를 두어서도 아닙니다. 다만 성상이 상징하는 대상에게 존경의 뜻을 표시할 뿐이며 우리가 성상에 입맞추거나 그 앞에서 모자를 벗거나 무릎을 꿇는 것은 그 상징하는 예수 그리스도를 숭배하고 성모님과 여러 성인들을 공경하는 것입니다.

가톨릭 신자는 누구나 성상 자체에는 아무런 지성이나 도울 능력이 없음을 잘 알고 있습니다. 다만 하늘에 계신 하느님과 성인·성녀들을 기억하며 공경하는 마음으로 할 뿐입니다.

개신교 학자, 라이프니츠(Leibnitz)는 "우리는 성상을 통해 더욱 더 주 예수의 존재를 감각하고 주님의 사랑을 더욱 깊이 명상하게 되는 까닭에 성상 공경은 '예수의 이름 아래 모든 이가 무릎을 꿇어야 한다'든가 '주님의 이름은 복되시도다', '주님의 이름에 영광이 있기를' 하는 거룩한 이름(이름도 하나의 표지이므로)에 대한 경의 표시와 같은 취지로 해석할 성질의 것이다. 유형의 성상에 대한 경의 표시와 무형의 내적 성성(聖性)에 대한 경의 표시는 서로 다를 바 없다"라고 하였습니다.

지금으로부터 약 한 세기 반 전, 이탈리아 군인이 프랑스 국기를 모욕하였을 때, 프랑스 정부는 전쟁을 일으켜서라도 이 문제를 해결하려 하였습니다. 그런데 정작 모욕당한 것은 하찮은 헝겊 조각이었습니다. 프랑스 정부는 이같이 작은 헝겊 조각 때문에 분개하여 전쟁까지 일으키려 했겠습니까? 그 모욕은 헝겊에 돌아가는 것이 아니고 그 국가에 돌아가기 때문입니다. 무릇 표시 행위는 말로도 할 수 있고 글이나 그림이나 형상으로도 할 수 있습니다.

안중근 의사의 표시는 '안중근 의사'란 말, 글, 초상화, 그리고 동상으로도 표시할 수 있습니다. 그러나 안중근 의사가 동이나 헝겊이 아닌 것과 같은 경우입니다. 마찬가지로 누가 그리스도의 상을 파괴했다면 이는 석고나 대리석을 파손한 것이 아니라 예수님 자체에 대해 모욕을 가한 것이 됩니다.

얼마 전 한 개신교 신자가 명동성당의 감실을 도끼로 훼손한 일이 있었습니다. 또한 심지어 우리 나라에서 매우 오래된 중림동(약현)성당에 불을 지르는 일까지 있었습니다. 물론 정신적 결함이 있는 광신자의 소행들이었지만 그보다 더 심한 어떤 개신교 신자는 그가 '보혜사 성령'의 지시를 받고 그 일을 했을지도 모를 '다윗과 같은 용맹'이라고 옹호하는 것입니다.

정말 큰일날 소리입니다. 성령은 하느님 아버지와 그 아들에게서 발하여 나오는 능력인데 그 능력이 아들과 아버지의 집에 불을 지르라고 하다니 말이나 되겠습니까?

이는 초대 박해 시대 때, 로마 시에 불을 질러 모두 태워 놓고 그리스도교인들의 짓이라고 하던 네로같은 인간들이며 성령을 모독하는 사람들입니다.

때문에 예수님께서는 **"성령을 거역(모독)해서 말하는 사람은 현세에서도 내세에서도 용서받지 못할 것이다"**(마태 12, 32)라고 분명히 말씀하셨습니다. 하기야 내세에서도 용서받을 수 있는 죄가 있다는 것과 또 내세에 단련받는 곳이 있음을 의도적으로 믿지 않는 사람들에게는 마이동풍(馬耳東風)이 될지도 모를 일이지요.

얼마 전 한국 종교 연구에 권위 있는 한 교수가 한 개신교 교단을 '이단'이라고 했다 하여 칼에 찔려 죽은 일이 있습니다. 그것도 목회자가 되겠다고 뜨거운 마음으로 신학교에 들어가 공부하던 신학생에 의한 짓이었다고 하니 도대체 이해할 수가 없습니다.

그런 사람과 같은 생각을 하는 그런 분들일수록 자기 할아버지 할머니의 오래 된 사진을 진흙탕 속에 던져 버리거나 또는 침을 뱉으며 찢어 버리는 것을 보고 매우 기뻐할 분들은 아마 한 분도 안 계실 것이라고 생각합니다. 하물며 우리를 구속하신 예수 그리스도의 성화를 훼손하거나 또는 우상 숭배로 오도함은 죄 중에도 큰 죄를 범한다고 생각됩니다.

이런 분들은 성서에서 **"롯이 두 천사 앞에 꿇어 엎드린 것은 고귀한 손님에 대한 경의의 표시'**(창세 19, 1)요, '야곱이 에사오에게 경례함은 윗사람에 대한 복종의 표시'(창세 33, 3)요, '솔로몬이 바세바에게 경배함은 어머니에 대한 아들의 효성의 표시'(1열왕 2, 19)이며, '나단이 다윗 왕 앞에 엎드림은 국왕에 대한 신하의 복종의 표시'(1열왕 1, 23)요, '사람이 하느님 앞에 엎드려 기도함은 창조주에 대한 피조물의 흠숭의 표시'"(창세 24, 26)이다.

이런 모든 행위를 경배 또는 흠숭이라 하나 그 행위의 정신을 살펴보아야 그 참뜻의 소재를 알 수 있는 것입니다. 왕 앞에 엎드리는 이스라엘 백성을 우상 숭배자라고 비난하는 자는 없을 것입니다.

따라서 가톨릭 신자들이 성인과 성녀 상 앞에서 경의를 표하는 것은 하느님께 드리는 흠숭과 비슷하나, 성물을 하느님으로 알고 경배한 것이 아니므로 우상 숭배라고는 할 수 없다"라고 한 유명한 개신교 신학자의 저서를 한번 읽어 볼 필요가 있다고 생각합니다 (Encylopedie Edit d'yverdun, tom, I, art Adoner).

그러나 하느님의 말씀인 성서를 16세기부터 자기 마음대로 해석하고 싶은 대로 해석하며, 20세기에 들어와서는 예수님마저 실패한 메시아라고 하는 사람들에게는 주님께서 하신 **"그것은 그들이 보고 또 보아도 알아보지 못하고 듣고 또 들어도 알아듣지 못하게 하려는 것이다"**(마르 3, 12)라는 말씀만 떠오를 뿐입니다.

할머니, 미국에서 실제로 있었던 개신교 목사와 그의 친구가 주고 받은 이야기 하나 소개하려 합니다.

목사 : 자네는 성상에 기도를 하지?
친구 : 우리는 성상 앞에 기도를 하지만 성상 그 자체에 기도하려는 의향은 도무지 없네.
목사 : 그러나 속으로 가진 그런 의향을 누가 알아주나?

친구 : 여보게, 자네는 목사이니 잠자리에 들 때 꼭 기도를 하겠지?

목사 : 안 할 수 있나? 침상 앞에서 하지.

친구 : 그래 자네는 침상 다리에 대고 기도하지? 그렇지?

목사 : 옛끼 이 사람, 그럴 수가 있나? 나는 그런 의향은 조금도 없네!!

친구 : 그러나 속으로 그런 의향이 없다는 것을 누가 알아주나?

목사는 할말이 없었답니다. 원래 도덕적 행위는 그 품은 의향을 살피지 않고는 결코 그 선악 사정의 판단을 내릴 수 없는 것입니다.

4. 성상과 성화

성화는 하느님의 성전을 성전답게 장식하는 좋은 재료가 됩니다. 솔로몬은 하느님의 성전을 거룹 천사의 성상과 그 밖의 표상물로 장식하였습니다. 천사 상은 금을 입히고, 성전 안팎의 바닥도 금을 입혔습니다(1열왕 6, 28-29). 솔로몬왕의 영화의 극치도 백합 한 송이의 아름다움에 미치지 못합니다. 인류가 살고 있는 대자연도 그만큼 화려하거늘 하물며 하느님께서 계시는 성당은 더욱 아름답게 장식해야 마땅하지 않겠습니까?

성화는 문맹에 도움을 주는 해설 자료가 됩니다. 학자들이 독서로 얻은 지식을 문맹인들은 그림을 통해 얻을 수 있습니다. 동양의 사도 성 프란치스코 하비에르는 성상과 성화로 많은 인도인을 참된 종교로 개종시켰으며, 영국의 사도 오스틴 성인이 604년 처음 에델버트 왕 앞에서 복음을 강론할 때 은 십자가 한 개와 주 예수님의 성화 한 장을 앞에 놓고 복음을 증거하였습니다.

집안에 성화를 모시는 것은 곧 감명 깊은 무언의 신앙고백이며, 성화는 그 대상에게 우리의 심정을 집중시켜 그에 대한 애모의 정을 더욱 열절케 합니다. 주님의 수난에 대한 열절한 설교라도 열매와 통회를 자아내는 데에는 말없는 한 개의 십자가를 도저히 따르지 못할 것입니다.

성인의 성상은 우리를 자극하여 그의 덕행과 위엄을 본받게 합니다. 실내에 걸린 위인의 초상이 청소년들에게 그를 본받게 하듯이 성인의 초상은 무언의 감명을 주어 청소년뿐 아니라 우리에게도 그분을 본받도록 격려해 줍니다.

부정한 그림과 조각이 청소년을 타락의 늪에 몰아넣을 수 있는 것은 사탄이 사람의 시각을 통해 교묘히 자극하기 때문입니다. 악마들이 인간의 눈을 멸망의 기관으로 삼는다면 어찌 주님께서 이 눈을 성화의 도구로 쓰시지 않겠습니까? 성화를 보면 곧 의인을 대하고 있는 분위기가 되어 우리 마음을 정화 향상시키는데 이것이 어찌 우상 숭배라 하겠습니까!

할머니, 제가 어릴 때 만해도 우상 숭배라고 하여 보이지 않던 현상이 불과 몇십 년 사이에 개신교 예배당 꼭대기에 십자가로 보이기 시작한 것은 그나마 퍽 다행한 일이라 하겠습니다.

원래 가톨릭 교회에서는 십자가를 지극히 성스러운 표지로 존경하여 왔습니다. 이는 구세주 예수님께서 고난을 받으신 형구였기 때문입니다. 그러기에 십자가는 각 성당의 꼭대기에 세워져 있고 모든 성당 제대에 안치되어 있습니다. 우리는 십자가를 구원의 상징으로 공경합니다. 성 바오로는 **"나에게는 우리 주 예수 그리스도의 십자가밖에는 자랑할 것이 아무것도 없습니다"**(갈라 6, 14)라고 하셨습니다.

그러나 십자가 그 자체에 무슨 내적 영능(靈能)이 있어서 공경하는 것은 물론 아닙니다. 만일 그렇게 믿는다면 이것은 우상 숭배가 될 것입니다. 십자가를 공경함은 다만 십자가 위에서 돌아가신 예수님을 추모 공경하는 것 뿐입니다.

가톨릭 신자가 몸에 십자성호(十字聖號)를 그으며 "성부와 성자와 성령의 이름으로. 아멘"하는 것은 초대 교회 때부터 신자들 사이에 전해 내려오는 경건한 관습입니다. 우리는 외출할 때와 옷을 입을 때 얼굴을 씻을 때 음식을 먹기 전후와 하루를 시작할 때나 마칠 때, 그 밖의 행사에서 늘 몸에 십자성호를 긋습니다.

이는 비록 성서에는 기록되어 있지 않으나 교회의 성전(聖傳)이 이를 가르치고 관습이 이를 증명하고 우리의 신앙이 이를 시인합니다(Testullianus의 De Corona Ciii). 우리는 십자성호를 그음으로써 성삼위 일체와 그리스도 강생의 신비로운 교리에 대한 신앙을 표시하며 가장 경건한 신앙 행위를 하게 됩니다.

우상 숭배를 누구보다 먼저 배격해야 한다고 2000년간 줄곧 가르쳐 온 가톨릭 교회가 스스로 우상 숭배를 하라고 하는 일은 결코 없습니다.

교회의 가르침 (787년 제2차 니체아공의회 선언) 을 보면 "하느님의 감도를 받은 우리 교부들의 지도와 가톨릭 교회의 우리는(성령이 이 안에 기묘히 계심을 아노니) 성전(聖傳)을 따라 상본(성화)… 즉 주 예수그리스도의 상본과 흠 없으신 예수님의 모친과 공경하올 천사들과 성인·성녀들의 상본을 성당이나… 가정에 적당하게 모심은 확실히 거룩하고 좋은 일임을 선언하는 바이다… 성상, 성화의 공경은 그 표상하는 원 존재에게로 돌아가는 것이니… 그러므로 감히 열교인을 따라 달리 생각하거나 달리 가르쳐 교회의 성전을 경천(輕賤)히 여기거나 새 교리를 주장하거나 하여 가톨릭교회에서 존중히 여기는 복음성서, 십자가, 상본, 순교자의 유해 등을 모욕하는 자가 있다면 그가 성직자인 경우에는 파면 당할것이요, 수도자나 평신도인 경우에는 통공(通功)에서 제외되리라……"

할머니, 이와 같은 가르침을 몸에 지니고 다니는 가톨릭 신자들을 우상 숭배자라고 욕을 하며 다녔으니 그들이 저를 얼마나 한심하고 불쌍한 사람이라고 생각했겠습니까?

우상 숭배는 성상이나 성화 공경에서 나오는 판단에서의 우상 숭배가 아니라 돈과 쾌락, 자신의 지혜, 건강, 외모, 욕정, 행복, 재산, 권력, 가족 등을 하느님보다 더 중요하게 섬길 때 이것이 곧 현대의 우상 숭배라고 할 수 있습니다.

물론 ◇하느님 이외에 다른 것을 흠숭하는 것, 즉 부처상이나 우상 그리고 해·달·별·바위·나무 등을 흠숭하는 행위, 잡신(삼신, 토지 신, 바다 신 등)이나 조상의 영혼을 흠숭(제사 때 위패를 붙이거나 조상의 혼령이 와서 젯밥을 먹는다는 의식 등)하는 행위, 무당을 데려다 굿 하는 행위와 ◇하느님 아닌 것에 의지하여 무엇을 알려고 하는 것, 즉 점술·수상·관상·사주 등을 보는 것, 풍수설·정감록·토정비결을 보는 것 등은 직접적으로 우상을 숭배하는 것이 됩니다.

그런데 요즘은 '하나님을 위한다'는 명분의 '신종 우상숭배' 사건들이 심심치 않게 일어나고 있는데 여기 한가지를 소개하겠습니다(목사가 채권 8,700억 위조 -모 일간지에서).

"모 교회 목사겸 신학교 부학장과 벤처 사업가 등이 포함된 채권위조단이 8,700억 원대 산업금융 채권을 위조, 이중 200여억 원 어치를 시중에 유통시키다 검찰에 적발되었다…. (중략)

검찰에 따르면 모 목사는 교회 신축자금 마련을 위해 위조책 모씨에게 비용 2억 원을 마련해 주면서 지난 6~11월 경북 모 장소에 비밀 공장을 차려 놓고 산업 금융채권 8,700여 장을 위조 이중 200여 장을 판매책인 모씨 등을 통해 유통시킨 혐의를 받고 있다. 수배된…. (중략) 도주했다"라는 내용입니다.

할머니께서 늘 하시던 말씀이 새삼 생각납니다. "어떠한 경우이든 간에 성서를 읽는다는 명목으로 남의 촛불을 훔쳐서는 결코 안 된다"고 하셨지요. 지금 이들은 **"욕심이 잉태하면 죄를 낳고 죄가 자라면 죽음을 가져온다"**(야고 1, 15)는 복음 말씀조차 외면하는 사람들이 되어 있습니다.

5. 빗나간 우상 숭배 배격 행위

그런데 얼마 전 우상 숭배를 배격한다는 구실로 자칭 열심한 신자(?)가 모 대학교에 몰래 들어가 그 교정에 있는 불상에다 "주 예수를 믿으라"라고 붉은 글씨를 쓰고 달아난 적이 있었습니다. 이런 사람은 열심한 신자가 아니라 광신자라고 해야 옳을 것 같습니다.

부처님을 믿고 공경하는 불자들은 그리스도교의 십계명 중 제4계로부터 10계까지는 오히려 소위 주일 신자보다는 더 잘 지키는 사람들이며, 다만 제1계로부터 제3계까지는 각자 처해 있는 상황에 따라 아직까지 주님을 알지 못하고 있는 똑같은 하느님의 자녀들인 것입니다.

그런데 사랑으로 이들에게 다가가 주님을 알려주고 전도하여 그들을 주님께 이끌어 와야 할 크리스찬이라는 사람이 모든 불자들이 소중히 여기는 불상을 훼손한다면 그들 중에 주님을 믿으려 교회에 나오고 싶은 사람이 있다 하더라도 되돌아가고 말 것입니다.

먼저 신자가 된 크리스찬이라는 사람의 그 같은 행동을 보고 누가 예수를 믿겠습니까? 또 주님을 알지 못하는 그들은 필경 '굴러 들어온 돌이 박힌 돌을 빼낸다'고 비난할 것입니다.

사실 우리 나라에 전래된 역사만 보더라도 불교는 개신교에 비해 수십 배 이상 이미 깊은 뿌리를 내리고 있으며, 우리 국가와 민족에 대한 기여도에 있어서도 '호국불교'라는 자부심을 갖고 있는 사람들에게 일부 교파에 따라서는 수혈도 거부하고 국가 방위의 의무도 거부하는 행위를 지켜 보는 그들로서는 개신교 신자들을 광신적이며 야만적이라고까지 비판하고 있습니다.

지난 3월 전 세계인들은 아프카니스탄의 탈레반 이슬람 정권에 의해 자행된 바미안의 세계 최대 마애석불 상 파괴에 대해 놀라움과 경악을 금하지 못했습니다. 세계적 인류 유산 파괴 행위는 이슬람 정권의 지도자 모하메드 오마르가의 이슬람 역사 이전의 모든 문화를 파괴하라는 지시에 따라 저질러졌습니다. 만일 이들이 북구 개신교 국가에서 정권을 잡았었다면 모든 교회 꼭대기에 서 있는 십자가도 파괴되었을 것입니다.

이들은 '구약의 유일신 하나님(알라)'를 믿는 '눈은 눈으로 이는 이로'라는 교리를 가진 사람들이고, 그 전교 방법도 '코란을 받아라. 아니면 칼을 받아라'라고 하는 사람들이기에 그렇다손 치더라도, 신·구약 모두를 오직 성서, 성서하면서 사랑의 선교를 해야 할 개신교 신자들이 이들보다 더 비열한 방법을 쓰는 것은 도저히 이해할 수가 없습니다.

주님을 위함에 있어서도 비록 그 목적이 아무리 좋아도 이를 추구하는 방법이 옳지 못하다면 정당화될 수도 없고 또 주님이 바라는 바도 아니며 오히려 주님의 사랑의 계명에 크게 위배되는 것입니다.

때문에 인도의 간디는 "나는 예수를 존경하고 사랑한다. 그러나 그리스도인은 싫어한다. 왜냐하면 그들은 예수를 닮지 않았기 때문이다"라고 말하였습니다. 그러다 일생을 가난한 사람들을 위해 종교를 초월하여 헌신 봉사하다가 선종한 마더 테레사 수녀 이후에야 이 같은 말이 겨우 없어졌다고 합니다.

개신교 신자들에게 매우 조심해야 할 일이 하나 더 있습니다.

신·구약 시대를 막론하고 하느님께서는 "부모를 공경하라"고 하셨고, 또 구약에서는 "아버지나 어머니를 욕하는 자는 반드시 사형을 받아야 한다"(신명 21, 18-21)고 하셨습니다. 또한 신약의 예수님께서는 "너희는 사람을 가르칠 때 누구든지 아버지나 어머니께 해드릴 것을 '하느님께 바쳤다'(코르반)라고 하면 아버지나 어머니를 봉양하지 않아도 괜찮다고 한다"(마태 15, 5-6; 마르 7, 10-13)라는 그릇된 유다인의 전통을 나무라시고 **"위선자들"**(마태 15, 7)이라고 꾸짖으셨음을 항상 기억해야 합니다. **"눈에 보이는 형제를 사랑하지 않는 자가 어떻게 눈에 보이지 않는 하느님을 사랑할 수 있겠습니까?"**(1요한 4, 20)

그리고 지나친 우상 숭배의 경계심에서인지는 몰라도 열심한 신자일수록 주위의 누군가가 돌아가신 부모의 제사를 지낼 경우 하느님께서 그 후손 3대를 멸하신다고 하는 말을 공공연히 하고 있음을 우리는 가끔 보고 듣고 있습니다. 그러나 그리스도의 신앙이 동양에 전파되었을 때, 각 나라의 미풍양속에 맞춰 토착화되어 풍습과 더불어 예식을 지낼 수 있음을 알아야 합니다.

조상제사의 예식도 마찬가지입니다. 이를 알지도 못하면서 온갖 비방을 일삼는 것은 바로 그의 머리는 아직도 샤머니즘의 우상으로 가득 차 있다는 증거이며, 또한 믿지 않는 사람이나 특히 유·불교 신자나 타종교 신자들로 하여금 자비로우신 하느님을 일종의 악신(惡神)으로 오해하도록 하는 무서운 짓을 하고 있는 것입니다.

그렇다면 개신교 일부 교파에서 행하는 '추모 예배'는 도대체 무엇이란 말입니까? 하느님은 후손 3대를 벌하기 위해 존재하시는 분이시기보다는 부모를 공경하고 **"그분을 사랑하여 계명을 지키는 사람에게는 그 후손 수천 대에 이르기까지 한결같이 사랑을 베푸시는 분"**(출애 20, 6)임을 먼저 알아야 합니다. 바로 그들이 한 말과 행동 때문에 그 후손 3대까지 **"아비의 죄"**(출애 20, 5)가 미치지 않기를 바랄 뿐입니다.

또 열심한 신자일수록 **"누가 내 어머니이며 내 형제들이냐"**(마태 12, 48)라는 말씀을 너무 자의적으로 확대 해석한 나머지 혹시 믿지 않는 부모님이나 윗사람들을 냉대함도 자주 보아 왔습니다. 더욱이 믿지 않는 부모들이 교회를 비방하기라도 할 경우 거침없이 자신의 부모를 마귀라고 합니다. 그렇다면 그렇게 말하는 그 사람은 '마귀의 자식'임을 알아야 합니다.

그러나 그들은 믿지 않는 자기의 부모는 마귀가 될 수 있어도 자기들은 예수님을 믿으니 결코 '마귀의 자식'이 될 수 없다고 주장합니다. 이는 눈감고 아웅하는 격입니다. 마귀들도 예수님이 거룩하신 하느님의 아들임을 믿고 떨었습니다. 자기 자신이 아무리 깨끗해도 자기 부모가 남의 것을 도둑질했다면 그는 자연적으로 도둑의 아들, 아니 '도둑의 자식'이 되는 것입니다.

십일조를 안하면 당장 천벌이라도 받을 듯 이야기하고 있는데 **"안식일이 사람을 위해 있는 것이지 사람이 안식일을 위해 있는 것이 아니"**듯이(마르 2, 27) 십일조의 규정도 사람을 위해 있는 것이지 십일조를 위해 신도들이 있는 것이 아니며, 도둑은 비단 남의 집에 들어가 물건을 훔치는 자만이 아니라 하느님을 위해 써야 할 십일조를 오직 개인의 이익을 위해 사용한다면 이는 더 큰 도둑이 되는 것입니다.

특히 열성 신자일수록 남의 말과 충고는 들으려 하지 않음은 물론 아집에 사로잡혀 자신의 좁은 머리에 자기 나름대로의 하느님을 만들어 집어넣고서는 자기만 전적으로 옳고 다른 사람은 모두 옳지 않다고 여기며 걸핏하면 자기와 뜻을 같이하지 않는 사람을 가리켜 '사탄'으로 취급하는 행동은 정말 삼가야 한다고 생각합니다. 때문에 타종교 신자들은 개신교 신자들을 향해 독선적이고 배타적이며 비윤리적이고 안하무인(眼下無人)격인 집단의 사람들이라고 이야기합니다. 귀 기우려 겸손되이 경청할 말입니다. 하느님께서 가장 싫어하는 것이 사람들의 교만입니다.

자기 마음속에 사랑의 예수님이 아닌 머리로 만든 다른 예수님을 자기 방식대로 믿고 행동할 때 이것이야말로 하느님께서 엄격히 금하신 우상 숭배라고 생각합니다.

성서는 이렇게 말씀하고 계십니다.

"여러분은 하느님의 사랑을 받는 자녀답게 하느님을 닮으십시오. 그리스도를 본받아 여러분은 사랑의 생활을 하십시오"(에페 5, 1-2).

"여러분은 아무한테도 허황한 이론에 속아넘어 가지 마십시오. 이런 일 때문에 하느님의 진노가 당신을 거역하는 자들에게 내리는 것입니다"(에페 5, 6).

"지금은 분노와 격분과 악의와 비방과 또 입에서 나오는 수치스러운 말 따위는 모두 버려야 합니다"(골로 3, 8).

여기 그리스도를 믿지 않는 사람들이 개신교 신자들을 바라보는 그 예를 하나만 들려드리겠습니다.

■ 천원 짜리 기독교 신앙
"최근 광주를 다녀오던 길이었다.

광주 톨게이트에서 거스름돈으로 1,000원짜리 2장을 받았는데 2장 모두 앞면과 뒷면에 '예수님 믿으면 천국, 불신자는 지옥', '주 예수를 믿으라. 그리하면 너와 네 집이 구원을 얻으리라'는 스탬프가 찍혀 있었다.

참으로 어이가 없었다.

전 국민이 사용하는 국가 재산인 화폐를 특정 종교의 전파 수단으로 활용하기 위해 훼손한다는 것은 있을 수도 용서할 수도 없는 일이다. 특히 '불신자'의 뜻이 무신자인지 아니면 불교 신자를 말하는 것인지에 대해서도 의문이 갔다.

1,000원권 지폐는 하루에도 여러 사람의 손을 거친다. 광고 효과가 크고 휴지처럼 버리지 못한다는 약점을 악용해 돈을 회손하는 일은 한국 종교의 두 줄기인 불교와 기독교 간의 갈등을 조장하는 일이며, 또한 기독교 정신도 아닐 것이라고 생각한다. 그런 행위를 하는 사람들에게 가는 모든 돈이 그런 추한 모습으로 변하지 않기를 기대한다."

이것은 2001년 4월 21일자 유수한 조간신문에 실린 독자의 투고입니다.

할머니,
돈에 관한 이야기가 나왔으니 제 가까운 친구인 개신교 장로가 저에게 물어 온 이야기 한 가지를 더 말씀드리지요.
그가 다니는 교회 담임 목사의 자식들과 손자 손녀들은 모두가 미국에 건너가 살고 있는데, 그들의 엄청난 생활비 전액을 성도들에게서 모금한 십일조 중에서 미화($)로 환전하여 송금하고 또 담임 목사에게는 별도로 적지 않은 한화(₩)를 지급한다고 하면서, 아무리 당회의 결정을 통과한 것이라도 양심의 가책을 느끼며 또 그것은 외화 관리법에도 저촉될 것 같다고 고민하고 있었습니다. 그래서 저에게 조언을 요청해 왔던 것입니다.
저의 권고는 이러했지요.
"아마도 외환관리법 문제는 교묘히 편법을 사용했을 것이니 나로서는 무어라 할말이 없다. 성서에는 **'타작마당에서 일하는 소에게 망을 쒸우지 말라'**(1고린 9, 9)는 말이 있기에 그 액수의 고하는 사실 너무 많다고 생각되어져도 나로서는 뭐라 말하고 싶지 않다.
다만 자네의 종교적 양심과 하느님께서 주신 그 목사의 양심이 문제인데 하느님의 외아들이신 예수님은 **'이 땅에 오실 때 말구유에 탄생하시리 만치 가난하셨고'**(루가 2, 7), 하느님 나라 선포를 위해 제자들을 파견하실 때에는 **'지팡이나 식량 자루나 빵이나 돈은 물론 여벌 내의도 가지고 다니지 말라'**(루가 9, 3)고 하셨으며,

이것을 몸소 실천한 사도 바오로는 이탈리아 사람 아킬라와 함께 천막을 만드는 직업을 따로 가지고 전도에만 힘썼다(사도 18, 2-4).

그러나 똑같은 모범을 따르지는 못할망정 미국에 있는 다 자란 자식이나 손자 손녀들 모두의 생활비까지 신도들에게 부담시킨다는 것은 설사 그가 아무리 설교를 잘하고 기도를 잘한다 해도 그것은 행동이 따르지 않는 입으로만의 사랑이며 더 이상 주님의 목장에서 일하는 참된 목자는 아닌 것 같다.

왜냐하면 외국 초빙 목사도 아닌 사람이 외국에 있는 다 자란 자녀들을 위해 해외 송금까지 신도들에게 요구하는 것을 보면 그 목자는 양들의 고통은 아랑곳하지 않고 오로지 '자기와 자기 가정만을 위하는 사람' 같이 보이기 때문이다. 주님께서는 이렇게 말씀하셨다. **'아들이나 딸을 나보다 더 사랑하는 사람도 내 사람이 될 자격이 없다. 또 자기 십자가를 지고 나를 따라오지 않는 사람도 내 사람이 될 자격이 없다'**"(마태 10, 37-38)라고 말해 주었습니다.

또 "같은 목회자로서 직함을 가진 이른바 주님의 종이라고 자처하는 사람이 성도들의 앞장을 서서 주님을 따르지는 못할망정 십일조 독려에만 열을 올리며 성도들에게는 **'무엇을 먹을까 무엇을 마실까 염려하며 애쓰지 말고'**(루가 12, 29), **'적게 뿌리는 사람은 적게 거두고 많이 뿌린 사람은 많이 거둔다'**(2고린 9, 6)는 성서 말씀과 **'아나니아와 삽피라'**(사도 5, 1-11)의 예를 자주 인용하였다.

또한 거두어 드린 십일조 헌금을 자기 양들의 어려운 생활과 개척교회 목회자들의 어려움은 물론 가난하게 생활하는 전도사들의 힘겨운 생활 등은 도외시하고 자기 안일만을 생각하여 쓰고자 하는 이 같은 사람은 목회자이기 이전에, '너희는 견디기 어려운 짐을 남에게 지워 놓고 자기는 그 짐에 손가락 하나 대지 않는'(루가 11, 46) 예수님으로부터 책망 받을 사람이며, '그들이 하는 일은 모두 남에게 보이기 위한 것이며 그래서… 잔치에 가면 맨 윗자리에 앉으려 하고 회당에서는 제일 높은 자리를 찾으며 길에 나서면 인사 받기를 좋아하고 사람들이 스승이라 불러 주기를 바라는'(마태 23, 5-7) 사람이라고 여겨지기 때문이다.

어떻든 '하느님께서는 각 사람에게 그 행실대로 갚아 주실 것이니'(로마 2, 6) 한 교회의 중책을 맡은 장로인 자네는 군대식으로 물리력에 호소하지 말고 그 뜻을 같이하는 성도들을 모아 조용히 골방에서 보이지 않는 하느님께 그 목사를 위해 기도해 주기 바란다. 또 필요할 때는 자네가 잘하는 철저한 금식 기도도 해 보아라"라고 말해 주었습니다.

그랬더니 그 친구는 잘 알았다고 이야기하면서도 지금의 한국 개신 교회는 무척 썩어 있으므로 일대 개혁이 필요하다고 흥분하기에 저는 또

"우선 기도해라. 기도의 응답이 없다고 해도 개신교식 개혁을 하려고 애쓰지 말라. 그런 식의 개혁을 시도하다 보면 좋은 점도 있겠으나, 개신교에 애꿎은 교파수 하나만 더 생겨나 분열만 가중되니 탕자가 자기 아버지의 집으로 다시 돌아오듯이 네 자존심은 좀 상할지 몰라도 원 뿌리인 주님이 직접 세우신 가톨릭으로 돌아오는 것이 보다 근본적인 개혁이라고 생각하며, 가장 주님을 기쁘게 하는 길이

고, 썩어빠진 사람들이나 여러 사람들을 상처 주지 않는 무언의 길이라고 생각한다. 자존심이 영혼을 구해 주지는 못한다"고 이야기해 주었습니다.

그런데 그 친구 하는 말이, 가톨릭 교회에서 우상 숭배를 하지 않고, 성모 마리아를 섬기지 않으며, 조상 제사만 시키지 않는다면 가톨릭에 나가고 싶다는 것이었습니다.

저는 또 이렇게 말해 주었지요.

"우상은 들어와 보면 찾아볼래야 찾아볼 수도 없고, 성모 마리아는 우리와 똑같은 피조물로서 십계명이 요구한 자네 모친에게 하듯 공경하기만 하면 되는 것이고 다만 우리 주님의 어머니이시기에 자네 어머니보다는 조금만 더 높이 공경하면 될 것이다.

또 조상 제사는 자네에게 강제로 시키는 사람은 아무도 없을 것이고, 그저 평소 부모를 공경하던 마음으로 기일이나 생신 때 기도하는 마음으로 기억해 주면 되는 일로서 어려울 것이 하나도 없다. 가톨릭 교회에서는 죽은 사람을 위한 기도로써 연령을 위해 미사를 봉헌하는 만큼 돌아가신 분들에게는 물론 살아 있는 사람들에게도 큰 은총이 된다.

나는 거의 반세기 동안 이와 같은 가르침대로 행하였더니 돌아가신 부모님은 물론 조부모님이나 다른 조상님들도 마치 이 세상에 살아 계시는 듯 내 영혼의 평안함을 느낄 수 있었다. 자네도 나와 같은 길을 걷는다면 그야말로 평생 후회할 일은 없을 것"이라고 말해 주었습니다.

그 친구는 '연령(煉靈)'을 '나이(年齡)'로 알아듣는 순박한 장로이며 오직 주님만을 위해 남은 여생을 착히 살려고 노력하는 사람이기에 주님께서 허락하신다면 얼마 안 가서 어떤 성당에서든지 그를 찾을 수 있을 것이라는 믿음이 강하게 생겨났습니다.

예수님께서 직접 세우신 성사

"그리스도께서는 자신을 희생하여 유다인과 이방인을 하나의 새 민족으로 만들어 평화를 이룩하시고 또 십자가에 죽으심으로써 둘을 한 몸으로 만드셔서 하느님과 화해시키시고 원수되었던 모든 요소를 없이 하셨다"(에페 2, 15-16).

성사(聖事)

할머니, 우선 할머니께서는 성사라는 말이 퍽 낯설게 들리실 겁니다. 당연한 일이지요. 할머니께서 다니시던 교회를 처음 만든 사람들이 주님께서 직접 세우신 성체성사를 포함하여 모든 성사를 자기들 마음대로 없애 버렸기 때문입니다.

성사란 '보이지 않는 하느님 은총이 보이는 표징(表徵)으로 나타난다'는 의미입니다. 이런 의미에서 예수 그리스도는 하느님의 성사라 할 수 있습니다. 이것은 그분의 생애에서 하신 일, 특히 수난하심과 죽으심 그리고 부활하심으로써 구원 사업을 성취하신 것은 보이지 않는 하느님의 사랑을 우리가 직접 볼 수 있도록 실제로 드러내 보이셨기 때문입니다.

"그리스도께서는 우리를 사랑하신 나머지 우리를 위하여 당신 자신을 바치셔서 하느님 앞에 향기로운 예물과 희생 제물이 되심으로"(에페 5, 2) 보이지 않는 하느님의 은총을 보이는 형태로 직접 보여주셨고, 하느님의 구원을 실현하셨기 때문에 하느님의 성사라고 할 수 있습니다.

한편 이런 관점에서 볼 때,

- 교회는 그리스도의 성사라고 말할 수 있습니다. 즉 교회는 하느님의 인류 구원을 위한 무한한 사랑의 구체화이신 예수 그리스도를 이 세상 역사 안에 계속적으로 현존케 해주는 표지입니다.
- 교회는 그리스도의 구원 사업을 눈에 볼 수 있도록 드러내 주고 있습니다. 그리스도는 부활하신 주님을 믿는 신앙인들의 공동체 교회 안에 실제로 살아 계시며 역사가 흐름에 따라 계속 체험됩니다.
- 교회는 예수 그리스도 안에서 하느님의 구원 역사가 성령을 통해 세계 속에서 실제로 계시는(現存) 구체적 장(場)이며, 교회 안에서 그리스도와 함께 이 세계에 들어온 은총과 사랑이 역사적으로 현존되고 항상 활성화됩니다.

다시 말씀드려 볼 수 있는 구원의 방주는 보이지 않는 하느님께서 인간이 되어 오신 예수 그리스도의 역사적인 현존으로서 그리스도 자신의 사명을 역사의 과정 속에서 계속 수행하고 있는 것입니다. 그러므로 우리는 교회를 **"그리스도의 몸"**(에페 1, 23)이라고도 합니다.

- 따라서 교회는 "눈으로 볼 수 있는 행동으로 하느님의 은총을 드러낼 때" 비로소 '교회'라고 할 수 있는 것입니다.

그렇지 못할 때, 그것은 한낱 인간들의 사회적 집단에 불과하며 어떤 면에서는 **"썩어 없어질 양식을 얻으려고 티베리아 호수로부터 모여든 군중"**(요한 6, 23-27)에 불과하고, 모이는 그 장소는 현대에 와서는 '마을회관' 이상 아무것도 아닌 것입니다. 그러므로 우리 신자들은 교회의 성사 생활에 적극 참여할 때에만 성사로서의 교회 실재(實在)에 온전히 참여하게 되는 것입니다.

- 교회는 세상 끝날까지 세계를 향해 복음을 선포해야 함은 물론 하느님의 말씀의 사자(使者)로서 봉사받으러 오지 않고 봉사하러 오신 그리스도의 뒤를 따라 구원을 필요로 하는 모든 사람들에게 열려 있어야 하고 그들에게 다가가야 합니다.
- 교회는 '복음선포'와 '성사'라는 두 큰 기둥으로 지지되어 있습니다. 성사에는 세례·견진·성체·고해·성품·혼인·병자성사 등 7가지가 있으며 대개의 가톨릭 신자들은 6가지의 성사만을 받을 수 있습니다. 이는 성직자는 성품성사만을 받으며, 그 대신 혼인성사를 받지 못하게 되어 있기 때문입니다.

여기서 개신교 목사들은 이런 성사를 집전할 권리가 없으므로 엄밀히 말해서 성직자가 아닙니다. 그저 목회자나 교역자라고 하는 것이 옳을 것입니다. 어떤 사람은 개신교에도 세례식과 혼인식이 있으니 목사도 성직자라고 할 수 있지 않느냐라고 하는데 물론 사후(事後)에 보례가 필요하긴 하지만 이는 비록 목사가 아닌 누구라도 거행할 수 있기에 일반적으로 성직자라는 말은 걸맞지 않습니다.

한국 기독교 윤리실천 운동을 이끄시는 개신교 지도자 한 분은 이렇게 말하고 있습니다.

"개신교 목사는 성서 해석을 남보다 잘하는 전업적 전문가일 뿐이다. 그가 카리스마적 존재라거나 하나님으로부터 권한을 이양받았다는 것은 맞지 않는 말이다".

여기서 중요한 것은, 중세의 그들 개혁자들은 자기 자신들이 성직자로 불리기를 거부했고 또 실제로 주님의 몸인 교회로부터 파문을 당한만큼 더 이상 성직자라고 불러줄 사람도 없었습니다.

그러나 우리 모두는 하느님 백성으로서의 예언직, 왕직, 사제직을 수행할 수 있으니 우리들도 광범위한 의미에서는 일반 사제직으로서의 성직자라고 말할 수 도 있겠으나 이것은 우리 평신도와 조금도 다름이 없는 일부 목회자라는 사람이 통상 가톨릭 사제들만이 목에 하고 다니는 '로만 칼라'를 흉내내어 하고 다니는 것과 마찬가지라고 말할 수 있습니다(원래 로만 칼라는 '나는 거룩한 가톨릭 교회를 믿는 신부입니다' 라는 것을 의미하는 것입니다). 그런 사람일수록 가톨릭 역사상 온갖 좋은 것들은 마치 자기들이 스스로가 노력하여 해 온 것인 양 교묘히 역사를 왜곡하고 있습니다.

또한 중세 일부 성직자들의 부패 또는 해이만을 부각시켜 교회를 친히 세우신 하느님이 마치 그들 개신교로 이동하시어 옮겨 가신 양 예수님을 이리저리 끌고 다니면서 거짓 교설은 물론 복음을 전해야 할 입으로는 특히 로마 가톨릭에 대해 가진 욕설과 부당한 비방을 마다하지 않습니다. 그 같은 사람들은 분명 심판날에 **"자기가 지껄인 터무니없는 말을 낱낱이 해명해야 될 것"**(마태 12, 36)입니다.

우리 모두는 직분과 외형이 문제가 아니라 '각자의 삶' 이 성직자다워야 하고 목회자다워야 하며 평신도로서 그리스도의 사람인 크리스찬다워야 한다고 생각합니다.

 요즘 개신교 친구들에게 개신교에서는 왜 그렇게 분란이 많고 문제가 많으며, 사회적 무리마저 발생되느냐고 물어 보면 거의 모두의 대답은 "신이 아닌 사람이 모인 곳이니 할 수 없다"고 오히려 정당화합니다. 바로 그것이 문제입니다. 사람이 모인 곳에 '성사'가 없을 때, 즉 예수님은 뒷전으로 밀리고 잘난 사람들만 앞장을 설 때 그들은 세말까지 결코 분란을 면치 못하게 될 것입니다.

 할머니, 이 성사는 1,500여 년간 이어오다가 16세기에 이르러 소위 종교 개혁적 신학자들은 그들의 유한한 머리로 교부들의 가르침에 관해 연구하기 보다는 '바늘 끝에서 천사가 몇이나 춤을 출 수 있을까?' 라는 따위의 문제를 놓고 토론하는 사람들이었으니 무시해 버릴 수도 있겠으나, 모든 신학자들이 다 그런것이 아니고 또 지금 교회 일치 운동이 한창 일어나고 있는 이때 천사의 탈을 쓴 엉뚱한 신학 사조가 교계에 침투할까 우려하여 성사에 관하여 제가 배워 확실하게 믿을 수 있는 것만을 좀더 부연해야 할 것 같습니다.

 그리스도는 하느님의 가시적 성사요, 인간의 조건에 알맞게 표현되는 성사입니다. 우리는 감각적인 그리스도를 만남으로서 구원의 은총을 받게 되었고, 지상에서 하느님과 만나게 되었습니다.

 그러나 그리스도께서 부활하신 후 승천하심으로써 하느님을 알 수 있는 유일한 중재자이신 그리스도를 만날 수 없게 되었습니다. 물론 하느님의 말씀 속에서도 우리는 그리스도를 만날 수 있으며 또 주님은 항상 우리와 함께 계시는 것도 사실입니다.

그러나 우리는 너무나 자주 그분으로부터 멀리 떨어져 있음을 발견하게 됩니다. 우리는 모두 나약한 인간이기 때문입니다. 그러므로 승천하신 그리스도와 지상에 있는 인간과의 상호 교제가 이루어지기 위해서는 성사가 필요하게 됩니다.

모든 것을 준비시키시는 '야훼' 하느님께서는 그리스도를 통해 이 성사를 우리에게 주셨습니다.

그리고 그리스도께서는 **"내가 세상 끝날까지 항상 너희와 함께 있겠다"**(마태 28, 20)고 말씀하셨을 뿐 아니라 성령을 내리시어 교회를 세우셨고(마태 16, 18), 이 교회를 통해 우리와 함께 계시며 당신의 은총과 사랑을 보여주십니다. 교회는 사랑의 공간 안에서 사랑을 갈망하는 인간과 그 갈망에 응답하시는 하느님과의 만남, 즉 인간이자 하느님이신 그리스도안에서 이룩되는 올라가고 내려오는 두 움직임의 만남이 발생합니다.

그리스도는 교회 안에서 살아 계시며, 역사를 뚫고 흐르면서 체험됩니다. 그리스도와 교회는 상대적으로 일치하는 신비 현상입니다. 그리스도의 몸인 교회(에페 1, 23)는 구원 역사의 전 과정을 통해 그리스도의 출현을 실현시킵니다.

이와 같은 관점에서 볼 때 교회는 형식적인 면에서가 아니라 그리스도 신비의 본질적인 관점에서 성사적인 내적 구조로 형성되어 있으며 또 교회는 그의 머리이신 그리스도(에페 4, 15)와 더불어 근본적으로 성사이며 또한 현실적으로는 모든 성사의 원천입니다.

그리스도와의 관계 안에서 교회는 인간에게 은총을 공급하는 영원한 현장입니다. 즉 세상 안에서 그리스도의 현존이 교회입니다.

인간이 내적으로 그리스도의 은총과 일치하려면 주 예수의 신비체, 즉 볼 수 있는 삶의 현장을 떠나서는 불가능한 것입니다.

교회라는 구조적 삶의 현장을 떠나 홀로 은총과 사랑의 체험을 구한다면 이는 그리스도 신비의 성사성, 즉 하느님의 육화(사람이 되심)의 원칙에 위배되는 행위입니다. 성사는 지상적 옷을 입은 그리스도의 구원의 신비입니다. 이것이 바로 구체적으로 눈에 보이는 교회입니다.

말씀이 좀 어려워졌습니다. 눈에 보이지 않는 하느님께서 '가시적'으로 세상에 나타나고(그리스도), '감각적인 방법'으로(교회), 인류를 구원하시려 했다면 교회가 곧 '성사'인 것입니다. 교회는 가시적이나(볼 수 있으나), 은총은 불가시적입니다(볼 수 없다).

교회 안에서 행해지는 모든 것이 성사이며 동시에 성사적인 것입니다. 이는 예수님께서 약속하신 성령께서 교회를 통해 행하시는 활동이기 때문입니다. 보이지 않는 하느님이 교회 안에서 보이게 드러나고 보이지 않는 은총이 보이는 형태로 주어지는 것이 곧 성사입니다. 그래서 교회는 그리스도의 성사입니다.

바로 여기에 우리의 믿음이 요구되는 것입니다.

교회가 예수 그리스도의 몸이고(에페 1, 23), 현존이며 구원 행위를 총체적으로 나타내는 예수 그리스도의 가시적인 표징이라고 할 때, 그러한 예수 그리스도의 개별적인 구원 행위 하나 하나를 나타내는 것이 바로 교회의 성사라고 볼 수 있습니다. 더 이상 쉽게 설명드릴 방법이 없군요. 이것은 주님의 신비이기 때문입니다.

예수 그리스도께서는 당신의 개별적 구원 행위에 대한 표징과 도구로 성사를 세우셨습니다. 그래서 교회의 7성사를 구원의 표징 또는 구원의 도구라고 부릅니다.

'구원의 은총'은 일곱가지 성사를 통해 주어집니다. 은총과 더불어 영혼 안에 초자연적 생명의 씨앗인 덕행도 심어집니다. 가장 중요한 덕행은 곧 신덕(믿음), 망덕(희망), 애덕(사랑) 등 향주 3덕과 지덕, 용덕, 의덕, 절덕 등 사추덕(四樞德)입니다. 이 덕행들은 신적 태양광선인 일곱 가지 **성령의 선물**(이사 11, 2)을 받음으로써 싹트고, 자라며, 날로 더욱 성장하여 영혼을 사랑과 성덕의 빛나는 길로 이끌어 갑니다.

그러나 지구상에는 이를 반대하는 붉은 용(묵시 12, 3)과 그를 지원하는 두 짐승이 있습니다. 그 하나는 바다에서 올라온 뿔이 열 개, 머리는 일곱 개 달린 짐승입니다(묵시 13, 1). 붉은 용이 무신론의 인간 집단이라면 검은 짐승은 하느님의 10계를 교묘히 왜곡하고(열 개의 뿔), 주님께서 주신 7성사를 부정하는(7머리), 반(反)교회 집단(비밀 결사)이고 또 하나는 입으로는 "주여, 주여"하나(마태 7, 21) 실제로는 아버지의 뜻을 실천하지 않는, 가(假)그리스도적 무리들이라고 해도 큰 무리가 없을 것입니다(묵시 13, 11). 그들은 원래 **"태양을 입은 여인"**의 후손이었으나(묵시 12, 1), 실제의 생활과 행동은 큰 용을(묵시 12, 9) 돕고 있기 때문입니다.

우리는 개별 성사들(7성사)을 통해 오늘 우리를 향해 오시는 하느님을 만날 수 있고 자유로이 대답하며 사랑의 대화를 나눌 수 있습니다. 하느님은 우리와 "가까이 계시는 분, 우리의 개인적 삶 안에서 우리를 부르시는 분"이십니다. 우리 인생의 가장 중요한 시기와 계기마다 끊임없이 나를 부르시고 초대하시고 중요한 결단을 내리도록 인도하십니다.

우리의 삶은 출생과 성장, 결혼과 영육간의 질병, 그리고 죄의 세상을 체험하고 죽어 가는 인생입니다. 그래서 7성사는 인간학적 질서에, 인간의 삶에 개입하시는 하느님의 신적 구원 행위를 드러낸다고 볼 수 있으며 또 그렇게 믿고 있습니다. 따라서 우리는 우리의 삶 안에서 나를 부르시는 하느님, 역사 안에 현존하시는 하느님, 지금도 교회를 통해서 구원을 이루시는 하느님을 만날 수 있고 또 만나야 합니다.

7성사는 삶의 실존적인 길을 예식화한 것입니다. 그것은 인간의 삶이 그 자체의 힘으로 존립하는 것이 아님을 깨닫고 생명의 신비에 접근하여 초월적인 힘을 체험하게 하는 인생의 가장 중요한 고비를 상징하는 성사들입니다.

7성사는 우리가 속량하고 새로운 생명을 받는다는 사실을 알려주고 그 의미를 확인하는 데 그치지 않고 실제로 구원을 가져다줍니다(사도 2, 37-47). 이때에 절실히 요구되는 것이 우리의 믿음이며 **"오직 사랑으로 표현되는 믿음만이 중요합니다"**(갈라 5, 6). **"영혼이 없는 몸이 죽은 것과 마찬가지로 행동이 없는 믿음도 죽은 믿음"**(야고보 2, 26)이기 때문입니다.

성사 없는 교회!

이제 저로서는 그 같은 교회는 상상조차 하지 못할 일이며 그저 끔찍할 뿐입니다. 그러면 이 성사를 염두에 두고 주님께서 친히 세우신 가톨릭 교회에 관해 조금만 더 말씀드리겠습니다.

교회(敎會)의 특성

예수님께서 친히 세우신 가톨릭교회는 다음과 같은 특성을 지니고 있습니다.

'오직 하나'이며, '거룩'하며, 모든 사람에게 '보편화' 됐으며, '사도로부터 이어오는 교회'가 바로 그것입니다.

1. 오직 하나인 교회

원래 예수님께서 교회를 세우실 때 베드로의 반석 위에 복수로 세우지 않으시고 오직 단수로 '하나의 교회만'을 세우셨습니다.

그 성서적 근거는 이러합니다. **"잘 들어라. 너는 베드로이다. 내가 이 반석 위에 내 교회를 세울 터인즉 죽음의 힘도 감히 그것을 누르지 못할 것이다"**(마태 16, 18). 즉 '이 반석 위에', '내 교회를(my church)'이라고 하셨지 '내 교회들을'이라고 하시지 않았음에 우리는 특히 유의해야 합니다.

여기서 '하나'이 함은

- 믿음이 하나이고, 즉 동일한 계시 진리를 믿고,
- 전례가 하나이며, 즉 세계 어디서든지 같은 전례로 예배하고,
- 행정상으로도 하나인 교회, 즉 동일한 목자의 권위에 순명함을 말하는 것으로 제1대 초대 교황 베드로 사도에서부터 오늘날의 제264대 교황 요한 바오로 2세까지 한결같음을 말합니다.

또 예수님께서는 이 하나인 교회에 사랑의 새 계명을 주셨고 이 교회를 위하여 기도하셨습니다(요한 17, 21-23).

그러나 교회로부터 파문된 사제(1521년), 마르틴 루터라는 사람에 의해 세워진 개신교회는 예수님의 복음을 각자 자유 해석한 각 사람들에 의해 계속 교파 분열이 일어나 오늘날 350여 개 이상의 교파로 갈라져 있으며 지금 이 순간에도 어디선가 또 새로운 인간의 교회가 생겨나고 있을 것입니다.

거기다 각 교파마다 자기 교파가 옳다고 주장하며 또한 서로 자기 교파가 하느님의 교회라고 주장합니다. 이런 상황을 지켜 보면서 아무리 자비하신 주님이시라 해도 이 모든 교파가 다 옳다고 하신다면, 주님은 스스로 오류와 모순에 빠지게 되는 것입니다. 왜냐하면 진리는 오직 하나이기 때문입니다. 예를 들어 주님을 구세주로 믿는 교회와 예수님을 실패한 구세주로 여기는 교파 모두 다 옳다고 할 수는 없지 않겠습니까? 또 예수님을 신이면서 동시에 인간이라는 삼위일체 교리를 믿는 교회와 예수님은 오직 사람으로서 하느님의

아들일 뿐이라는 교파 모두를 옳다고 할 수는 없지 않겠습니까?

더욱이 주님이 세우신 7가지 성사를 충실히 믿고 그대로 실행하는 교회와 이를 비방하며 자기 마음대로 폐기한 교파를 모두 다 옳다고 할 수는 없습니다. 왜냐하면 주님은 진리이시기 때문입니다.

그런데 더 큰 문제는 **"보내지도 않았는데 주님의 이름을 팔아서 예언하는 자들"**(예레 14, 15)이 곳곳에 나타나 **"주님의 이름을 팔아서"**(예레 14, 14) 교회를 세우고는 **"제 욕망에서 솟은 생각을 가지고 주님의 말이라고 전하는"**(예레 14, 14) 사람들이 적지 않다는 데 있습니다.

주님께서는 **"나는 길이요 진리요 생명이다. 나를 거치지 않고서는 아무도 아버지께 갈 수 없다"**(요한 14, 6)고 말씀하셨습니다.

진리도 하나요, 생명도 하나이며, 아버지께 가는 길도 하나밖에 없는 질서의 하느님께서 세우신 교회는 오합지졸같이 여러 개로 난립될 수 없는 것은 당연한 이치입니다. 다시 말씀드려서 걸어갈 길도 오직 예수님이시요, 알아야 할 진리도 오직 예수님이시며, 먹고 간직해야 할 생명도 예수님 우리 주님 한 분뿐이시거늘 그 예수님이 350여 개의 조각으로 갈라져서는 안 된다는 말씀입니다.

그래서 바오로 사도는 **"성령께서 평화의 줄로 여러분을 묶고 하나가 되게 하여 주신 것을 그대로 보존하도록 노력하십시오. 그리스도의 몸도 하나이며 성령도 하나입니다. 이와같이 하느님께서 여러분을 당신 백성으로 부르셔서 안겨 주시는 희망도 하나입니다. 주님도 한 분이시고 믿음도 하나이고 세례도 하나이며 만민의 아버지이신 하느님도 한 분이십니다"**(에페 4, 3-6)라고 말씀하셨습니다.

앞서 말씀드린 대로 우리는 **"교회를 그리스도의 몸"**(에페 1, 23)이라고 합니다. 때문에 세상의 수많은 교회 중에서도 "그리스도의 몸인 교회"는 하나뿐입니다. 이렇게 직접 교회를 세우신 예수 그리스도께서는 모든이가 한 우리 안에 한 목자 아래(요한 10, 16) 있기를 바라셨으며 성령께서는 여러 사람들을 한데 모으심으로서 교회를 시작하셨습니다(사도 2, 1-11).

요새 1인 1교파 추세로 그 수가 증가하는 사람들이 세운 교회에는 많은 문제점들이 발생하고 있고 또 그 고민은 다음 논문에서도 가히 엿볼 수 있습니다.

- 유수한 개신교 잡지에 실린 '한국 교회 이대로는 미래가 없다'는 제하(題下)에서, 교인 수는 줄어드는데 교회가 늘어난다는 것은 여간 심각한 현상이 아니다. 이는 그만큼 교회마다 분쟁이 많게 되고 걸핏하면 동조자들을 끌고 나와 교회를 개척하는 이합집산의 모습을 보이게 한다.
- 대형 교회들은 목회자 자신의 야망과 함수 관계를 맺고 있다. 교회를 대형화하는 것이 목회자 개인의 목회 성공으로 변질되어 가고 있다.
- 한국 복음주의 세미나에서 : 대형 교회는 주변의 중소 교회들을 고갈시켜 쇠퇴케 하고, 대형 사고에 노출되기 쉽고 대형 사고는 세상에 막대한 피해를 줌과 동시에 냉소의 대상이 되기도 하며 과시 소비의 유혹을 견디기 힘들고 자체 유지 관리비의 비중이

계속 증폭되며 물질적 기복 신앙을 선호하며 배금(拜金) 사상의 포로가 되기 쉽다. 그런 교회일수록 목회자(당회장)의 영육 간의 부담이 엄청나게 커서 제대로 존립하기 힘들다. 그 교회는 치리(治理)와 감독 기능이 실종되기 쉽고, 집단적 자기 기만증에 시달리기 쉽다. 그리고 성도들의 헌금이 잘못 쓰여져도 견제하기가 힘들다.

이와 같은 문제점들은 주님께서 베드로에게 주신 1,500여 년간 이어오던 으뜸 사도권을 하루아침에 부정하고 또 **"반석 위에 세워진 그 교회"**(마태 16, 18)를 박차고 나가 예수의 이름을 빌려 사람이 세운 또 다른 교회의 자업자득이 아닌가 생각합니다. 한 목자 아래, 한 우리 안에 들어 있는 세계의 모든 가톨릭 교회는 동서고금을 막론하고 이 같은 현상은 전혀 찾아볼 수 없기 때문입니다.

저 개인적으로 볼 때에 위에서 그들 스스로가 지적한 제반 문제점들은 교회의 문서라기보다는 어떤 기업의 심사분석 자료 같습니다. 이제 더 이상의 분열은 파멸뿐입니다.

주님께서 바라는 대로 하나가 되기 위해서는(요한 17, 21) 서로 용서하고, 서로 사랑하면서 제2의 성령강림을 맞기 위해 주 친히 세우신 교회(마태 16, 18)로 그분의 뜻을 따라 다시 모여야 할 것입니다. 그런 의미에서만이 그들이 말하는 소위 '요새 교회는 울타리가 없어졌다'는 말의 진가를 발휘할 것이지 주님의 우리 안에 들어 있는 양을 늑대가 우굴거리는 양 우리 밖으로 유인하기 위한 말로는 더 이상 아무 소용도 없기 때문입니다.

3. 거룩한 교회

할머니, '교회가 거룩하다'고 하는 것은 그 안에 있는 신자 모두가 거룩하다는 뜻이 아니고 거룩함의 근원이신 하느님이 교회 안에 직접 계시고 또한 예수님께서 신자들을 거룩하게 성화(聖化)시키기 위하여 그분 친히 세우신 공동체라는 것입니다.

성교회를 창건하신 예수님의 숭고하신 윤리 교훈과 그분이 직접 세우신 성체성사와 또 다른 성사들은 하느님의 은총으로 우리들을 거룩하게 하고 향상시키십니다. 구체적으로

- 세례성사로서 아담이 지은 원죄와 우리 자신이 태어나서부터 지은 본죄를 모두 사하여 깨끗하게 하시고,
- 견진성사로서 하느님의 새 은총을 얻어 일생 동안 모든 유혹을 물리칠 만한 주님의 군사가 되게 합니다.
- 성체성사에 의해 우리는 하늘에서 내려온 살아 있는 빵으로 양육됩니다.
- 고해성사로서 세례성사 이후 지은 모든 죄악을 씻어 버리며,
- 혼인성사로서 아내와 남편에게 은총을 주어 하느님 뜻에 따라 자식을 낳고 기르게 합니다.
- 성품성사로서 성사의 권한을 받으며 성직을 충실히 수행해 나갈 수 있게 합니다.
- 병자성사로서 임종 때는 하느님의 은총을 얻고 세상을 영원히 이별하기 전에 용감하고 정결하게 합니다.

즉 교회는 우리를 요람에서부터 무덤에 이르기까지 늘 지켜 주고 감싸주며 생명과 불사(不死)의 영약(靈藥)을 줍니다. 예수 친히 세우신 가톨릭 교회는 이렇게 신자들의 성화(거룩하게 됨)를 역설하고 동시에 그 방법도 제공하므로, 교회 안에는 신성한 결실로 무수한 성인·성녀가 나오게 되는 것입니다.

가톨릭 교회의 달력에는 12사도의 이름뿐 아니라 **"돌에 맞아 죽고 톱질을 당한"**(히브 11, 37) 모든 순교자의 이름과 수많은 거룩한 증거자와 은수자, 깨끗한 동정 성인·성녀의 이름들로 장식되어 모든 날을 다 성인·성녀의 기념일로 정할 정도입니다.

지난 세기의 가톨릭에서 "거룩한 교회의 일원인 주님 자녀"의 모습을 보고 싶다면 80여 년 전 볼셰비키 공산혁명 이후 스페인, 멕시코, 구소련 및 그 위성국가에 있던 주교들 중에서 찾아볼 수 있을 것입니다.

예를 들어 폴란드의 비진스키 추기경, 체코의 베란 추기경, 헝가리의 민첸티 추기경, 루마니아의 파카주교, 유고의 스테피나크 대주교와 최근 우리 나라의 6·25 동란 때 홀몸으로 얼마든지 도피할 수 있었음에도 불구하고 수난 당하는 양떼와 생사를 같이하려고 끝까지 교회를 지키다가 납북되어 온갖 모진 형을 받고 순교하신 교황사절 방 파트리치오 주교와 광주교구장 안 파트리치오 브레만 몬시놀 그리고 홍용호 주교를 기억할 것입니다. 그리고 죽음의 행진에서 귀환하시어 돌아가신 춘천교구장 구 토마스 주교와 양들을 대신하여 총살형을 당하신 이광재(디모테오) 신부를 비롯한 원산 교구장 겸 덕원 수도원 원장 보니파시오 사우어 주교 등 많은 사제와 수도

자와 평신도들의 영웅적 순교 사실은 우리가 이미 목격한 사실들입니다.

주님의 가르치심대로 최근 우리 나라의 민주화와 가난하고 억눌린 주님의 양들의 인권 신장을 위해 헌신하다 국외로 추방당한 메리놀 선교회의 시노트 신부도 이분들 반열에 든다고 하겠습니다. 그리고 옥중에서 혹은 유배 중 잔혹한 형벌도 굽히지 않고 오로지 신앙을 위해 의연히 순교한 주교, 신부, 수녀 및 평신도들은 세기마다 너무나 많이 있습니다. 또 한국 천주교 순교사에도 배교하겠다는 말 한마디로 얼마든지 살아 남을 수 있음에도 불구하고 온갖 형벌을 받아 분골쇄신하며 생명을 버린 순교자가 약 만 명이나 됩니다.

그분들 중 103위 순교성인은 1984년 가톨릭 역사상 매우 드물게 교황의 바티칸궁 밖에서 거행된 시성식에서(서울 : 요한 바오로 2세 집전) 온 세계 가톨릭 신자들로부터 공식적인 공경을 받는 성인품에 오르게 된 것입니다.

이 글을 쓰고 있는 순간에도 인도 북부 한 마을에서는 무죄한 살레시오 수련장 신부를 비롯한 여섯 명이 무장 게릴라에 의해 총살당했다고 합니다. 죄가 있다면 인도 청소년들에게 기술을 가르치는 일과 종교가 다르다는 것뿐이었습니다.

그러나 할머니!

교회가 거룩하다고 하여 신자 모두가 거룩하다는 것은 결코 아닙니다. 가톨릭 신자 중에도 나쁜 사람이 있으며, 어떤 면에서는 믿지 않는 사람보다 더 나쁜 사람도 있습니다. 그러나 교회는 이들을 추방하지 않습니다. **"죄인을 구원하시려고 오신 주님"**(1디모 1, 15) 이시기에 그들을 결코 내치지 않습니다. 다만 하느님께서는 예언자를 통해 **"내가 살 길과 죽을 길을 너희 앞에 내어 놓을 터이니 너희는 그중 하나를 택하여라"**(예레 21, 8)고 하셨습니다. 그 선택은 각자의 자유입니다.

시대의 변천과 환경의 악화로 부패와 해이의 분위기에 싸인 16세기경 일부 교회가 혁신을 필요로 했던 것은 사실입니다. 바로 이런 점만을 들어 가지고 가톨릭을 공격하는 분들이 많습니다. 그러나 그때에도 타락한 주교, 신부나 수도자보다는 정결하고 오로지 주님의 뜻만을 따르며 사목하고, 기도하고, 보속하는 주교, 신부, 수도자들이 절대적으로 많았음을 역사가 증명하는 사실입니다. 부패와 타락은 북유럽의 일부 교회였습니다.

할머니, 만일 한 사제가 큰 잘못을 저질렀다고 한다면 그 누명은 고스란히 모든 신부들이 뒤집어쓸 수밖에 없듯이 16세기의 교회도 소수의 타락한 신부들의 죄과에 딱하게도 연좌(連坐)되었던 것입니다. 교황의 경우도 마찬가지입니다. 가톨릭 교회를 마치 원수처럼 여기는 사람들은 문제의 4~5명의 교황을 들어 비도덕적이라고 비난합니다(故 韓聖果 목사 著, 「성서를 통해 본 천주교의 오류」 제2장).

가령 이것이 사실이라 할지라도 지금까지 264명의 교황 중 4~5명은 12사도 중 유다 한 사람보다 얼마나 작은 숫자입니까? 유다 한 사람의 존재로 사도단 전체의 신성성을 부정할 수 없다면 일시적이고 극소수적인 현상으로 가톨릭 교회의 신성성을 부인할 수는 더욱 없는 것입니다. 그것은 마치 사도와 더불어 예수님까지도 부정하는 것과도 같은 행위일 것입니다.

저는 이번 우리 조선족들이 많이 살고 있다는 중국의 조선족 자치주의 '한·중 합작 국제 기술학교' 졸업식에서 너무나 큰 감동을 받았습니다. 이것은 평소 매우 보기 드문 백두산의 맑은 천지를 보고, 뜻하지 않게 나타난 쌍무지개를 보는 감동과는 또 다른 차원의 복받쳐 오르는 뜨거운 눈물 그 자체였습니다.

그곳 교장 선생은 유명한 공산당원이었고, 학교 이사장은 한국 살레시오 교육위원회에서 파견된 멜기세덱의 후예였으며, 공산당(?) 복장 비슷하게 한 사감 선생은 교회의 딸이었습니다.

하지만 그곳은 '예수'라는 '예'자만 전해도 추방 또는 감옥에 가는 이른바 사회주의 공산국가이기 때문에 성탄절이 되어도 영어로 Merry Christmas라는 말조차 못한다고 합니다. 십자가는 고사하고 신부와 수녀들의 복장 착용은 물론 일체의 전교 활동을 할 수 없는 곳입니다. 그런 그곳에서 주님만을 믿고 의지하며 주님의 길을 개척한 지 3년만에 첫 졸업식을 갖게 된 것입니다. 시작 성가와 기도 대신 중국 국가를 부르며 시작한 졸업식 속에서 최초 졸업생(130여 명)은 물론 재학생(280여 명)과 교사들 모두는 서로 말은 못하지만, 사랑으로 뜨거워져 있었고 참석한 저 역시 그들 속에 예수님이 계심을 신앙의 눈으로 확실히 보았으며, 동행한 모든 교우들 역시 체험하였을 것입니다.

왜냐하면 예수님은 공산당 속에서도 사랑 자체였으니까요. 글로는 표현이 어렵습니다. 주님의 사랑을 믿고 느끼는 사람에게 특별히 주시는 은총의 선물이기에 사람의 입으로는 표현하기 어렵습니다.

또한 놀라운 것은 학교 교사들은 파견된 살레시안(성직자, 수도자)들이란 것입니다. 비록 입으로는 복음을 선포하지 못해도 온몸을 던져 사랑(복음)을 실천하는 그분들은 누가 무어라 해도 매일 매일을 순교하시며 사시는 그야말로 '살아 있는 순교자들'이었습니다.

학교 졸업식 후 개신교의 한 목사가 개척하였다는 아름다운 사랑의 두레마을 공동체를 견학하려 하였으나 뜻하지 않은 일로 부득이 다음 기회로 미뤄야 했습니다.

그곳은 학교에서 얼마 떨어지지 않은 곳에 있었는데 옛날부터 십자가를 높이 세운 교회와 선교사들이 반공개적으로 활동하고 있었습니다. 그러던 어느 날 집회를 하던 중 탈북 청년 하나가 북한 실상을 이야기하다 중국 공안원들에 의해 체포되었습니다. 누군가에 의한 '악의 신비'가 나타났기 때문입니다.

할머니, 저는 유다가 예수님을 팔고 배반하는 이 같은 행위를 '악의 신비'라고 어머니로부터 들었습니다. 오늘날 이 사회에는 주님의 종이라고 자처하는 가롯 유다의 후계자들이 얼마나 많은 악을 퍼뜨리고 있는지!

조용히 이 시대의 징표를 읽으려고 깨어 있는 이 평신도 손자의 눈에는 옹기장이로부터 산 **"피의 밭"**(마태 27, 8)이 곧 보이는 듯합니다.

그리고 교회는 주님으로부터 받은 거룩함에 있어서는 전혀 흠이 없지만 교회의 자녀들은 **"마음은 간절하나 몸이 말을 듣지 않듯**

이"(마태 26, 41) 인간의 잘못을 범할 수도 있다는 것입니다.

따라서 교회의 충실성과 또 한편으로는 평신도 및 성직자들의 나약함은 구별되는 것이며, 그 때문에 "자신의 품에 죄인들을 안고 있는 교회는 거룩하면서도 동시에 정화되어야 하고 끊임없이 회개와 쇄신의 길을 걸어야" 했습니다. 이에 지난 2000년 3월 교황 요한 바오로 2세는 **"과거의 나약함을 인정하는 것은 우리 신앙을 강화하도록 도와주는 정직하고 용기있는 행동"**(삼천년기 33항)이라고 하시면서 교회가 자신의 잘못에 대해 참회하는 모범을 보이셨고(7개항의 용서 청함), 금년 5월 4일 그리스 아테네를 방문하셔서는 지난 13세기 십자군 전쟁 당시 콘스탄티노플(현 이스탄불) 약탈 사건에 관해 동방교회에 솔직한 사죄를 하셨습니다.

그리고 같은 맥락에서 한국 천주교회에서도 지난 2000년 12월 3일 대림 첫 주일을 기해 우리가 그리스도의 제자로서 그 사명을 다하지 못하였음을 솔직히 고백하면서, 과거 병인양요 때의 제 문제와 안중근 의사 사건 등을 염두에 두고 7개항의 잘못을 참회하는 과거 반성문 '쇄신과 화해'를 발표하였습니다. 이에 따라 모든 가톨릭 신자들도 계속 참회의 삶을 살아가고 있습니다.

4. 보편된 교회

할머니, '보편된 교회'라 함은 '공번'되다 또 '공편'되다라는 말을 의미합니다. 이 말은 기원 후 110년경 베드로의 후계자인 안티오키아의 2대 주교 성 이냐시오가 자기 관할 지역 소아시아 스미르나 교회에 보낸 편지에서 '보편된' 즉, 영어로는 '가톨릭(Catholic) 교회'라고 맨 처음 쓰기 시작한 것이 유래된 것입니다.

그리고 '보편성'이 참 교회의 표지라는 것은 사도신경의 한 구절 '거룩하고 보편된 교회와', 영어로 '거룩하고 가톨릭적인 교회, Holy Catholic Church'라는 말에 밝혀져 2000년까지 내려오고 있습니다(325년 니체아 공의회).

'보편된 가톨릭 교회'는 유교, 불교, 이슬람교와 같이 비교적 지역적이 아니고 또한 유다교나 단군교같이 민족 종교도 아니며, 오로지 전 세계적으로 보편성을 띤 교회이어서 인종과 언어의 다름을 묻지 않는다는 뜻입니다. 즉, 가톨릭 교회는 시간과 장소와 인격을 초월하는 하나의 참 교회라는 것입니다. 그리고 가톨릭 교회만이 '공교회'의 명칭을 사용해 왔음이 역사상 뚜렷한 사실로 나타납니다.

성 아우구스티노는 "이교도(異敎徒: 다른 교신도)와 이교도(離敎徒: 교회를 떠난 사람)들이 자기들끼리 또는 미 신자들과 이야기 할 때 가톨릭 교회를 항상 가톨릭, 즉 '공교회'라고 지칭하였다. 이는 전 세계를 통해 이 명칭으로 공인되었고 이외에 다른 명칭으로는 상호간을 구별할 도리가 없기 때문이다"(De Vera Relig. c. 7. n 12)라고 하였습니다. 그리고 구체적으로

- 가톨릭 교회는 그리스도 이후 오늘에 이르기까지 수많은 박해와 어려움을 겪었으나 어느 세대에도 끊이지 않고 꾸준히 하느님 나라를 확장해 왔습니다.

- 가톨릭 교회는 어떤 장소에 구애받음 없이 온 세상에 두루 다니며 주님의 복음을 전하고 있습니다.
- 가톨릭 교회는 진정 회개하는 사람이면 그가 어떤 국가에 속하든 남녀노소, 빈부귀천을 따지지 않고 그리스도의 뜻에 따라 온 세상 모든 사람을 가르치고 세례를 베풉니다.

따라서 구원에 있어서 한 사람의 예외도 두지 않는 '교회의 보편성'은 '교회의 단일성'을 함께 의미하고 있습니다. 모든 사람을 위한 하느님의 교회가 있기에 또 다른 교회가 있을 수 없으며 사실상 필요도 없습니다.

"하느님의 백성은 모든 민족들 가운데서 현세적 성격의 시민으로서가 아니라 천상적 성격의 시민으로서 자기 시민을 모으고 있으므로 하느님의 백성은 인류 안에 하나밖에 있을 수 없다"(교회의 선교 사명, 13항 참조)는 것입니다.

또한 사도 바오로도 "그리스도께서는 자신을 희생하여 유다인과 이방인을 하나의 새 민족으로 만들어 평화를 이룩하시고 또 십자가에 죽으심으로써 둘을 한 몸으로 만드셔서 하느님과 화해시키시고 원수 되었던 모든 요소를 없이 하셨다"(에페 2, 15-16)라고 교회의 보편성과 단일성을 설명하고 있습니다.

할머니!
이렇게 주님께서 직접 세우신 보편된 교회 중에서도 유독 한국의 가톨릭 교회는 아직도 친교의 삶이 부족한 것 같아 퍽 아쉽습니다.

제가 처음 세례받은 후 얼마간은 성당에 가면 몹시 속이 상하곤 하였는데, 전혀 관심을 보이지 않는 무관심한 태도 때문이었습니다. 신자 개개인마다 풍부한 사랑을 지녔으면서도 서로 나눌 줄 몰랐기 때문으로 여겨집니다.

지금은 많은 변화와 쇄신의 노력으로 주님의 사랑과 친교를 나누는 사랑의 일치운동을 활발하게 전개시켜 나가는 모습은 매우 아름답게 보여집니다.

나와 가까운 사람들하고만 친교를 나눈다면 보편된 가톨릭 정신에 위배된다고 여겨지며 이 점에 관해 구교우들은 물론 특히 성직자(교구소속), 수도자(본당파견)들은 낮아져야 하고 교우들에게 보다 겸손되이 다가가야 할 것입니다.

왜냐하면 주님께서는 이 세상에 **"섬김을 받으러 오신 것이 아니고 섬기러 오셨기 때문입니다"**(마태 20, 28). 그리고 **"여러분도 알다시피 우리 가르치는 사람들은 더 엄한 심판을 받게 됩니다"**(야고 3, 1).

몇년 전 프랑스에서인가 봅니다. 자전거를 타고 이웃 수도원을 방문하시던 어떤 주교의 모습이 지금도 눈에 선합니다.

번쩍거리는 보좌 신부의 중형 차량에 동승할 것을 사양하며 혜화동에서 명동 주교관까지 걸어오시던 우리 나라의 어느 주교와 어쩌면 그리도 흡사하시던지…. 그리고 아직도 전철을 타고 다니며 사목 현장을 찾아나서는 주교나, 서울에서는 소나 탄다는 쏘나타를 고집하시던 추기경과도 같은 모습이셨습니다.

5. 사도로부터 이어오는 교회

할머니,

주님께서는 으뜸 사도 베드로의 반석 위에 그 교회를 세우시고 (마태 16, 18) 또 제자들에게 말씀하시어 **"너희는 가서 이 세상 모든 사람들을 내 제자로 삼아 아버지와 아들과 성령의 이름으로 그들에게 세례를 베풀고 내가 너희에게 명한 모든 것을 지키도록 하여라. 내가 세상 끝날까지 항상 너희와 함께 있겠다"**(마태 28, 19-20)라고 말씀하신 것은 베드로가 죽으면 그 반석이 깨어지거나 끝나는 것이 아니라 사도들로부터 세상 종말까지 계승시키겠으며 그때까지 항상 그 계승된 교회 안에 함께 계시겠다는 말씀임은 우리 모두 알 수 있는 사실입니다.

그리고 이 교회는 반드시 사도들의 기초 위에 건설되었기 때문에 교회가 가르치는 교리는 반드시 사도의 교리로써 기초를 삼아야 하고, 항시 일치되어야 하며, 그 가르치는 교직자들은 반드시 직접 사도 자신들로부터 또는 사도들의 정당한 계승자로부터 서품식을 거쳐 성직에 서임되어야 합니다.

사도를 멸시하거나 부인하는 것은 그를 뽑으신 그리스도를 업신여기거나 부정하는 것이 됩니다. 그러므로 어느 나라, 어느 성직자(신부)이든지 그의 서품을 거슬러 올라가면 반드시 주님이 직접 뽑은 사도들에게까지 이르게 됨은 물론이며 그렇지 못하고 교회로부터 파문되었거나 스스로 교직자라고 자처하는 사람은 사도 전래의 교회로부터 비켜난 사람들입니다.

할머니!!

주님께서 뽑으신 사도들은 예수님께서 친히 세우신 교회의 기초입니다.

"**여러분이 건물이라면 그리스도께서는 그 건물의 가장 요긴한 모퉁이돌이 되시며 사도들과 예언자들은 그 건물의 기초가 됩니다**"(에페 2, 20)는 말씀이 이를 증명하고 있으며 또 우리 구원 생활의 핵심인 부활 사건에서도 그분들은 매우 중요한 역할을 하셨습니다.

"**베드로는 이렇게 말을 시작하셨습니다**(사도 10, 34)… **하느님께서는 그분을 사흘 만에 다시 살리시고 우리에게 나타나게 하셨습니다. 그분은 모든 사람에게 나타난 것이 아니라 하느님께서 증인으로 미리 택하신 우리에게 나타나셨습니다. 그분이 죽었다가 다시 살아나신 뒤에 우리는 그분과 함께 먹기도 하고 마시기도 하였습니다**"(사도 10, 40-41).

그리고 그것으로 보아도 예수님께서는 사도 베드로의 반석 위에 당신의 몸인 교회(에페 1, 23)를 세우시고 그들로 하여금 세상 끝날까지 계승시키신다는 말씀을 뒷받침하기에 충분합니다.

가톨릭 교회는 주님께서 직접 세우신 교회입니다(마태 16, 18). 그리고 사도로부터 이어오는 교회입니다. 그 이외의 교회는 모두 사람이 세운 교회입니다. 16세기 이전에는 장로교도, 감리교도, 안식교도, 침례교도, 성결교도 없었습니다.

어떤 사람은 말하기를 "개신교회는 비록 가시적으로는 없었으나 불가시적으로, 즉 정신적으로는 존재하였다"고 합니다. 이는 문자 그대로 억지중의 억지입니다. 그들은 아무 말이나 늘어놓기만 하면 '역사'로 인정되는 줄 아는 듯합니다. 이 세상에서 구원 받기 위한 이름은 오직 '예수님' 밖에 없습니다.

그러나 예수님께서는 주님의 이름으로 단 두 세 사람이 모인 곳에 주님이 함께 계시겠다고(마태 18, 20) 하셨습니다. 개신교회는 주님의 이름을 빌려 세운 교회입니다. 주님의 이름을 빌려 세운 교회는 비록 사람이 세우기는 하였으나 한 우리 안에 있지 않은 또 다른 주님의 교회인 것만은 틀림없습니다. 그러나 교회를 세운 그날부터 많은 문제를 안고 있는 듯합니다. 여기 그들의 논문을 소개합니다.

■ '2000년의 한국(개신) 교회 도약할 것인가 추락할 것인가' 라는 명제는 21세기 초반에 결정된다(「교사의 벗」 2000년 1월호)
21세기 초반은 단순히 첫 단추의 문제가 아니다. 향후 10년 안에 한국 개신교회 100대 교회의 목회자들이 은퇴한다. 그분들은 지난 20세기 한국(개신) 교회의 리더들이다. 한국(개신) 교회의 성장은 그들과 함께 했다고 해도 과언이 아니다. 그분들이 은퇴하게 될 때 그 공백은 누가 메꾸어 갈 것인가?

한국 지도자들의 단점은 후계자를 만들지 않는 것이다. 일반 정치가들도 혼자서 모든 권력을 독점하려고만 했지 권력을 분담하는 일은 꺼린다. 그들은 권좌에서 내려올 때까지 특정한 후계자보다는 몇몇 충성파들을 중심으로 권력을 나누고, 아래 사람들이 적당히 세력

다툼을 하도록 만든다. 그래서 권력은 절대적으로 보스 한 사람에게만 집중된다. 그러나 보스에게 돌발적인 사태가 발생하면 권력의 공백 현상이 일어나고 온 나라 안이 어려움을 겪게 된다.

지금 한국(개신)교회도 새 천년 초반에 후계자 공백 현상이 일시에 터진다. 큰 교회의 목회자들이 후계 체제를 제대로 갖추지 못하고 은퇴하면 후계자를 정하는 과정에서 심각한 갈등 현상이 교회마다 노출된다. 일단 지도자가 은퇴하면 대형화된 교회를 제대로 통제하지 못한다. 목회자와 장로 사이에, 교인과 교인 사이에 분쟁이 일어나고 교회는 분란의 소용돌이 속으로 들어간다.

한두 교회가 아니다. 동시 다발적으로 교회마다 충돌과 분란이 일어난다면 대형 교회의 문제는 사회문제로 비화되고 매스컴을 통해 전국적으로 방송된다. 불교계의 분규 현상이 안방에까지 고스란히 보여지는 것처럼 말이다. 이런 모습을 보고 일반인들은 물론 교인들조차 교회 조직에 환멸을 느끼고 무(無)교회주의로 돌아서거나 다른 종교로 이동하는 현상들이 대대적으로 일어나게 된다.

그 여파는 엄청나다. 21세기에 쌓아 놓은 성장의 탑이 대형 교회의 분란으로 순간에 허물어지고 만다. 100대 교회의 지도자들이 은퇴한다는 것은 곧 그들과 함께 했던 세대의 은퇴이다. 은퇴할 때까지 자신이 권력을 독점하거나 은퇴 후에도 막후 실력자로 남으려 한다면 한국(개신) 교회는 자멸을 면하지 못할 것이다."

주님이 직접 세우시고 사도로 이어오는 가톨릭 교회는 성령께서 세상 끝날까지 이끌어 가시고 연약한 인간들은 그분의 보호를 받기에 이 같은 문제는 결코 없습니다. 하나 그 구성원들은 성령의 힘으로 계속 쇄신되어야 하지요.

한가지만 더 소개하지요.

"특출한 은사와 재능으로 성공한(?) 한두 목회자의 책이 베스트 셀러가 되면 너도나도 그 책에 매어 달린다. 그들의 세미나에 사람들이 몰려온다. 기도원이건 교회이건 호텔 강의실이건 돈과 시간을 아까워하지 않고 몰려든다. 외국에서 유명하다는 목사를 강사로 모시는 세미나에는 아예 자리가 모자랄 만큼 몰려든다. 왜 그들은 그 험한 산골 기도원까지 몰려가고 있는가? 비싼 호텔까지 목사들로 꽉꽉 차게 하는가?…

세미나 장소에 들어찬 참석자들을 보면 마치 벳세다 들판의 무리들을 떠올린다. 그들은 떡을 위해서 그곳에 몰려든 청중이다. 진리에는 관심이 없다…. 저들 세미나에 참석하고 있는 목회자들은 많은 경우 목자의 모습이 아니다…. 그러나 많은 세미나는 부흥을 갈망하는 목사들의 '요령 터득의 현장이다' ('한국 개신 교회 이대로는 미래가 없다' 중에서)"라고 공개 발표하고 있습니다.

할머니,

할머니께서는 제가 개신교에서 자신이 지적한 여러 말씀들이나 제가 할머니께 말씀 올리는 과정에서 "왜 너마저 그렇게도 비판적이며 배타적이냐?"라고 나무라실지도 모릅니다.

그러나 저는 결코 비판적이거나 누구를 단죄하는 것이 아닙니다. '비판' 하심은 오로지 주님의 몫이며(요한 5, 22) **"비판과 단죄를**

하지 말라"는 주님의 말씀(루가 6, 37)을 누구보다 더 잘 알고 있는 손자이기에 무거운 마음으로 글을 올리지만 결코 비판하거나 단죄하는 것이 아닙니다. 서로의 신앙 방법을 이해하면서 서로 회개하여 사도로부터 이어오는 교회와 일치하자는 충정 어린 말씀임은 "주님께서 다 아십니다".

혹시 할머니께서는 소위 광신자들로부터 이 손자가 피해를 당하지 않을까 하는 염려하실지 모르겠습니다. 사실 이 손자는 이미 '피를 부어 주님의 제단에 받쳐 질 각오와 준비'는 항상 되어 있으나 행여 주님께서 내려 주시는 '순교의 영광'은 몰라도 결코 '개죽음'은 당하지 않을 것입니다.

그리고 할머니!

이 손자는 "어두움을 저주하기 보다는 촛불을 켜려고" 노력하고 있습니다.

이는 제 수호천사와 천상 어머니와 주님의 성령께서 굳건히 지켜주시기 때문입니다. 그리고 미카엘 대천사의 하느님께로부터 받은 임무가 또한 저를 지켜 주실 것을 알고 있습니다.

간략한 교회 역사와 종교개혁(宗敎改革)

1. 사도들과 교부들의 교회 시대(50-600년)

할머니,

우선 사도들의 교회 시대라고 함은 일반적으로 '공적 계시의 마감', 즉 예수 그리스도께서 승천하신 때부터 마지막 사도의 지상 생활 마감까지로 구분하며 이 세대의 종말은 바로 공적 계시 시대가 문을 닫는 것을 뜻하기에 이 시대를 일명 '계시의 사도 시대'라고도 합니다. 또한 그 기간을 뚜렷하게 한계를 지울 수는 없으나 통상 그리스도인의 제1, 2세대로 보면서 부활하신 주님을 직접 목격하였던 이들이 그 계시 진리를 위해 온몸 다 바쳐 따르고 지키던 시대(30~110년)로 규정하는 것이 일반적입니다.

그리고 '교부들의 교회 시대'라고 하는 것은 사도 시대 이후의 그리스도교 지도자와 신학자들의 시대로서 돌아가신 사도들로부터 직접 그 교리나 신앙을 물려받고 그 진리를 후세대에 전해 준 특징을 지닌 시대로서 이때 비로소 우리 교회가 보존하고 있는 신약의 성전

(聖傳)이 시작되었고(2세기 초반부터) 또 성령의 감도하심을 받은 많은 저술가 그룹, 즉 하느님께서 보내 주신 '교회의 아버지'라 부르는 교부들이 거의 한결같이 목숨을 바쳐가며 주님의 진리를 용감히 전했던 시기이기에 '교부들의 시대' 또는 '사도 교부들의 시대'라고 하며 이 시대의 중요한 인물 및 운동을 살펴보면 7세기에 이르기까지 가톨릭 교회의 발전 형태를 알 수 있습니다.

1) 1세기

 1세기 중 일어난 대부분의 이야기는 신약성서에 잘 나타나 있습니다. 이때 그리스도교 공동체는 예루살렘 교회와 갈릴래아 지방 교회, 사마리아 지방의 교회, 요르단 서안 지역 교회 등이 있었으나 사도행전에는 예루살렘 밖의 교회에 대해서는 명백한 언급이 없고, 다만 사마리아 교회의 존재를 추측할 수 있는 암시만을 보여주고 있습니다(사도 8, 4-25).

 그리고 다른 두 교회에 관해서는 성전(聖傳)과 고대 유다, 그리스도교 비문이나 교회 사가들이 그 존재를 증언하고 있습니다. 또한 기호 문자로 쓰여진 요한 묵시록은 당시의 박해에 관한 사실을 언급하고 있습니다. 참으로 이 시기는 피비린내 나는 박해로 얼룩진 시대였습니다. 64년 네로 황제는 그가 저지른 대화재를 그리스도교인들의 짓이라고 뒤집어씌웠으며, 그가 죽은 후에도 로마의 황제들은 로마의 신이나 자기들에게 제물을 바치지 않는다고 계속 박해를 가하였습니다. 이 시기에 교회의 지도자인 성 베드로, 성 바오로, 성 야고보 등 많은 사도들이 순교를 당하게 됩니다.

그런데 으뜸 사도 베드로는 순교 직전 저 유명한 "주여, 어디로 가시나이까?(쿼바디스 도미네)"로 널리 알려진 주님의 발현을 보았습니다. 그리고 그 뒤를 이은 그리스도교 주교들은 사도들의 사후에 피로써 계승한 교회의 지도자들로서 하느님 백성을 위한 신앙의 모범이 되어 계속 활동하였습니다.

초대 교황 사도 성 베드로를 이은 성 리노(2대 교황), 성 아나클레토(3대 교황), 성 클레멘스(4대 교황) 등이 대표적이며 모두들 순교하였습니다. 특히 성 클레멘스 교황 같은 분은 트라야누스 황제에 의해 크리미아로 귀양 보내졌는데, 그곳 광산 노동 죄수들에게 열렬한 설교를 하여 많은 개종자를 얻었으나 이로 인해 사형 언도를 받고 그의 목에 닻을 달고 바다 속에 던져졌다고 기록되어 있습니다.

이런 상황에도 불구하고 1세기 말 그리스도교인은 약 50만 명에 이르렀다고 하니 그 원동력은 우리와 함께 하시는 성령의 힘이었다고 확신합니다.

2) 2세기

2세기에도 박해는 계속되었습니다. 1세기말 도미티아누스 황제가 그리스도교인들이 자기에게 제물을 바치기를 거부하였다하여 극심한 박해를 가했습니다. 구약 경전을 읽고, 예수의 생애에 관한 이야기나 사도들의 편지에 관한 이야기를 나누고, 주님의 만찬을 기념하면서 예수께서 명하신 대로 성체를 영하는 행위들을 계속 오해하였으며, 또한 로마의 신을 섬기지 않고 황제 숭배를 거부하는 집단이라고 하여 계속 박해를 가했던 것입니다.

2세기의 시작과 함께 그리스도를 위해 생명을 바친 두 사람의 모범적인 주교로 스미르나 지방의 폴리카르포 주교(사도 성 요한의 제자)와 안티오키아 지방의 성 이냐시오 주교(사도 성 요한의 제자로 베드로에 의해 주교로 임명됨)가 있습니다. 그중 안티오키아의 성 이냐시오 주교는 맹수에게 던져지는 형의 선고를 받고 로마로 압송되어 가는 도중 여러 지역 교회에게 보내는 7통의 편지를 썼는데, 그중 1통은 성 폴리카르포 주교에게 보내졌습니다. 여기 로마 교회 교우들에게 보낸 편지를 간단히 소개하겠습니다.

"나는 모든 교회에 편지를 쓰면서 여러분이 방해만 하지 않으면 내가 하느님을 위해 기꺼이 죽으러 간다고 모두에게 알렸습니다.

나의 간청입니다. 불필요한 호의를 나에게 베풀지 마십시오. 나를 맹수의 먹이가 되게 버려 두십시오. 나는 그것을 통해서 하느님께 갈 수 있는 것입니다. 나는 하느님의 밀알입니다.

나는 맹수의 이빨에 갈려서 그리스도의 깨끗한 빵이 될 것입니다. 이 맹수라는 도구를 통해 내가 하느님께 봉헌된 희생 제물이 될 수 있도록 그리스도께 기도하십시오. 이 세상의 모든 쾌락도 지상의 모든 왕국도 나에게는 아무 소용이 없습니다….

입으로는 그리스도를 말하고 마음으로는 세속을 원하는 일이 없도록 하십시오…. 이제 썩어 없어질 음식이나 인생의 쾌락이 내 마음을 기쁘게 할 수 없습니다. 다윗의 자손이신 예수 그리스도의 살인 하느님의 빵을 먹고, 영원한 사랑이신 그분의 피를 마실것만 나는 바라고 있습니다.

나는 인생을 더 살고 싶지 않습니다. 여러분이 여기에 동의하면 내 원의는 이루어질 것입니다. 동의하십시오. 내가 육의 원의를 따라 이 편지를 쓰는 것이 아니라 하느님의 뜻을 따라 쓰는 것입니다. 내가 수난을 당한다면 여러분이 나에게 호의를 보인 것이고 수난에서 제외된다면 여러분이 나를 미워한 것입니다(로마인들에게 보낸 편지 중에서)."

또한 영웅적인 여인들의 훌륭한 이야기도 있습니다. 그리스도를 위해 목숨을 바친 성녀 페르페투아와 성녀 펠리차타스(Perpetua and Felicitas) 및 동료 4명의 순교자가 바로 그들입니다.

그들의 이야기는 전기로 내려오기에 다 소개할 필요는 없겠으나, 다만 그들은 순교하는 날 이렇게 외친 것을 기억합니다.

"너희가 우리를 심판하였으나 하느님은 너희를 심판하실 것이다"라고 하면서 "그리스도의 신부답게 하느님의 귀여운 자녀답게" 형장으로 나아갔습니다. 맹수들이 덤벼들자 그들은 서로를 붙잡고 의지하다가 한 사람씩 죽어 갔습니다. 이것이 곧 주님이 세우신 가톨릭 교회의 신도들의 순교 모습입니다.

그리고 2세기에 들어와서 교회의 지도층 구조가 확실한 형태를 갖추게 되고 그 형태는 오늘날의 가톨릭 교회에 이르기까지 변함 없이 내려오고 있습니다. 이는 곧 교회를 다스리시는 성령의 돌보심이라고 할 수 있습니다. 또 2세기 중 주교들은 잘못된 교설에 대한 대응도 해야 했습니다. 그리고 이때 가톨릭 교회의 신자 수는 약 200만에 이르게 되었습니다.

3) 3세기

3세기는 근본적으로 교회의 팽창과 더불어 그 조직과 신학적인 면에서 발전을 이룩한 세기였습니다.

4) 4세기

그 동안의 지독한 박해 속에서도 그리스도교인의 수가 약 500만에 이르게 됩니다.
그리고 기다리던 종교의 자유도 주어집니다(313년).

5) 5세기

이 시기는 희랍어를 사용하는 동방 제국과 라틴어를 사용하는 서방 제국이 결정적으로 분열되기 시작하는 시기였습니다.
성 아우구스티노도 이 시기에 계셨죠.

6) 6세기

교부들의 시대가 종언을 고하는 시기였습니다.
이 시기부터 서방 교회는 북쪽과 동쪽 그리고 남쪽에서 쳐 들어오는 부족들의 침입으로부터 살아 남기에 여념이 없던 시대입니다. 이때 베네딕토회 수도자들의 업적은 높이 평가됩니다. 즉 십자가(신앙), 책(문화), 쟁기(새로운 정착지의 발굴)를 든 이들은 옥스퍼드와 케임브리지를 합해 놓은 것보다 더 큰 역할을 했다고들 평할 정도입니다.

2. 중세 시대(600~1300년)

이 시기는 새로운 사람들과 부족들의 개종이 이루어지는 시기였습니다. 그리고 정치적인 소용돌이와 전쟁의 시기였고, 가톨릭 교회로서는 각 정부와의 올바른 관계를 유지하려는 투쟁의 시기라고도 말할 수 있습니다.

어떤 황제는 "교회를 위해 기도하는 것은 교황의 직분이지만 교회를 통치하는 것은 황제의 직분이다"라고 했는가 하면 어떤 교황은 "황제들의 사명은 로마 가톨릭 교회를 수호하는 것이지 교회를 통치하는 것은 아니다"라고 가르치기도 했습니다. 또 진정한 그리스도교의 가르침에서 벗어난 중대한 이단이나 왜곡 사상이 등장한 시기이기도 합니다.

종교개혁에 관하여

　교회의 구성원인 백성들이 균형 감각을 잃고 천상적 성격의 목표를 뒤로 하고 현세적 성격의 이익만을 추구하려 할 때 자연적인 현상으로라도 부패는 발생됩니다.
　실제로 교회 역사상 문란한 사회 풍조의 여세가 북유럽 일부 교회 성직계를 침범한 사실도 있었습니다. 특히 대부분의 왕들은 스스로 교회의 양들이라고 자처했지만, 그들은 교회보다는 그들의 영토와 권력과 부가 우선하는 사람들이었기 때문에 교황들은 각국 왕들로부터 정교 협약이나 불리한 조약 체결을 강요당해야했습니다.
　이 조약으로 각국 왕들은 교회를 조종하여 거대한 수입을 거두어들이는 데 몰두함은 물론 성직자 임명에도 간섭함으로써 부패를 가중시키게 되었습니다. 각국의 왕들이 자기 영토 안에서의 개혁은 값비싼 대가를 치르지 않고는 허용하려 들지 않는 경향에 교황들은 대처하지 않으면 안 되었습니다.
　한편 수입이 줄어든 교황들은 이들 세속 통치자들로부터 돈을 거두어들이기 위해 높은 세율의 교황세를 부과하였던 것입니다. 이것은 두말할 나위 없이 좋지 못한 선례였습니다. 이것은 오히려 각국 국왕들과 지방 제후들로 하여금 교회 및 수도원 재산에 침을 흘리게 만들었고 심지어는 자국 내에서 자칭 주교나 수도원장을 겸임하는 일까지 일어나게 되었던 것입니다. 이 같은 일들은 부패 사회에 더 큰 부패를 가져올 수밖에 없었습니다. 부재 지주 제도 등이 바로 그런 것입니다.

이런 상황에서 성 베드로 대성당 신축 공사에 필요한 모금을 위해 레오 10세 교황의 평범한 대사령 반포는 처음에는 대사 논쟁으로 시작했다가 나중에는 소위 종교 개혁으로까지 이어지게 되었습니다.

대사는 원래 세상에서 죄는 사해졌으나 그 보속을 다하지 못하고 죽은 사람의 잠벌을 탕감해주는 교회의 보고의 개방 또는 은전인데, 보통 선행이나 기도로 해 오던 것을 갑자기 헌금을 권유하는 데 대한 반발이었습니다. 그러나 실상 선행에 따라서는 돈이 수반되는 수가 많은 것도 사실입니다.

원래 대사령은 정당한 것인데, 이는 주 예수 그리스도께서 주신 매고 풀 수 있는 권한에도 속하거니와(마태 16, 19), 모세도 성소 장식을 위해 헌금을 요구하였고(출애 35, 4-5), 요시아 왕도 성전 보수를 위해 성전 수리비를 거두었으며(2역대 34, 9), 솔로몬 왕은 성전 봉헌식을 위해 황소 22,000마리, 양 12만 마리를 제물로 바친 적도 있습니다(2역대 7, 5).

그리고 이 대사령은 314년 이래 그 권한이 교황에게뿐 아니라 각 주교들에게도 허락되어 왔습니다. 또한 당시 대사령 세 번째 항을 보면 이렇게 쓰여져 있습니다.

"성 베드로 대성당 건축비로 응분의 헌금을 하는 것이 좋다" 다만 "하늘 나라는 가난한 사람이나 부자나 다 같이 갈 수 있도록 열려 있으므로 돈이 없는 사람들은 헌금 대신 기도와 대재(금식)로 대사를 얻을 수 있다"라고 반포하였습니다.

이 3항이 바로 '주여, 주여'라고 말만 잘하는 사람들에 의해 면죄부로 둔갑한 것입니다.

그런데 문제는 대사령 설교가 임명에 있어서 그 지역 알브레히트 대주교는 하필 루터 신부와 사이가 나쁜 도미니코 수도회의 테첼 신부를 임명하였는데, 당시 독일 내에서 가장 많은 독자를 가진 저술가인 동시에 웅변가로 그 명성이 높던 사람은 루터 신부였습니다. 테첼 신부의 임명은 루터를 따르던 많은 추종자들에게 큰 실망감을 안겨주었음은 물론 루터 신부 자신에게도 인간적인 울분과 그가 볼 때 자기보다 못한 테첼이 대사 설교가로 지명됨에 대한 냉소와 반감이 일어난 것은 이해할 만한 일이었습니다.

이에 루터 신부는 불같은 시기심과 불만으로 테첼 신부가 비텐베르크 부근에 이르렀을 때 그에 반항하여 비텐베르크 성당 문에 95개 조항으로 된 논문을 붙이도록 했습니다. 사실 이 같은 방법은 그 당시 신학자들이 자기 의사를 표현할 때 사용하던 관례화 된 방법이었습니다. 이에 질세라 테첼도 나름대로 106개 조항의 반박 논문을 성당 문에 붙이고 루터에게 대항하여 소위 대사 논쟁이 오랫동안 계속되었습니다.

원래 '대사'라는 말은 'Indulgence'라는 말에서 오는 '은혜', '관

대한 용서'라는 뜻일 뿐 면죄부 또는 속죄권이란 말은 오역(誤譯) 중에도 이만저만 오역이 아닌 것입니다. 그러나 그것보다는 일부 대사 설교가라는 사람들(특히 테첼 신부 같은 사람)중에는 지나친 실적만을 중요시한 나머지 탈선적 언변과 교리에도 없는 개인적 의견 등으로 군중을 선동함으로써 당시 교회에 적지 않은 피해를 끼쳤음은 물론 오늘날까지도 할말을 잃게 만들었으니 이것이야말로 루터에게는 테첼과 교회를 공격할 수 있는 좋은 계기와 도화선이 되었습니다.

대사에 관한 논쟁은 소위 종교개혁으로까지 치닫게 되었는데, 사실 루터는 교회 내에서 교황에게 순명하면서 실시하려던 개혁이 돌연 ①가톨릭 교회의 권위를 비난하고 ②교회의 모든 성사를 거부하고(세례 및 성체성사와 참회는 제외) ③독일의 그리스도인 왕들과 제후들에게 각기 자기 나라에 독자적인 국가 교회를 창설하도록 궐기시키게까지 된 것입니다.

그 이후 소위 종교개혁은 루터가 원하던 바와는 달리 후계자들에 의해 급진적으로 진리를 거스르는 데까지 이르게 되었습니다. 이것이 기폭제가 되어 대부분 독일 왕 및 제후들은 로마의 권위와 세금 부담에서 벗어나기를 원하던 차에 루터를 지지함은 물론 새로운 루터교회에 그들 자신의 주교를 임명하게 되었습니다.

그리고 한발 더 나아가 그 당시 일고 있던 인문주의에 매혹된 그 추종자들 중에는 수도원을 뛰쳐나가는 사람들이 생기는가 하면 점차 루터를 따라 성직의 엄숙성에 대한 이해가 결여된 성직자들도 생겨나게 되었습니다. 그리고 어떤 이유로든 당시 교회에 불평이 있던 사람들, 어려운 선행은 필요없고 오직 믿기만 하면 구원된다는 달콤한 선전에 비상한 매력을 느끼는 무리들, 교의야 어찌 되었든 독일인은 독일인의 그리스도교를 창설해야 한다는 국수주의적 충동에 날뛰던 자들, 오랫동안 간절히 바라던 교회의 혁신이 이제 곧 이루어진다는 속단으로 경거망동하던 자들이 그들의 뒤를 따랐음은 자명한 일이었습니다.

그러나 그 원인은 종교적이라기보다 정치적, 경제적인 것이었습니다. 이것은 제 의견이나 주장이 아니라 세계적으로 유명한 브리태니커 백과사전이 증언한 것입니다.

"종교개혁의 종교적 요소가 현대적 견지에서 과대 평가되어 왔다는 것은 거의 의심할 여지없는 사실이다. 독일 제후들이 루터주의를 강행시키는 데 있어서 그들의 이해관계를 발견하지 못했더라면 루터는 분명 신비주의의 한 지도자에 불과하였을 것이다"(Britanica Encycl V. p. 23. 4-11).

사실 한 수도자로서 그리고 한 인간으로서 마르틴 루터가 자신의 죄스러운 양심을 속죄나 자기 부정의 방법으로는 찾지 못해 그 나름대로 마음의 평화와 하느님을 올바로 찾아보려고 노력했던 일과 그만의 고뇌는 긍정적으로 이해할 만합니다. 그리고 그가 처음 마음먹었던 대로 교회를 떠나지 않고 옛날 아시시의 성 프란치스코나 성녀 데레사, 십자가의 성 요한처럼 온갖 난관을 극복하면서 교회를 쇄신할 수만 있었다면 하는 아쉬움과 함께 그가 영영 교회를 등진 데 대한 안타까움도 있습니다.

그가 23세 되던 1505년 7월 독일의 한 교외에서, 얼마 전 죽은 친구를 회상하며 현세의 무상함을 절감하면서 산책을 하고 있을 즈음, 갑자기 폭우가 쏟아지고 벼락이 치는 바람에 옆에 있던 친구마저 졸지에 저 세상으로 가는 것을 보고는 너무나 황급한 나머지 안나 성녀를 부르며 이번에 목숨을 구해주시면 수도원에 들어가 수도생활을 하겠다고 굳게 맹세하였습니다.

그 후 즉시 시작된 수련생활 끝에 드디어 1507년 하느님 대전에서와 모든 증인들 앞에서 청빈(가난함), 정결(평생 독신), 순명(그리스도의 복음적 권고에 따른 장상의 권위에 순종)의 삼대서원을 바치고 마침내 수도 신부가 되었습니다. 그리고 그 이후 그는 사적인 의화 체험도 하였으나, 얼마 후 파문을 당하게 됩니다. 그러나 그가 소위 진정한 종교개혁자라면 보이지 않는 하느님, 그가 오로지 부르짖고 믿는 하느님과의 약속만은 죽을 때까지 지켰어야 옳았다고 생각됩니다.

왜냐하면 **"야훼 하느님께 서원하거나 맹세코 자제하기로 서약했을 경우에 남자라면 누구나 자기가 한 말을 어기지 못한다. 제 입에서 나온 말을 낱낱이 지켜야 한다"**(민수 30, 3)는 말씀은 신약 시대에 들어왔다고 없어지는 말씀이 결코 아니며 또 하느님은 일개 죄 많은 피조물인 한 인간에 의해 이랬다저랬다하시는 분도 아니기 때문입니다(히브 13, 8).

그가 처음부터 교황을 반역하려는 것도 아니었고, 교회를 떠나려고 했던 것도 아닌 것은 확실한듯 합니다. 그러던 그가 과연 16세 연하의 환속 수녀와 결혼할 필요는 어디 있었으며, 그것도 파문당한 지 얼마 되지도 않아 결혼을 하였으니, 개혁자로서 자처한 그가 제일 급한 일이 이것이었습니까? 그처럼 조급하게 서둔 이유는 어디 있을까요?

"선행이 없이 신앙(믿음)만으로 구원을 얻는다"하는 주장은 **"넓은 길"**(마태 7, 13)을 마음대로 걸으려는 준비 공작이었다는 비판에 대해 무엇이라 답변할 것인지 무척 궁금하기만 하였습니다. 그러나 이에 관하여 그의 동료 에라스무스(1465~1536년)는 이렇게 답변을 대신했더군요.

"비극 같은 개혁 운동은 희극(결혼)으로 끝났다"라고요. 그것은 인간적인 나약으로 인한 희극으로 돌린다 해도 그가 한 일 중에는 희극보다는 비극적인 것이 너무나 많은 것 같습니다. 헤센 백작 필립을 17세의 처녀와 결혼시키기 위해 자녀를 7남매나 낳아준 그 백작의 조강지처와 비밀리에 이혼을 허락한 것 역시 비극이었습니다.

그보다 더 큰 비극은 원래 소위 면죄부 사건과 성직자들의 해이가 개혁의 대상이었으나, 천만 뜻밖에도 주님이 주시고 사도로부터 1,500여 년간 이어오던 진리와 교리와 성서의 훼손이라는 것은 영원히 씻지 못할 죄악이라고 생각됩니다. 그래서인지는 몰라도 오늘날 루터의 많은 제자들로부터도 "우리는 루터는 믿지 않고 다만 그가 발견한 복음을 믿는다"라는 말을 심심치 않게 듣고 있습니다.

또 그는 자기의 청빈(가난하게 삶) 서원을 깨뜨리면서까지 자기가 기도하고, 예배하던 수도원을 가족과 같이 개인 저택으로 사용했는데, 그곳에서 사는 동안 그의 동지와 제자들의 끊임없는 분쟁을 지켜 보면서 어둠에 싸인 가슴을 안고 64세의 일기로 세상을 마쳤습니다(1546년 6월 28일).

그에 관해 개신교 사학자 찰스 리어는 "루터의 반역 동기는 원인(遠因)이든 근인(近因)이든 모두 심령적인 것이라기보다는 아주 세속적인 것이었다. 그러므로 우리는 종교개혁에 부수되는 종교적 변화라는 것은 간과하여도 무방하다(무시해도 된다). 실상 종교개혁의 목적은 개혁에 있지는 않았기 때문이다"(Cambridge Modern History V. I. p. 653)라고 말했습니다.

할머니, **"열매를 보고 나무를 안다"**(마태 7, 18; 루가 6, 44)는 예수님의 말씀을 생각해 볼 때 아무리 개혁을 했다고 해도 그것은 사람의 일이고, 주님이 친히 세우시고 성령께서 이끄시는 지상의 보편적이고 참된 교회는 가톨릭 교회 하나밖에는 없다고 저는 확신합니다.

※ 장로교회

할머니와 제가 믿어왔던 장로교회에 대해서는 조금 더 자세하게 말씀드려야겠지요.

장로교회 창시자는 흔히 장 칼빈(1509~1546년)이라고들 합니다. 그러나 실제 교회 창립자는 스코틀랜드의 존 녹스(1509~1564년)입니다. 원래 칼빈은 프랑스 태생으로 파리에서 신학과 법률학을 수학한 후 갑자기 루터가 시작한 종교개혁으로 전환하였습니다. 그는 스위스 제네바에 정착하여 제네바의 권위와 교회의 권위를 통합시키면서 그중 교회의 권위를 우위에 두었습니다. 이 신정 정치 체제에서 칼빈은 중세 수도원을 방불케 하는 엄격하고도 금욕적인 그리스도교 삶의 모형을 만들어 냈습니다.

또 그는 성서에서 명백하게 표현되지 않은 모든 신앙 행위를 거부하고 하느님 말씀에만 신앙을 집중하라고 하면서 '운명 예정론'을 폈습니다.

그에 의하면 하느님께서는 시초부터 누가 구원되고 누가 저주를 받게 될 것인가를 미리 정해 놓으셨다는 학설을 주장함으로써 구원받기 위한 인간의 노력이나 공로의 여지를 남기지 않는 선행 무용론을 폈습니다. 또 그 주장대로라면 성서 한 권만 있으면 되고 주일에 사실상 예배당에 갈 필요도 없는 것입니다. 그러면서도 그는 교회를 단순하게 흰색으로 지었고 제대나 조각상, 그림, 오르간, 스테인드글래스는 일체 없애 버렸습니다.

그러나 성서 말씀 중에 "그날에 많은 사람이 나를 보고 주님, 주님 우리가 주님의 이름으로 예언을 하고 주님의 이름으로 마귀를 쫓아내고 또 주님의 이름으로 많은 기적을 행하지 않았습니까?"(마태 7, 22)라고 할 때 주님께서는 "악한 일을 일삼는 자들아 나에게서 물러가라. 나는 너희를 도무지 알지 못한다"(마태 7, 23)라고 하신 것은 예정론에 의해서가 아니라 분명 "똑똑히 들어라, 여기 있는 형제들 중 가장 보잘것없는 사람 하나에게 해주지 않은 것이 나에게 해주지 않았기"(마태 25, 45) 때문에 "그들은 영원히 벌받는 곳으로 쫓겨날 것"(마태 25, 46)이지 미리 쫓겨 나가기로 예정되어있는 것이 결코 아님을 아셔야 합니다.

아마도 할머니께서는 이런 교리까지는 미처 모르셨기에 반강제적으로 이 손자를 데리고 그 교회에 다니셨다는 생각이 듭니다. 하기야 그 당시 우리 고장에는 장로교 하나밖에 없었으니 어쩔 수 없었는지도 모릅니다.

어떻든 그 교회는 녹스가 전파하여 1560년 스코틀랜드에서 열린 총회에서 비로소 한 교파를 이루게 됩니다. 우리 나라에는 1884년 미국 북 장로교회의 의사 알렌에 의해 선교가 본격화되었고 1907년 독립적으로 '대한 예수교 장로회'가 창설되었습니다.

해방 후 신앙 및 신학 노선의 갈등과 지방색, 교권 등이 겹쳐 재건파, 고신파, 조선신학교(기장)파, 예장 통합파, 예장 합동파 등 53개 파로 분열이 되었습니다. 그러나 "예수 그리스도가 당신을 마음 속으로 올바로 믿는 사람들 모두에게 눈에는 보이지 않는 영성적인 현실로 교회를 세운다"는 그럴듯한 환상과 망상은 기어코 1인 1교파를 만들고야 말 추세에 있습니다.

할머니!

살아 계신 주님께서는 일치와 오직 하나되기를 원하십니다. 그리고 성령께서는 거룩하고 보편된 하나의 교회를 사도들을 통해 이어오고 있으며 직접 이끄십니다. 이 손자를 일찍이 그렇지 못한 교파와 결별시키고 이렇게 회심하도록 불러주신 주님께 감사와 찬미와 영광을 드립니다.

그리고 더욱 감사한 것은 장로교 친구들을 예전과 다름없이 사랑한다는 사실입니다. 장로교뿐 아니라 타교파 친구는 물론 타종파 사람들까지 사랑하고 있습니다. 사실 제가 개신교에 있을 때는 장로교 성도 이외의 사람들은 매우 싫어하고 또 미워했던 것이 사실이지요. 지금도 살아가다 보면 무엇을 싫어하거나 미워하는 일이 없을 수 없습니다.

아마도 지금 제가 가장 싫어하는 것은 '교파'라는 단어이며 또 가장 미워하는 것은 '교파 분열 행위'라고 생각합니다.

사도 바오로는 성서에 이렇게 기록하고 있습니다 "…**여러분은 저마다 '나는 바오로파다' '나는 아폴로파다' '나는 베드로파다' '나는 그리스도파다' 하며 떠들고 다닌다는 것입니다. 그렇다면 그리스도가 갈라졌다는 말입니까? 여러분을 위해 십자가에 달린 것이 바오로였습니까?**"(1고린 1, 12-13)라고요.

그러면 오늘 저는 모든 그리스도인들에게 묻고 싶습니다.

"우리를 위해 십자가에 달린 것이 루터입니까? 칼빈이나 녹스입니까? 아니면 헨리 8세(성공회)입니까? 그것도 아니라면 거기서 갈라진 요한 웨슬리(감리교)나 스미스 혹은 윌리엄스(영, 미 침례교)입니까? 모두 아니라면 침례교회에서 파문당한 밀러(재림교)나 웨슬리 정신을 이어받은 미국인 카우만(성결교)이나 엉뚱하게 '만국성서연구회'에서 이상한 교파를 만들어 낸 러셀이나 러더포드(여호와의 증인)입니까? 혹시 모든 외국인이 아니라면 국내의 문목사(통일교)나 강일순(증산교)씨이란 말입니까?"

대답은 우리 모두가 잘 아는 바대로 예수 그리스도 한 분 뿐 이십니다. 그런데 왜 350개 이상의 몸으로 갈라져야 합니까?

그리스도의 몸이 하나이듯이 우리 교회도 하나이어야 합니다.

성체성사(聖體聖事)

할머니, 성체성사를 말씀드리려다 보니 '성사'가 설명되어야 하고 또 성사로서의 '교회'가 이야기되어야 하며, 교회의 역사와 소위 종교개혁까지 설명하다가 매우 중요한 성체성사는 지금에야 설명됩니다.

성체성사란 주님께서 인류를 구원하기 위해 이 세상에 오셨다가 모든 공생활을 마치시고 십자가에 돌아가시기 전날 당신의 몸을 인류를 위한 단 한 번의 희생 제물로 성부께 바치셨습니다. 앞으로 이 세상 끝날까지 우리와 함께 계시기 위해, 즉 보이지 않는 또 다른 은총을 주시기 위해 보이는 그분의 몸(聖體)을 우리에게 주시는 표징(表徵)으로 직접 세우신 성사이며 우리 교회의 핵심 성사입니다.

그분이 이 세상에 오실 때에는 베들레헴 마구간이 그분을 모셔들였지만, 그분이 부활 승천하신 후 오늘날에는 각 교회의 제단이 그분을 모셔들입니다. 그분이 탄생하실 때는 조그마한 아기의 모습으로 그분의 신성(神性)을 감추셨으나, 이제 부활하신 그분께서는 성령의 힘으로 사제로부터 축성되어 거룩하게 변화된 몸, 즉 성체(聖

體)안에 실제로 계십(現存)니다.

  그분은 옛날 아브라함에게 직접 나타나시지 않고 환상으로 나타나셨고(창세 15, 1), 모세에게는 가시덤불의 타지 않는 불 속에 나타나셨듯이(출애 3, 3-5) 그분이 부활승천 하신 후에는 전능하신 힘으로 밀떡 속에 감추시어 우리에게 직접 나타나십니다. 그리고 그 힘은 성령이십니다.

  성서의 네 복음서(四福音書)를 읽어 보면 서로 보궐(補闕) 기록하였기 때문에 이 복음서에는 자세히 기록된 것이 저 복음서에는 간단히 기록되었거나 아주 빠져 있는 것도 있습니다. 그러나 이 성체성사에 관한 기록만큼은 네 복음사가가 모두 한결같이 세밀하게 기록하고 있으며 또한 성 바오로 사도는 더욱 풍부하고 자세하게 기록하고 있습니다.

  이것은 성체성사(聖體聖事)가 우리의 절대 신앙 곧 믿음을 요구하는것 이상으로 중요한 것이기 때문이기도 하지만 훗날 인간적인 척도로 하느님의 말씀을 감히 비판하고 반대하는 자들의 출현을 예견하였기 때문이라고도 생각합니다.

  주님께서 이 성체성사를 직접 세우신 말씀과 성서적 근거는 바로 이러합니다.

  "예수께서 빵을 들어 축복하시고 제자들에게 나누어 주시며 '받아먹어라. 이것은 내 몸이다', 또 잔을 들어 감사의 기도를 올리시고 그들에게 돌리시며 '너희는 모두 이 잔을 받아 마셔라. 이것은 나의 피다'"(마태 26, 26-27; 마르 14, 22-24; 루가 22, 17-20; 요한 13, 26-27; 1고린 11, 25-26)라는 말씀과 루가 복음서의

"**이것은 너희를 위하여 내어주는 내 몸이다. 나를 기념하여 이 예식을 행하여라**"(루가 22, 19; 1고린 11, 25-26)라는 말씀입니다.

그렇다면 성체 안에 예수님께서 실제로 계심(現存)을 다음 세 가지 측면에서 증명해 보겠습니다.

첫째, 성체에 관한 주님의 약속으로, 예수님께서는 보리떡 다섯 개와 물고기 두 마리로 오천 명을 먹이신 기적을 베푸신 그 이튿날(요한 6, 22) 그들에게 당신의 몸에 관하여 예언하셨습니다. 이는 장차 그 성사에는 오천 명만이 아니라 수천억 명 이상의 사람들이 참여해야 할 것이며 또 그 예(禮)는 언제 어디서든지 세상 끝 날까지 계속되어야 함을 가르치시기 위함에서였습니다.

"**나는 생명의 빵이다**(요한 6, 48)… **이 빵을 먹는 사람은 누구든지 영원히 살 것이다. 내가 줄 빵은 곧 내 살이다**"(요한 6, 51).

"**내 살은 참된 양식이며 내 피는 참된 음료이기 때문이다**"(요한 6, 55)라고 하신 말씀은 비유이거나 또는 어떤 상징이 아니라 바로 예수님께서 말씀하신 문자 그대로 그 빵이 곧 예수님의 몸이시라는 것입니다.

성서 자유 해석을 하는 사람을 위해 미리 말씀드려야겠군요. 통상 예수님께서는 어떤 말씀을 비유로 말씀하시고는 반드시 다른 말씀으로 더 쉽게 풀이하시어 그들(제자들)이 깨달을 수 있도록 설명하셨습니다. 그러나 매우 중요한 당신의 성체에 관한 말씀만큼은 그렇지가 않았습니다.

"이 사람이 어떻게 자기의 살을 우리에게 먹으라고 내어 줄 수 있단 말인가?"라는 유다인들에게는 오히려 강렬하신 어조로 "**정말 잘**

들어 두어라. 만일 너희가 사람의 아들의 살과 피를 마시지 않으면 너희 안에 생명을 간직하지 못할 것이다"(요한 6, 53)라고 반복해서 다시 말씀하셨습니다.

그뿐이 아닙니다. "이렇게 말씀이 어려워서야 누가 알아들을 수 있겠는가?"(요한 6, 60)라며 여러 제자들이 떠나자 당신 친히 택하신 사도들에게도 말씀하시기를 **"너희도 떠나가겠느냐?"**(요한 6, 66-67)고 오히려 반문하셨습니다. 비유라면 그렇게 직설적으로 말씀하시지는 않으시지요.

둘째, 예수님께서 직접 성체성사를 세우심에 관해 말씀드립니다.

예수님께서 성체성사를 직접 세우심에 관하여 마태오, 마르코, 루가 등 공관 복음에 거의 일치된 문자로 기록되어 있습니다.

성체성사는 유다교의 과월절 첫날 양을 잡는 날 저녁, 그러니까 예수님께서 잡히시기 전날 저녁 최후의 만찬 때에 예수님이 친히 세우셨다고 이미 말씀드렸습니다. 그리고 이는 뒤에 말씀드릴 미사 성제에서 더욱 자세히 설명을 올리겠습니다. 예수께서 빵을 들어 축복하시고 제자들에게 나누어주시며 **"'받아먹어라. 이것은 내 몸이다' 또 잔을 들어 감사의 기도를 올리시고 그들에게 돌리시며 '너희는 모두 이 잔을 받아 마셔라. 이것은 나의 피다'"**(마태 26, 26-28; 마르 14, 12-26)라고 말씀하셨고, 또 요한 복음 6장 48-56절에는 더욱 자세히 말씀하셨습니다. 루가 복음 22장 19절에는 위의 모든 말씀과 함께 **"이것은 너희를 위하여 내어 주는 내 몸이다. 나를 기념하여 이 예식을 행하여라"**라고 하셨습니다.

그러나 이 성체성사에 관해 마르틴 루터는 그대로 믿었으나(공존

설) 츠빙글리(Zwingli : 파문된 신부)는 스위스 취리히에 그의 교회를 세우면서 "이는 내 몸을 뜻한다"라고 해석하여 상징(비유)설을 주장하였고, 칼빈(Calvin)은 "주 예수께서 몸으로 임하시는 것이 아니고 영(靈)으로 임하신다"라고 엉뚱한 말을 하였으며, 칼슈타트 같은 사람은 아예 성체성사에 예수님께서 실재(實在)하심을 부정하였습니다. 이 같은 사람들은 **"하늘과 땅은 사라질지라도 내 말은 결코 사라지지 않을 것이다"**(마태 24, 35)라고 하신 예수님의 말씀을 전면 부정하는 사람들입니다.

다행히 요새 일부 개신교 교파 중에는 주일 성수 때 주님의 성찬예식을 행하고 있습니다. 그러나 그것이 실제로 예수님의 '몸과 피'라는 데 관해서는 부정적입니다.

주님을 믿는다고 하면서 오직 '믿음 믿음, 성경 성경' 하고 다니는 사람들이 예수님이 네 복음서에 또 고린토 전서에도 뚜렷이 하신 말씀을 부인하고 있으니, 도대체 그들은 어떤 성경과 어떤 복음을 믿는지 또 그 믿음은 과연 어떤 것인지 알 수가 없습니다. 아니 너무나 안타깝습니다.

이는 분명 주님의 계시진리를 어렵다고 배척하는 결과입니다. 또한 전능하신 하느님의 계시를 유한한 인간의 이성으로 가름해 보려는 오만입니다. 실지 행동으로는 믿지 않으면서도 입으로만 이를 믿는다고 한다면 이는 거짓입니다. 과연 가난한 베들레헴 마구간에서 강보에 싸여 울던 아기가 하느님이심을 우리는 모두 믿고 있지 않습니까?

이성을 초월하는 존재를 부정하는 소위 합리주의자들이 성체성사를 배척함은 어떤 면에서는 이해가 가지만 성서의 진리를 믿고 '오직 믿음'(Sola Fide)만 '오직 은혜'(Sola Gratia)만 '오직 성경'(Sola Scriptura)만을 외쳐 온 그리스도의 성도가 그리스도께서 직접하신 말씀을 부인하거나 이 진리를 배척하도록 달리 해석하고 있음은 도저히 이해할 수 없는 일입니다. 처음에 마르틴 루터도 이것을 믿었습니다. 결과적으로 이들은 주님께서 주신 '은혜'도 저버리고 '성서'도 저버리고 말로만 '믿음 믿음' 하고 소리지를 뿐입니다.

저는 다음 성서 말씀을 믿고 그 은혜에 감사하고 있습니다.

"내 살을 먹고 내 피를 마시는 사람은 영원한 생명을 누릴 것이며 내가 마지막 날에 그를 살릴 것이다"(요한 6, 54)

세번째는 성체를 받아 모심(영성체에 관한 것)에 대해서 입니다. 예수님께서 최후의 만찬 때 성체성사를 세우시고 사도들과 그 후계자들에게 명령하여 이 예절을 세상 끝날까지 계속 실행하라 하셨습니다.

"나를 기념하여 이 예식을 행하여라"(루가 22, 19). 주님의 이 명령을 사도들이 어떻게 받들어 지켰는지 살펴보면 성체교리에 대한 사도 전래의 진정한 신앙을 알 수 있을 것입니다. 과연 사도들이 다만 빵과 포도주를 축복하여 오늘날 개신교에서처럼 신자들에게 나누어 주기만 했는지, 아니면 그들이 문자 그대로 믿는 바대로 그 빵과 포도주를 실제로 예수님의 몸과 피로 축성하였는가를 보면 더욱 확실해질 것입니다.

마태오 복음이 쓰여진 지 약 18년 뒤에 성체성사에 관한 성 바오로 사도의 다음과 같은 편지가 고린토 신자들에게 전달되어 낭독되고 이 말씀이 신약성서에 수록되었습니다.

"우리(사제)가 감사를 드리면서 그 축복의 잔을 마시는 것은 우리가 그리스도의 피를 나누어 마시는 것이 아니겠습니까? 또 우리가 그 빵을 떼는 것은 그리스도의 몸을 나누어 먹는 것이 아니겠습니까? 빵은 하나이고 우리 모두가 그 한 덩어리의 빵을 나누어 먹는 사람들이니 비록 우리가 여럿이지만 모두 한 몸인 것입니다"(1고린 10, 16-17)라고 하셨고 또 "그러므로 여러분은 이 빵을 먹고 이 잔을 마실 때마다 주님의 죽으심을 선포하고 이것을 주님께서 다시 오실 때까지 하십시오. 그러니 올바른 마음가짐 없이 그 빵을 먹거나 주님의 잔을 마시는 사람은 주님의 몸과 피를 모독하는 죄를 범하는 것입니다"(1고린 11, 26-27)라고 말씀하셨습니다.

할머니, 할머니도 그러셨겠지만 저도 이 성서 구절을 수없이 읽었는데도 제가 개신교에 있을 때는 전혀 알아듣지 못했습니다. 만일 이 '빵'과 '포도주'가 다만 보통 빵과 포도주라면 그것을 좀 먹는다 해서 어찌 '독성죄'나 '중죄'가 되겠습니까?

가톨릭 교회에서는 주님의 성체를 영하기 전 대죄가 있는 사람은 반드시 '고해성사'를 받도록 가르치고 있습니다. 이는 **"각 사람은 자신을 살피고 나서 그 빵을 먹고 그 잔을 마셔야 합니다"**(1고린 11, 28)라는 성서 말씀을 지키기 위해서입니다.

옛 교부들도 성체성사에 관해서는 사도 성 바오로와 일치하는 신앙을 고백하였습니다.

1세기, 베드로 사도의 제자 성 이냐시오는 그노시스트라는 이단

파를 가리켜 "그들은 성체성사가 우리 구세주 예수 그리스도의 살임을 신앙하고 고백하지 않음으로 성체성사를 폐기하였다"라고 하였습니다.

2세기, 순교자 유스티노는 당시 로마 황제 안토니우스에게 호교서를 올려 "우리는 이것을 보통 빵과 포도주로 받지 아니하고 하느님의 말씀으로 우리 주 예수 그리스도의 살이 됨을 알고 받아 모십니다. 우리는 성체가 예수의 참 몸이요 참 피로 알고 받아 모십니다"라고 하였습니다.

3세기의 오리제네스는 "여러분이 그리스도와 함께 파스카 예를 행하러 가면(미사) 그분은 당신 몸인 축성한 빵을 여러분에게 주실 것이요, 또 당신 피를 여러분에게 주실 것입니다"라고 하였습니다.

4세기의 성 치릴로는 예비신자들을 가르칠 때 성체 교리에 관하여 "예수께서 친히 '이는 내 몸이다. 이는 내 피다'라고 하신 이상 누가 감히 의심할 수 있으며 아니라고 함부로 말할 수 있겠는가? 가나 혼인 잔칫집에서 물을 포도주가 되게 하신 것은 믿고, 포도주를 당신 피가 되게 하신 것은 어찌 믿지 못하겠느냐?"라고 하였습니다.

5세기의 성 아우구스티노는 새로 세례 받은 교우들에게 "여러분에게 성체교리에 대해 강론하기로 약속하였으나, 그 성체는 여러분이 지금 보기도 하고 또 간밤에 받아 모시기까지 한 것으로서 그것이 무엇인지 알아야 합니다. 여러분이 본 제대 위의 빵은 한번 하느님의 말씀으로 축성하여 그리스도의 몸이 되었고, 저 잔의 포도주는 한번 하느님의 말씀으로 축성하여 그리스도의 피가 된 것입니다"라고 하였습니다.

솔직히 "예수님은 그리스도이시다"라고 고백하는 이 지구상의 그리스도 교회치고 성체 안에 예수님께서 현존하심을 믿고 고백하지 않는 교회는 16세기에 예수님의 이름을 빌려 시작된 일부 개신교밖에는 없음을 분명히 아셔야 합니다.

약 1,000여 년 전 이미 갈라져 나간 그리스 정교회와 오늘날의 영국 감독 교회(성공회) 그리고 곱트 교회와 시리안 교회, 칼데안 교회와 아르메니안 교회 등 가톨릭 교회와는 아무런 연락이 없는 동방 교파들도 모두 성체 교리를 전통적으로 확신하여 오는 것을 보아도 이 오묘한 교리가 사도 전래의 진정한 신앙임이 분명한데도 개신 교회에서는 아직도 실행에 옮길 수 없으니 안타까울 뿐입니다. 제가 이 정도인데 우리 모두를 사랑하시어 십자가에 돌아가시기까지 한 주님께서야 오죽이나 답답하시겠습니까?

할머니, 주님께서는 이렇게 미리 말씀하셨습니다. **"나에게는 이 우리 안에 들어 있지 않는 다른 양들도 있다"**(요한 10, 16). 또 **"양들은 목자의 음성을 알아듣는다"**(요한 10, 3)라고 하셨습니다. 그런데 주님께서 성서에 몇 차례 **"이는 내 몸이다. 이는 내 피다"**라고 분명히 하신 음성을 그들은 아직은 알아듣지 못하고 있는 듯합니다. 이 말씀이야말로 '믿음'이 있어야 알아들을 수 있는 말씀입니다. 다만 주님께서 장차 **"그 양들도 데려올 때 그들도 내 음성을 알아듣고 마침내 한 떼가 되어 한 목자 아래 있게 될 것이다"**(요한 10, 16)라는 말씀이 머지않아 이루어지리라고 저는 믿습니다.

"남들은 하느님도 많고 주님도 많아서 소위 신이라는 것들이 하늘에도 있고 땅에도 있다고들 하지만 우리에게는 아버지가 되시는 하느님 한분이 계실 뿐"(1고린 8, 5)이기 때문에 그들 형제들과는 속히 하나가 되어야 한다고 저는 믿고 바라고 있습니다. 그리고 "빵은 하나이고 우리 모두가 그 한 덩어리의 빵을 나누어 먹는 사람들이니 비록 우리가 여럿이지만 모두 한 몸인 것입니다"(1고린 10, 17).

할머니, 오늘날 세상은 예수님께 감사할 줄을 모릅니다. 그것은 세상이 교만해서 보잘것없는 빵의 형상으로 나타나신 우주의 주인을 알아보지 못하기 때문입니다. 너무나 교만해서 영적인 눈이 먼 것입니다. 그들은 자신들이 설명하지 못하는 것은 무시합니다. 따라서 예수님은 특히 개혁적인 신학을 한다는 사람들과 주님을 입으로만 믿는 사람들에 의해서 가장 무시당하는 분이되셨습니다.

그러나 성체 안에서 예수님의 현존은 믿음을 통해서 우리에게 오십니다. 이것이 진정한 믿음이며 신앙의 신비입니다. 그래서 우리는 성체를 바라볼 때 하늘과 땅의 모든 사랑을 결합시킨 예수님의 인격적인 사랑을 오직 믿음으로 느낄 수가 있습니다. 우리는 예수님께서 우리에게 주신 모든 것 그리고 성체 안에서 당신 자신을 선물로 주신데 대해 감사드립니다.

미사성제

할머니!

위에서 말씀드린 '성체성사'는 '잔치'와 '제사' 그리고 '그리스도의 현존'이라는 세 가지 내용을 함께 내포하고 있습니다. 잔칫상은 기쁨과 만남의 장소입니다. 잔치에 초대되면 누구나 주인에게 감사한 마음을 갖게 됩니다. 하느님의 잔치에 초대된 우리는 하느님께 감사와 찬미의 기도를 올리며 동시에 축복의 노래를 부릅니다. 이것이 바로 미사입니다.

미사에는 크게 나누어 '말씀 전례'와 '성찬 전례'가 있으며, 이 두 부분은 서로 긴밀히 결합되어 하느님께 경배와 흠숭 행위를 이룹니다. 왜냐하면 미사에서 주님의 몸과 마찬가지로 하느님 말씀의 식탁이 차려지며 이 식탁에서부터 가르침과 음식이 신자들에게 제공되기 때문입니다.

할머니께서는 지상에 계실 때 열심히, 아니 너무도 열심하게 예배, 특히 설교 시간에 참석하셨다고 생각됩니다. 저도 역시 매 주일과 매 수요일(3일 예배), 매 금요일 예배에 빠지지 않았었지요. 그러나 그것은 가톨릭 교회의 미사성제 중 말씀 전례에 해당되기는 하나 근본적으로 미사 성제와는 전혀 다른 것입니다. 거기에는 제관과 제물, 즉 예수님의 몸과 피가 없기 때문입니다.

사도 성 바오로는 말씀하셨습니다. "**내가 여러분에게 전해 준 것은 주님께로부터 받은 것입니다. 곧 주님께서 잡히시던 날 밤에 빵을 손에 드시고… 이것은 너희들을 위하여 주는 내 몸이니 나를 기억하여 이 예를 행하여라… 또 식후 잔을 드시고… 이것은 내 피로 맺는 새로운 계약의 잔이니 마실 때마다 나를 기억하여 이 예를 행하여라**"(1고린 11, 23-25)라고 하였습니다.

주님과 그분의 복음은 어제도 오늘도 또 내일도 한결같습니다(히브 13, 8). 따라서 미사는 그리스도의 말씀(루가 22, 19; 1고린 11, 24-25)에 따라 최후의 만찬을 오늘 이 자리에 현존시키는 것이며, 사제의 축복으로 빵과 포도주가 성령에 의해 그리스도의 몸과 피가 되는 것입니다. 그러므로 미사는 교회가 하느님께 드리는 흠숭의 극치이며, 완전한 찬미와 감사와 속죄 은혜를 구하는 제사로서, 그리스도 신자 생활의 중심입니다.

천주교회에서는 사제가 없는 곳에서는 '공소'에서 공소 회장 또는 수도자 또는 평신도에 의해 개신교에서 하고 있는 것과 비슷한 말씀 전례(공소 예절)만 행하여집니다. 왜냐하면 성찬례를 거행하는 사제는 항상 성부 곁에서 우리를 위해 중재하시는 그리스도의 대리자가 되기 때문에(히브 7, 25; 9, 24) 사제 없이는 성찬례가 행해질 수 없기 때문입니다.

그리고 미사 성제는 주님의 명에 따라 거행되는 전례이기에 세계 어느 곳에서든지 비록 언어와 피부색은 달라도 전 세계 10억 5천만 가톨릭 신자들에 의해 똑 같은 예절과 똑 같은 절차에 따라 바쳐지고 있습니다. 사도로부터 이어오는 하나의 교회는 2,000년 동안 한결같습니다.

하지만 저는 아직까지도 그 어떤 누구에게서도 직접 '이 예(미사)는 이제부터는 행하지 않아도 된다. 그리고 이 빵과 포도주는 내 몸도 아니고 내 피도 아니며 오로지 내 몸과 피의 상징일 뿐이다. 그러니 그저 1년에 한 번 기념만 해라'라고 쓰여진 성서를 보지 못했으며 또 성령께서 누구에게든 그렇게 말씀하셨다는 이야기를 듣지 못하였습니다.

제가 개신교에 다닐 때 목회자들이 히브리서 9장 24-28절을 인용 "…그리스도께서는 단 한번… 인간의 죄 때문에 다시 희생 제물이 되시는 일이 없이…"라는 말을 곡해하여 '미사는 필요 없고… 미사 때마다 예수님은 매번 죽어야. 하나…?' 운운하시던 말씀이 지금도 기억납니다.

이 말씀은 구약의 사제직 예배와 예절로 추구하여서는 영생을 얻지 못한 바가 그리스도의 죽음과 부활 안에서는 현실로 이루어진다는 뜻입니다. 이를 위해 예수님께서는 **"이는 내 몸이다. 이는 내 피다"** 라고 하시면서 **"나를 기억하여 이 예를 행하라"** (루가 22, 19)고 하셨고 또한 이 말씀은 제자들에게 사제권을 주시어 세상 끝날까지 이 제사를 봉헌하도록 하셨습니다.

원래 인류가 있는 곳에는 제단이 있었고, 제사는 하느님 공경을 위한 최대의 종교 의식으로서 하느님의 권능에 승복한다는 뜻을 표현하는 공식 경신(敬神) 행위인 것입니다. 그리스도께서는 골고타산에서 육체적으로 죽으신 데 비해 최후 만찬 때는 빵과 포도주 속에 당신의 살과 피를 주심으로써 신비적인 죽음을 맞으셨습니다.

이 최후 만찬과 십자가상의 죽음으로서의 봉헌이 우리 신앙 안에 들어와 미사 성제를 세우신 것입니다. 즉 당신 제자들로 하여금 당신의 제사를 지속하도록 하셨으며, 주님의 권능으로 말미암아 미사 성제가 당신 제사의 재현이 된다는 확약을 주셨습니다. 즉 십자가상에서 그리스도께서 죽으실 때 피와 물이 나와 성체와 성혈을 이룸으로써 그리스도 죽음의 신비가 미사 성제 안에 재현되고 이것은 미사의 가장 중요한 부분을 이루었습니다. 이미 최후 만찬 때 당신은 미리 제자들에게 십자가상의 제사의 제물을 나누어 주신 것입니다.

미사도 희생이고, 그리스도께서 죽으심으로써 제헌하신 것도 희생이므로, 미사는 곧 희생제이면서 기념제이고 미사에 참석한 우리 모두로 하여금 당신 수난에 일치하여 공동으로 참여케 하는 것입니다. 이 미사 성제의 목적은 십자가상의 제사와 동일한 바 흠숭, 감사, 보속, 청원의 구원 제사입니다.

1. 구약의 파스카 제사와 신약의 파스카 미사

수난 전날 마련하신 이 잔칫상은 유다교 파스카 축제 전의 파스카 식사와 동일한 것입니다.

'파스카'라는 것은 과월, 즉 '뛰어넘어 지나가다'라는 뜻으로 성서에 과월절 축제에 관한 성서 말씀은 이러합니다.

"모세는 이스라엘의 장로들을 모두 불러다가 말하였다. 당신들은 집집마다 양 한 마리씩 끌어다가 과월절(파스카) 제물로 잡으시오. 우슬초 묶음을 가져다가 대야에 받은 피를 묻혀 문 상인방과 좌우 문설주에 바르시오. 아침까지 아무도 문밖으로 나가서는 안 되오. 야훼께서 에집트인들을 치며 지나가시다가 문 상인방과 좌우 문설주에 바른 피를 보시고는 그 문을 그냥 지나가시고 파괴자를 당신들의 집에 들여보내어 치게 하는 일이 없게 하실 것이오"(출애 12, 21-23).

또 "당신들 자녀들이 이것이 무슨 예식이냐 묻거든 과월절(파스카) 제사라고 일러주시오. 에집트인을 치실 때 에집트에 있는 이스라엘 백성들의 집을 그냥 지나가시어 우리 집을 건져 주신 야훼께 드리는 것이라고 일러주시오. 이 말씀을 듣고 백성은 엎드려 **예배를 드렸다**"(출애 12, 26-27)라는 말씀에 근거하고 있습니다. 때문에 구약 백성들은 지금도 과월절이 되면 양을 잡아 피를 내고 그 고기를 구워 먹고 있습니다.

주님께서 "내가 고난을 당하기 전에 너희와 이 과월절(파스카) **음식을 함께 나누려고 얼마나 별러 왔는지 모른다**"(루가 22, 15)라고 하신 말씀은 예수님께서 이미 인류 구원자로서의 우리 구원을 위한 애타는 목마름이었으며, 인류 구원을 위해 아버지께 바쳐지는 제물을 빵과 포도주로서 이를 축성하시어 미리 나누어주신 것입니다.

따라서 이 예식은 주님의 명에 따라(루가 22, 19) 성령의 이끄심으로 그리스도의 대리자인 사제들에 의해 세상 끝날까지(마태 28, 20) 이루어질 것입니다.

그러면 사제들이 그리스도의 지상 대리자라는 것을 부인하던 분들을 위해 그 성서적 근거를 말씀드려야겠습니다. **"그러므로 우리(사제)는 그리스도의 사절(Behalf or Ambassador)로서 그분을 대신하여 여러분에게 간곡히 부탁합니다"**(2고린 5, 20)라는 말씀 중 대리자, 특사 모두 해당됩니다.

어떤 목회자는 사도들이 사제가 아니라고 설교하시는데, 원서를 다시 소개해 보겠습니다.

사도 바오로 자신은 **"내가 이방인들을 위한 그리스도 예수의 일꾼으로서 하느님의 복음을 전하는 사제의 직무를 맡아 성령으로 거룩하게 된 이방인들을 하느님께서 기쁘게 받아 주실 제물이 되게 하는 것입니다"**(로마 15, 16)라는 말씀입니다.

우리는 이 미사 중에 주님과 일치하여 하느님의 신비적 제물이 됩니다. 그리고 이 미사는 현실의 역사 속에서 교회의 전례 시기에 따라 그 제의의 색깔도 달라지게 됩니다.

이 같은 파스카 식사는 하느님의 구원 업적을 다만 이스라엘 선조들에게 일으키신 역사적 사건으로만 여겨서는 안되며 구원 계약이 오늘에도 이루어지도록 잔치에 초대받은 식사 참석자들에게 선사되고 있음을 말하고 계십니다. 이와 같은 맥락 속에서 예수님께서는 **"하느님과 본질이 같으신 아들로서"**(필립 2, 6) 새로운 계약의 성사를 세우신 것입니다.

여기서 빵과 포도주는 인류를 구원하는 희생 제사의 몸과 피의 표지로 선택하셨습니다. 왜냐하면 빵과 포도주는 살아가는 도구이자 힘과 즐거움을 선사하며 식사를 통해 일치를 이루어 주기 때문입니다. 이 식사가 구원하시는 주님과 결합되고 하나가 되기 때문에 그리스도와 하나가 된다는 것은 성부의 뜻에 자신을 바치신 그분의 희생과 하나가 된다는 것을 의미합니다.

즉 이 음식을 받아 모시는 사람은 객관적으로 그리스도와 하나가 됩니다. 이날 세우신 예(禮, 미사 성제)는 그 설정의 원문(루가 복음, 고린토 전서)에 당신의 몸과 피의 이 식사를 앞으로도 변함없이 당신을 '기념하여' 거행하라시는 주님의 가르침으로 나타납니다.

그리고 그리스도 공동체가 이 예식(미사)을 위해 모이는 곳에는 항상 세상의 구원을 위해 스스로 자신을 바치신 주님의 '기억'과 '기념'이 이루어지기보다는 오히려 그분의 생생한 현존이 이루어집니다(마태 18, 20).

이 성찬의 예(미사)는 우리 삶의 정원 가운데 서 있는 새로운 낙원의 생명 나무입니다. 그런데 구약에서 낙원의 생명 나무는 따먹지 말아야 하고 심지어는 만지지도 말아야 한다고 되어 있었으나(창세 2, 9; 3, 3) 신약에 이르러 성찬례의 생명 나무 앞에는 어떠한 금지 팻말도 세워져 있지 않고 오히려 약속과 초대가 있을 뿐입니다. 다만 자기 자신을 살피고 나서 그분의 살을 먹고, 그분의 피를 마시는 사람은 영원한 생명을 얻고 그분(예수님)도 마지막 날에 그를(우리를) 다시 살릴 것입니다(요한 6, 54). 이 모든 것을 생각하는 사람에게는 이 잔치는 커다란 감사제가 되는 것입니다. 뿐만 아니라 흠숭과 보속과 청원과 구원의 제사이기도 합니다.

약 2세기 전 개신교파 전체 회합이 있었는데, 그때 그들은 가톨릭 교회의 제대의 장식과 분향과 제의 사용을 버려야 할 악습이라고 비난했으며 심지어 제대 자체까지 비난했습니다.

그런데 요즘 와서는 가톨릭의 전례를 좀 이해하는 것 같아 다행입니다. 영국 성공회에서는 태도를 바꾸어 제의 및 향로를 사용하고 있으며 꽃과 촛불로 제대를 장식함으로써 가톨릭 교회를 열심히 모방하고 있습니다. 그리고 다른 교파들도 설교대를 만들어 '산 제단'의 일부라 하고 있으며 교파마다 그들 나름대로의 제의 및 영대 비슷한 것을 하고 설교하는 것을 보았습니다.

그러나 아무리 그들이 그럴 듯한 제의를 입었다 해도 **"목소리는 과연 야곱의 목소리이나 손은 여전히 에사오의 손임"**(창세 27, 22)을 어쩌겠습니까? 그들도 주님이 직접 세우신 성체성사와 미사 성제에 승복함으로써 그들이 죽은 뒤 지상의 영대를 벗고 모든 충성된 사제들과 함께 같은 영대를 걸치고 종려나무 가지를 들고서 옥좌 앞에서 어린양에게 **"구원을 주시는 분은 옥좌에 앉아 계신 우리 하느님과 어린양이십니다"**(묵시 7, 10)라고 외치며 영원히 하느님 제단 앞에서 동락하기를 진심으로 기도 드릴뿐입니다.

2. 골고타(갈바리아) 십자가 제사와 미사

할머니, 십자가에서 바쳐진 그리스도의 인류 구원을 위한 희생 제사와 매일 사제의 손에 의해서 바쳐지는 미사 성제는 그 제단과 제물이 같으므로 본질적으로 똑 같은 제사입니다. 다만 십자가상 제사는 피 흘림의 제사임에 반해, 미사 성제는 주님의 명에 따라(루가 22, 19) 피 흐름이 없고 빵과 포도주의 제헌이라는 것과 또한 십자가 제헌은 그리스도가 직접 제헌하셨지만 제단에서는 그리스도께서 임명한 그리스도의 대리자인 사제의 손으로 세상 끝 날까지 봉헌된다는 것이 다른 점 입니다.

그 효과로 본다면 십자가의 제사는 단 한 번 바쳐짐으로써 인류 구원에 필요한 모든 구원의 공을 쌓아 놓으심에 반해 미사 성제는 십자가 성제로 쌓아 놓은 구원의 은혜를 그를 믿는 우리에게 전달해 준다는 것이 다를 뿐입니다.

예를 든다면 십자가의 성제가 방송국이라면 미사 성제는 수신기로서 그 스위치를 틀기만 하면 보거나 들을 수 있는 것과 같다고나 할까요? 미사의 은혜는 그것이 영적인 것이기에 여기에 참례해 보지 않고는 무어라 설명하기란 참으로 곤란합니다. 다만 말씀 전례에 해당하는 할머니의 주일 예배와는 비교 자체가 될 수 없다는 것만 말씀드리겠습니다.

할머니!

저는 예수님의 이름으로 사람이 세운 교회(장로교)에서 할머니와 여러 목사들이 가르쳐 주신 말씀 **"하나님이 세상을 이처럼 사랑하사 독생자를 주셨으니 이는 저를 믿는 자마다 멸망치 않고 영생을 얻게 하려 하심이니라"**(요한 3, 16)라는 말씀을 항상 외워 왔고 또 지금도 제 기억에서 사라지지 않고 있습니다.

그런데 '무엇을 어떻게 믿어야 하는지', '자기가 믿고 싶은 것만 믿어도 되는지'는 알길이 없습니다. 하느님은 한 분이시고 예수님께서는 거룩하고 높으신 하느님의 아들이시고 전능하신 분이라고만 믿으면 영생을 얻겠습니까?

저는 아니라고 생각합니다. 그것은 마귀들도 그렇게 믿고 무서워서 떨고 있기 때문입니다(마태 8, 29; 마르 5, 7; 루가 8, 28; 야고보 2, 9). 또 자기가 믿고 싶은 것만 믿어도 되겠습니까? 저는 그것도 안 된다고 생각합니다. 왜냐하면 '하느님 생각은 우리 인간들의 생각과 다르기 때문'입니다.

그렇다면 길은 오직 한 길밖에 없습니다. 우리의 생각으로는 도저히 받아들이기 어려울지라도 예수님께서 친히 말씀하신 바를 가감 없이 문자 그대로 믿는 길밖에 없다고 생각합니다. 이것이야말로 **"사랑으로 표현되는 믿음"**(갈라 5, 6)이며 이것만이 중요합니다.

고해성사(告解聖事)

할머니!

세상에는 자기가 의인이라고 믿고 생각하는 죄인과 자기가 죄인이라고 생각하고 스스로 통회하면서 사제 앞에 겸손되이 나아가 고백하는 의인들이 공존하고 있습니다. 고해성사만큼 저로 하여금 가톨릭 교회를 오해하게 하고 비방하게 만든 것도 없으며 또 이 고해성사만큼 주님께서 주신 마음의 평화와 은총이라고 느끼게 한 것도 또 없습니다.

이 모든 것은 일찍이 주님께서 인류의 붉은 죄를 당신 십자가의 공로로 눈같이 희게 해주시겠다는 약속에 따라 세우신 성사를 감히 사람이 교만하게도 이것을 없애 버린 데 기인합니다. 마치 마르틴 루터가 고해소에 무릎을 꿇고 오르다가 벌떡 일어난 것을 일종의 영웅시하면서 말입니다.

고해성사는 세례성사로써 받은 하느님의 생명을 죄로 말미암아 잃었을 때 인간의 회심과 하느님의 용서로써 이를 다시 회복시켜 주시는 예수님께서 직접 제정하신 화해와 치유의 성사입니다. 그러기에 고해성사를 화해의 성사라고도 합니다.

예수님께서는 이 세상에 우리의 죄를 사해 주시기 위해 오셨습니다. 예수님께서 인간의 육신의 질병만 기적으로 고치시고 영혼의 질병을 돌보지 않으셨다면 이는 '의사'일 뿐이지 '구세주'는 아니었을 것입니다.

"마리아가 아들을 나을 터이니 그 이름을 예수라 하여라. 예수는 자기 백성을 죄에서 구원하실 것이다"(마태 1, 21). 여기에서 보는 바와 같이 예수님의 최대 사명은 사람의 영혼을 죄의 사슬에서 해방시키는 데 있으며, 그 이름에서부터 이 진리의 중대성이 드러나고 있습니다.

그런데 예수님께서 지상 생활을 마치시고 승천하신 뒤 죄인인 우리가 어떠한 방법으로 사죄의 은혜를 받을 수 있을까 하는 것이 가장 큰 문제로 대두됩니다. 길은 두 가지이겠지요. 회개하는 죄인이 있을 때마다 예수께서 직접 그에게 나타나서 **"안심하여라 네가 죄를 용서받았다"**(마태 9, 2)라고 하시는 것과 다른 하나는 사죄의 특별한 목적을 위해 세우신 당신 대리자인 성직자들에게 사죄권을 일임하시는 것일 것입니다.

예수님께서는 회개하는 인간이 있을 때마다 그에게 죄를 용서해 주겠다고 약속하시지 않으셨습니다. 또 사죄 선언을 하기 위해 나타나신 적도 없으셨습니다. 다만 주님께서는 당신의 거룩한 이름으로 성직자들에게 사죄권을 맡겨 대행하도록 하는 계획을 세우셨음은 성서에 확실히 기록되어 있고 또 그렇게 하셨습니다. 이것은 구약 시대에든 신약 시대에든 전능하신 하느님께서 늘 보여주시던 모습입니다. 하느님께서는 언제든지 그 인자하신 계획의 실권을 인간인 대리자에게 맡기셨습니다.

이스라엘 백성을 에집트에서 구해 내실 때에도 하느님께서는 그 대업을 모세에게 맡기셨습니다. 그들이 파라오의 추격을 피해 홍해를 건널 때 바다를 갈라지게 한 것은 하느님께서 직접 하신 것이 아니라 모세에게 명령하여 그렇게 하셨습니다. 바위에서 물이 솟아날 때도 그랬습니다. 또 신약에서도 예수님이 승천하신 후 사도 바오로가 신자들을 박해하려고 다마스커스(다메섹)로 가다가 앞을 못 보게 되었을 때 하느님께서 직접 고쳐 주시거나 직접 그를 회개시키거나 직접 그에게 세례를 베풀지 않고 아나니아라는 제자를 보내어 눈을 뜨게 하고 세례를 베푸셨습니다.

할머니!

예수님께서는 고해성사를 세우실 때 다음과 같이 말씀하셨습니다. **"너희에게 평화가 있기를! 내 아버지께서 나를 보내신 것처럼 나도 너희를 보낸다"**(요한 20, 21)라고 하시면서 그들에게 숨을 내쉬며 **"성령을 받아라. 누구의 죄든지 너희가 용서해 주면 그들의 죄는 용서받을 것이고 용서해 주지 않으면 용서받지 못한 채 남아 있을 것이다"**(요한 20, 22-23)라고 하신 말씀은 고해성사를 직접 세우시며 하신 선포의 말씀입니다.

예수님께서 그저 해본 말씀이 아닙니다. 이 말씀을 또 달리 해석하려는 분들을 위해 사도 바오로는 미리 성서에 이렇게 기록하고 있습니다(이 말씀은 지난번에도 할머니께 알려 드린 바 있습니다).

"하느님께서는 그리스도를 내세워 우리를 당신과 화해하게 해주셨고 또 사람들을 당신과 화해시키는 임무를 우리에게 주셨습니다. 그러므로 우리는 그리스도의 사절로서 그분을 대신하여 여러분에게 간곡히 부탁합니다. 하느님과 화해하십시오. 이것은 결국 하느님께서 우리를 시켜 호소하는 말씀입니다"(2고린 5, 19-20)라고 하신 그 말씀 중에 우리라는 말은 곧 사도 바오로와 같은 사제, 즉 오늘날 성체성사와 고해성사를 거행할 수 있는 사제(신부, 주교)들입니다.

사도 바오로의 사제라는 말은(또 한 번 강조합니다만) 로마서 15장 16절 "내가 이방인들을 위한 그리스도 예수를 위한 일꾼으로서 하느님의 복음을 전하는 사제의 직무를 맡아 성령으로 거룩하게 된 이방인들을 하느님께 기쁘게 받아 주실 제물이 되게 하는 것입니다"라는 말씀에 분명히 나타나고 있습니다.

따라서 예수님께서는 은총의 샘이시고 성직자(신부, 주교)들은 이 은총의 생명수를 신자들의 영혼에 나누어 주는 물길인 것입니다. 또 예수님께서는 목자이시고 성직자들은 예수님께서 양떼를 부르실 때 사용하는 나팔이라 할 수 있습니다.

그리고 고해소에서 사죄경을 외우는 성직자들의 목소리는 예루살렘의 사도들을 정화하시던 성령의 소리의 반향인 것입니다. 아무리 주님의 말씀을 있는 그대로 설명해도 **"영적이 아닌 사람은 하느님의 성령께서 주신 것을 받아들이지 않는"**(1고린 2, 14) 법입니다.

죄인들이 사도들 앞에 나아가 죄를 고백하지 않고도 사죄의 은혜를 받을 수 있다면 사죄의 은혜를 베풀기 위한 자비의 보고 열쇠를 사도들에게 맡기실 필요가 어디 있었겠습니까? 사죄함의 은혜는 사도들과 그 후계자들의 사죄권 행사로 인해서만 받게 되는 것입니다.

'고해성사로 죄를 양산한다'는 제가 옛날 개신교에서 들었던 말은 제가 체험한 바로는 명백한 거짓말입니다. 사실 고해성사를 받고도 똑 같은 죄를 또 지을 수도 있습니다. 그러나 진정 주님을 믿고 죄를 미워하는 신자라면 또 다시 고해성사를 받기 싫어서라도 죄에 저항합니다. 좋은 이야기도 자주 하면 싫증나는데 같은 죄를 자꾸 고백한다면 인간적인 면에서도 못할 일입니다. 그리고 주님께서 세우신 이 성사에는 치유의 은총이 따르기 때문에 다시 범할 죄의 기회마저 멀리해 주십니다.

우리 나라 속담에 서울 가 본 사람과 가 보지 않은 사람이 언쟁을 하면 가 보지 않은 사람이 이긴다는 말이 있습니다. 저는 개신교에 있을 때 고해성사를 받아 보지도 못했으면서도 감히 이 성사를 헐뜯기만 했습니다.

고해성사를 받은 후의 느끼는 기쁨과 평화는 이 세상이 주는 기쁨과 평화가 아닙니다. 이 성사를 받아 보지 못하고서는 누구도 느낄 수 없는 그런 기쁨과 평화입니다.

그리고 어떤 죄를 짓고 나서 바로 고해소로 아무 준비 없이 들어가는 게 아니라 꼭 필요한 요소들이 있습니다.

첫째, 지은 모든 죄를 정확히 알아내고(성찰)

둘째, 진정으로 죄를 뉘우치며(통회)

셋째, 다시는 죄를 짓지 않기로 굳게 결심하고(정개)

넷째, 알아낸 죄를 겸손되이 숨김없이 고백하고(고백)

다섯째, 사제가 주는 보속을 실행해야 합니다(보속=기워 갚음).

위의 요소 중 한 가지라도 소홀히 할 바엔 차라리 믿지 않는 사람과 무엇이 다르겠습니까? 아마도 일부 사람들이 주장하는 말은 위의 요소 중 어느 한 가지라도 빠뜨린 극소수를 두고 전체로 오인한 말일 것입니다.

그리고 고백한 죄를 들은 사제는 이를 누구에게도 누설하지 못하도록 되어 있으며, 주님의 은총으로 지금까지 2000년간 단 한 번도 고해 비밀이 누설된 적이 없습니다. 물론 누설을 강요하는 권력에 맞서 용감하게 순교한 사제들은 역사적으로 많이 있지만 말입니다. 이것이 바로 주님께서 직접 고해성사를 세우시고 또 이를 보호해 주신 은총의 증거입니다.

여기 교부들의 증언을 간단하게 소개하겠습니다.

- *1세기의 「12사도 교리」*에는 "여러분의 죄를 고백한 다음 빵을 떼며 감사하십시오… 죄를 고백하십시오. 더러워진 양심으로 기도하지 말아야 합니다"(Didache c. iv;xiv).
- *3세기의 치프리아노*는 "형제 여러분 자기 죄를 고백하십시오. 사제로 인해 이루어지는 사죄와 보속은 하느님의 뜻에 맞는 것입니다".
- *성 아우구스티노*는 "인자하신 하느님께서는 우리가 후세에 치욕을 당하지 않게 하시려고 현세에서 죄를 고백하도록 마련하셨다… 누구든지 '나는 하느님께 직접 죄를 고백한다'든가 '하느님 앞에서 고백하겠다'는 등의 말을 하지 말아야 한다. 만일

그렇다면 '하늘의 열쇠를 교회에 맡기신다'는 말씀은 헛소리인가? 우리가 무엄하게도 복음서와 그리스도의 말씀을 마음대로 없애 버리겠다는 것인가?"(Hom xx. Semo cccxcii)

이렇게 고해성사는 예수 친히 세우신 성사로서 초대 교회 때부터 전래되어 온 은총의 성사인 것입니다.

예수님께서 교회를 세우실 때 **"너는 베드로다. 내가 이 반석 위에 내 교회를 세울 터인즉 죽음의 힘도 감히 그것을 누르지 못할 것이다"**(마태 16, 18)라고 말씀하셨습니다.

한데 예수님께서 성체성사를 세우시던 날 저녁 베드로의 발을 씻기시며 **"목욕을 한 사람은 온몸이 깨끗하니 발만 씻으면 그만이다. 너희도 그처럼 깨끗하다. 그러나 모두가 다 깨끗한 것은 아니다"**(요한 13, 10)라고 하신 말씀은 앞으로 고해성사의 사죄권을 받을 베드로와 동료 사도들에게 하신 말씀이기도 하지만 그 뒷부분(모두 다 깨끗한 것은 아니다)은 장차 이 고해성사를 배척하고 심지어 예수님이 직접 세우신 이 고해성사를 부인하는 '죽음의 힘'에게도 하신 말씀임을 명심해야 합니다.

우리에게는 죄가 없을 수 없습니다.

하지만 고해성사와 뉘우침 그리고 보속을 통해 세례 때 받았던 순결함으로 우리의 영혼을 회복시킬 수 있습니다. **"야훼께서 말씀하신다. 오라, 와서 나와 시비를 가리자. 너희 죄가 진홍같이 붉어도 눈과 같이 희어지며 너희 죄가 다홍같이 붉어도 양털같이 되리라"**(이사 1, 18). **"그러나 우리의 뉘우치는 마음과 겸손하게 된**

정신을 받아 주소서"(다니 3, 39).

우리 인류의 조상 아담과 하와는 단 한 번의 범죄로 낙원에서 쫓겨나는 원죄를 범했습니다. 또한 주님의 천사 루시퍼도 단 한 번의 범죄로 사탄이 되었습니다.

그러나 우리는 주님의 은혜로 주님께서 이룩하신 고해성사로 말미암아 두 번, 세 번 또 여러 번의 범죄를 용서받고 있으니 이 얼마나 감사한 일입니까? 죄 사함 받기 위해 혼자서 소리지르며 기도하며 땅만 친다고 되는 일은 결코 아니지요.

할머니,
이렇게 가톨릭에 회심하고 나서 보니 너무나도 많은 축복을 누리고 있음을 매일 느끼며 감사하고 있습니다.

성품성사(神品聖事)

할머니!

사도들은 주 예수님으로부터 권능을 받은 이들이고, 그 사도들의 후계자인 사제들은 사도들로부터 그 권능을 계승한 사람들입니다. 그 권능을 전수하는 것을 성품성사라고 합니다. 성품성사를 받아야 비로소 사제, 즉 신부가 되어 미사 성제, 성사 집행, 신자 교도의 권능과 자격을 가지게 됩니다.

성품성사는 주교(主敎)가 수여합니다. 성품성사 수여권을 행사할 수 있는 주교는 사제들 가운데서 교황으로부터 주교로 임명된 사람으로서 반드시 다른 주교로부터(대개 대주교 또는 추기경) 주교권 전승을 위한 성성식(成聖式)을 거친 주교만이 성품성사를 행할 수가 있습니다. 여기서 중요한 것은 신부나 주교가 되는 길은 오직 이 길밖에 없다는 것입니다.

신품의 권능은 오직 성품성사를 거쳐야만 전승되는 법입니다. 이것은 우리 주 예수님께서 몸소 제정하신 것으로서 교회 창립 이래의 전통적 제도입니다. 이 제도는 누구도 감히 손을 대지 못합니다.

"아버지께서 나를 세상에 보낸 것같이 나도 이 사람들을 세상에 보냈습니다"(마르 3, 13-14; 요한 15, 16; 요한 17, 18). 그리고 이 사람들인 사도들은 또한 그 후계자들에게 신품권을 주어 세상에 보냅니다.

"사도들은 신도들 가운데서 일곱 보조자를 뽑아…"(사도 6, 3-6) 부제로 삼으셨습니다. 바오로 사도도 디도와 디모테오를 자기의 계승자로 세웠으며(1디모 4, 14; 2디모 1, 6-7), 이들에게도 다른 적임자들을 뽑아 사제나 주교로 세우라고 분부하였습니다(디도 15; 1디모 5, 22). 그들은 **"양 우리에 들어가는 정당한 양의 목자들"** (요한 10, 1-2)입니다.

현재 가톨릭 교회의 어느 신부나 주교의 성품성사의 연원(淵源)을 소급하여 따라 올라간다면 끊임없이 이어져서 반드시 사도들에게까지 이르게 됩니다. 따라서 어떤 개신교의 목사에게도 사도 전래의 이 정통 신품권은 없을 수밖에 없습니다. 때문에 만일 어떤 목사가 성찬 예식을 집전한다 할지라도 예수의 몸과 피를 이룰 수는 없는 것입니다.

자연계의 엄연한 질서를 창조하시고 구약의 교회 안에도 정연한 질서를 세우신 하느님께서, 오직 당신 피로 세우신 신약의 교회에서만 아무나 목자라고 나서게 하고 신자들을 가르치고 다스리며 다른 목자를 임명하는 등의 무질서를 허락하실 리가 없습니다. 만일 그렇다면 **"양 우리에 들어갈 때에 문으로 들어가지 않고 딴 데로 넘어 들어가는 사람은 도둑이며 강도일 수밖에 없습니다"**(요한 10, 1).

이런 사람들은 **"내 이름을 팔아서 거짓말을 하였다. 나는 그런**

말을 한 적이 없다… 제 욕망에서 솟은 생각을 내 말이라고 전하는 것들이다"(예레 14, 14). 또 그들은 "하느님께서 보낸 적도 없는데 자기들이 뛰어 나간 자 들"(예레 23, 21)일 수밖에 없습니다.

클레멘스는 "그리스도는 하느님께로부터, 또 사도들은 그리스도로부터 파견되었다. 그러므로 사도들은 명령을 받고 나아가 복음을 전하며 신자들의 보조자와 주교들을 세웠다"(Ep. ad Corinth 1. n 42)라고 하였으며 그 밖의 교부들의 증언은 너무나 많이 있습니다.

어느 지역 교회가 신부나 주교의 갑작스러운 사망이나 순교 또는 뜻밖의 사유로 인해 목자를 잃었을 때, 평신도가 자의로든 신자 단체의 선정을 받아서건 간에 성무를 거행할 수는 절대 없는데 이것이 가톨릭 교회 2000년의 역사가 증명하는 것입니다.

신품 성직의 존엄성은 그 개인의 공덕에 있지 않고 오직 그가 맡은 직무의 신성성(神聖性)에 있습니다. 육안으로 보아서는 신품을 받은 사제도 보통 사람과 다를 바가 없지만 신앙의 눈으로 본다면 사제는 천사들보다 더 높은 지위에 있습니다. 사제들은 감히 천사들이 행사하지 못하는 권능을 행사하기 때문입니다. 천사들은 성체와 성혈 축성 특권은 물론 성체 분배권도 없습니다.

성 요한 크리소스토모(390년경)는 다음과 같이 말했습니다. "'나는 분명히 말한다. 너희가 무엇이든지 땅에서 매면 하늘에서도 매여 있을 것이며 땅에서 풀면 하늘에서도 풀려 있을 것이다'(마태 18, 18)라고 하신 그리스도의 엄숙한 말씀은 '천사나 대 천사에게 하신 말씀이 아니라 오직 신약의 사제들에게 하신 말씀이다'"라고 하였습니다.

그러나 하느님께 받은 사제의 권위는 자기를 높이기 위한 것이 아니라 오직 신자들의 영혼을 은총으로 기르기 위한 것입니다.

1. 사제의 독신 생활

사제는 그 양떼들을 성사(聖事)의 비옥한 목장으로 인도하는 목자입니다. 사제는 복음의 진리로 예수 그리스도 안에서 낳은 영적인 자녀들에게 생명의 양식을 나누어 주는 영적 아버지입니다(1고린 4, 15; 갈라 4, 19).

사제는 죄를 고백하는 회개자에게 죄사함을 선언하는 재판관이며 추악한 죄악의 질병으로 사경을 헤매는 영혼을 다시 살아나게 하는 의사입니다. 또한 구원의 진리를 설교하는 사람이자 모범적인 성직자이기에 그 직무를 온전히 수행하기 위해 가톨릭에서는 그 성직자(사제)에게 일생 독신으로 지내기를 엄명합니다. 사제들은 예수님을 따르고 그리스도의 지상 대리자로서 예수님께서도 동정을 칭찬하시고(마태 19, 11-12) 몸소 동정의 모범(독신)을 보이셨기 때문입니다.

묵시록 14장에 "…그 노래는 땅으로부터 구출된 십사만 사천 명 외에는 아무도 배울 수 없었습니다. 그들은 여자들과 더불어 몸을 더럽힌 일이 없는 사람들이며 숫총각들입니다. 그들은 어린양이 가는 곳이면 어디든지 따라다닙니다…"(묵시 14, 3-4)라고 하였습니다.

또한 예수님께서는 당신 제자가 되려면 먼저 자기를 버리고 십자가를 지고 따라오라고 하셨습니다(마르 8, 34). 십자가의 길을 부르짖는 성직자로서 부부간의 향락과 단란한 가정 생활의 감미로움을 즐겨 가면서 어떻게 **"모든 것을 버리고 주님을 따랐다"**(마태 19, 27)고 말할 수 있겠습니까?

교회를 위한 일의 업적으로도 가정이 있는 교역자는 가족 부양이라는 무거운 짐에 눌려 교회를 위해서 온 힘을 쏟을 수가 없습니다. 경제적인 측면에서도 가정이 있는 교역자의 생활비는 독신자보다 많이 드는 것은 물론이고 그 밖의 자녀 교육비 등 모든 생활비를 합해 보면 독신자의 생활비보다 몇 배나 됩니다. 따라서 어떤 개신교 목회자의 사모님은 부업으로 생활비를 보태기도 하고 심지어 외국의 어떤 목사는 장사를 하여 생활비에 보태는 것을 저는 보았습니다. 한 사람의 교역자의 경우도 이러한데 교회 전체를 비교 통산하면 엄청난 차이가 날 것이며 이 모두는 결국 신도들이 부담해야 함은 물론입니다.

예수님께서 독신 생활을 강요하신 것은 아니지만 위와 같은 말씀과 행동으로 이를 적극 권장하셨으므로 교회에서는 점차 성문화하기에 이르렀습니다. 초대 교회 때는 독신자 신자가 절대 부족한 관계로 결혼한 사람도 성직자를 맡아 볼 수 있었으나 한번 사제직에 서품된 후에는 별거하였습니다.

사제의 독신 생활들은 2세기의 성 이냐시오, 유스티노, 타치아노, 3세기의 테르툴리아노와 오리제네스, 4세기의 에우세비오와 치릴로 등의 서간 및 저서 등에 명확히 기록되어 있습니다.

2. 사제 독신 제도의 반대 이론

사제들의 독신에 대해 어떤 이는 **"자손을 낳고 번성하여…"**(창세 1, 28)라시는 하느님의 말씀에 위배된다고 하기도 합니다.

그러나 이 말씀은 인류 조상 아담에게 하신 명령이지 그 후의 억만인에게 일일이 명령하신 것은 아닙니다. 때문에 주님께서는 이 세상에 오셔서 독신에 관해 **"그것은 아무나 할 수 있는 일이 아니다… 또 하늘 나라를 위하여 스스로 결혼하지 않은 사람도 있다. 이 말을 받아들일 만한 사람은 받아 들여라"**(마태 19, 11-12)라고 하셨습니다.

우리 나라의 경우 첫 사제 성 김대건 안드레아 신부님(1845년 8월 17일 서품) 이래 150년간 서품된 총 사제 수는 우리 나라 개신교의 1년간 양성되는 목회자 수의 절반(½)도 훨씬 못 됩니다. 그만큼 어려우면서도 주님의 초자연적 은총이 있어야 합니다. 사제의 길은 주님을 위한 좁은 길임에 틀림없습니다.

또 혹자는 **"감독(주교)은… 한 여자만 아내로 가져야 하고…"**(1디모 3, 2)라는 말씀을 들어 주교는 반드시 결혼한 사람이어야 한다고 주장하기도 합니다. 이것은 성서 자유 해석자의 헛소리에 불과합니다.

사도 바오로 자신이 주교로서 평생 독신으로 지낸 사실로 보아도 그런 의미가 아니라는 것을 알 수 있으며, 다만 재혼한 사람은 주교에 서임될 수 없다는 말씀인 것입니다. 초대 교회 때는 교직이 부족하여 독신자 중에서뿐 아니라 결혼한 사람 가운데서도 주교를 선택하기도 하였으나, 사도 바오로는 오히려 평신도들에게마저 자기처럼 독신으로 사는 것이 좋다고 역설하고 있습니다(1고린 7, 32-35).

혹 어떤 이들은 **"훗날에⋯ 결혼을 금하고 어떤 음식을 못 먹게 합니다"**(1디모 4, 1-3)라는 성서 구절을 들어 반대 근거를 삼고 있으나 이는 그 당시 에비온파, 그노시스파, 마니교파의 이설(異說)에 대한 반박의 말입니다.

가톨릭 교회에서는 성직자뿐 아니라 현재 수십만이 훨씬 넘는 남녀 수도자들이 자기의 성화만을 위하지 않고 이웃을 위한 병원, 시료원, 요양원, 양로원, 고아원, 감화원 등엔 물론이요 각종 교육, 문화 전도, 구제 사업에 엄격한 수도 규칙을 지켜 가며 일생 독신 생활로 봉사하고 있습니다.

저는 개신교에서 영국 성공회의 극소수 수도원을 제외한 어떤 교파도 복음 사업을 위한 수도원이 있다는 말을 아직 듣지 못하고 있습니다. 가톨릭 교회는 독신 생활을 결코 강요하지 않고 오로지 각각 자유 의사에 맡길 뿐입니다. 이는 하느님의 초자연적 은총의 도움을 받은 사람이라야 가능하기 때문입니다.

이스라엘 백성이 시나이 산에서 하느님의 십계를 받기 전에 사흘 동안이나 몸과 마음을 깨끗이 하고 여자를 멀리하였다면(출애 19), 일생 동안 하느님의 십계를 강론하고 주님의 복음을 가르치는 성직에 있는 사제는 평생 여자를 멀리해야 할 것입니다.

여기 유명한 개신교 목사 톤다이크(Thorndyke)의 말을 인용해 봅니다. "바울(바오로) 사도는 비록 부부 사이일지라도 기도를 위하여 한동안 동침하지 말도록 권하였으나(1고린 7, 5) 지극히 거룩한 미사를 날마다 거행하는 사제들은 일생을 동정으로 지냄으로써 정결한 생활을 하는 것은 마땅하다"(Just Weights and Measures p 239)라고 하였습니다.

할머니! 멜기세덱의 사제 직분을 따라 영원한 대사제가 되신 우리 주님(히브 6, 20)께서는 당신 사제들을 참으로 사랑하십니다. 그분의 이 사랑의 계획 안에서 사제들은 더욱 중요한 부분이 됩니다.

"너희는 온 세상을 두루 다니며 모든 사람에게 복음을 선포하여라"(마르 16, 15)는 말씀을 하신 예수님께서는 매일 사제들을 통해 오십니다. 왜냐하면 오늘날 사제들의 말은 모든 언어와 모든 사람에게 구원을 주시는 그분의 복음 말씀의 반복인 까닭입니다.

"믿고 세례를 받는 사람은 구원을 받을 것이다"(마르 16, 16)라고 하신 예수님께서는 오늘도 사제들의 사제적 활동을 통해 오십니다. 그것이 우리의 구속자요, 구세주이신 그분께로 모든 사람을 데려가는 활동인 까닭입니다.

"너희는 나를 기념하여 이 예식을 행하여라"(루가 22, 19; 1고린 11, 24)라고 말씀하신 예수님께서는 온 세계에서 사제들에 의해 행해지는 사제들이 제관이 되는 "성찬 전례(미사)"를 통해 날마다 우리에게 오십니다. 이는 그분께서 골고타에서 이루신 희생 제사를 오늘날에도 새롭게 반복하는 것이니 세상의 모든 죄악을 그분의 성혈로 씻어 내기 위함입니다.

"누구의 죄든지 너희가 용서해 주면 그들의 죄는 용서를 받을 것이다"(요한 20, 23)라고 하신 예수님께서는 언제나 "사제들이 집전하는 화해의 성사(고해성사)"를 통해서 오십니다. 그것은 이 모든 죄인들로 하여금 그분의 '자비로우신 사랑의 집'으로 돌아오게 하는 성사이기 때문입니다.

"나는 세상 끝 날까지 언제나 너희와 함께 있겠다"(마태 28, 20)라고 하신 예수님께서는 사제들이 성직자로서 집전하는 모든 성사들을 통해 또한 그분의 항구적 현존의 빛을 반영해야 할 사제들 자신의 인격을 통해 우리에게 오십니다.

이 모든 것을 보면서 참으로 사제직이란 주님의 부르심에 응답한 사람들 중에서도 가장 큰 축복을 받은 주님이 선택하신 사람들의 몫이라고 저는 확신하고 있습니다.

좋은 사제는 좋은 신자들이 만든다고 합니다. 때문에 사제나 수도자들을 존경해야 하며 그들의 인간적 약점을 기도로써 보충해 주어야 합니다. 그리고 오늘날 사제들에게는 주님께서 이렇게 말씀하십니다.

"내 양들을 잘 돌보아라"(요한 21, 16).

사제들을 함부로 대해서는 안됩니다. 야훼의 눈에 들어 25세에 왕위에 올라 29년간을 다스린 유다왕 아마지아(2역대 25, 1)의 아들 우찌아왕도 52년간 다스리면서 야훼 보시기에 옳은 일을 하였으나(2역대 26, 3) 그가 사제들에게 화를 내려 하자 문둥병이 들린 것은(2역대 26, 19) 오늘의 우리는 더욱 깊은 교훈으로 삼아야 합니다.

할머니,
저는 사제들을 위해 매일 다음과 같은 기도를 드립니다. 그리고 이 기도는 저의 숨이 끊어지기 직전까지는 언제나 계속될 것입니다.

✝ 사제들을 위한 기도 ✝

영원한 사제이신 예수님,
주님을 본받으려는 사제들을 지켜 주시어
어느 누구도 감히 그들을 해치지 못하게 하소서.
주님의 영광스러운 사제직에 올라
날마다 주님의 성체와 성혈을 이루는 사제들을
언제나 깨끗하고 거룩하게 지켜 주소서.
주님의 뜨거운 사랑으로
사제들을 세속에 물들지 않도록 지켜 주소서.
사제들이 하는 모든 일에 강복하시어
은총의 풍부한 열매를 맺게 하시고
저희로 말미암아
세상에서는 그들이 더없는 기쁨과 위안을 얻고
천국에서는 찬란히 빛나는
영광을 누리게 하소서.
아멘.

또 여기에 더하여 특별히 아래와 같은 사사로운 기도를 드립니다.

십자가에 죽기까지 순명하신 주님,
사제들에게 순명의 정신을 깊이 넣어 주소서.
순명하는 마음 안에는
하느님의 놀라운 사랑과 능력이
가득하게 고인다는 사실을 깨닫게 하소서.
교황과
그와 결합하는 모든 주교들과 장상들의 명령과
교회의 모든 법규에 기꺼이 순명하는 사제가 되게 하소서.
그리고 그들로 하여금
순종하지 않는 사제의 말을 기꺼이 따르는
신자가 없다는 사실을 깊이 깨닫도록 여러 가지 경험으로
느끼면서 배우게 하소서.

모든 사제들이 겸손한 사제가 되게 하소서.
믿음, 소망, 사랑이 가득 차고
부지런히 기도하는 사제가 되게 하소서.
편견과 편애가 없는 가난한 사제가 되게 하소서.
책 읽고 공부하는 사제,
인내의 모범인 사제,
정결한 사제
그리고 날마다 반성하는 사제들이 되게 하소서.

순명의 정신과 언제나 중용의 길을 걸으며
정의의 사제들이 되게 하소서.
그들의 손과 발, 눈과 귀
그리고 입과 마음을 지켜 주소서.

하느님의 뜻을 온전히 따르신
우리 모범이신 동정 성모 마리아여,
단 한순간도 하느님의 뜻을 거역한 일이 없는 성모 마리아시여,
사제들을 위해 간곡히 빌어 주소서.
그들이 언제 어디서나 하느님 뜻을 기쁘게 따르는
사제들이 되도록 도와 주소서.

하느님의 뜻이라면
아무런 조건 없이 순종하신 순교자들이시여,
이 땅의 교회가 오늘날 이렇게 성장한 것도
오로지 순명의 정신으로
순교하신 조상들의 은덕임을 우리는 믿고 있습니다.
단 한 사람의 사제라도 서품 서약 때 서약한 순명을
어기지 않도록
특별한 전구와 꾸준한 기도로써 도와 주소서.

우리 주 예수 그리스도를 통하여 비나이다. 아멘.

✝ 수도자들을 위한 기도 ✝

세례성사의 은총을 더욱 풍부하게 열매 맺도록
자녀들을 수도자의 길로 부르시는 하느님,
수도자들을 통하여
끊임없이 하느님을 찾고
그리스도께 갈림없는 사랑을 드리고자 하는 봉헌의 삶이
교회의 시작부터 지금까지 지속되게 하셨음에 감사하나이다.

하느님,
수도자들이 성령께 온전히 귀기울여
복음의 증거자로서 정결과 가난과 순명의 삶을 살게 하시어
자유로이 그리스도를 따르고 더욱 그리스도를 닮아
세상의 구원을 위하여 기도하고 봉사하게 하소서.
우리 주 예수 그리스도를 통하여 비나이다.
아멘.

그리고 **"멜기세덱의 영원한 사제이신 예수님"**(히브 6, 20)께서는 사제들의 어머니를 통해 이렇게 말씀하고 계신다고 묵상됩니다.

" '하느님의 성교회'의 주교와 사제들아, 너희에게 맡겨진 가장 고귀한 재산인 영혼들에게 관심을 기울이는 길로 항상 걸어가거라. 오늘날 무력하고 온순한 어린양의 탈을 쓰고 자주 나타나는 사나운 이리(마태 7, 15)의 공격으로부터 그들을 보호하여라. 보아라! 얼

마나 혼란이 가중되고 있는지, 얼마나 어둠이 짙어지고 오류가 만연하며 죄가 넘쳐흐르고 있는지를! 너희에게 맡겨진 양들을 잘 돌보아라(요한 21, 15-17). 그들을 안전한 풀밭으로 인도하고 하느님의 말씀으로 길러라. 기도로 그들의 힘을 북돋아 주고, '화해의 성사'로 치유해 주며, '성찬의 빵'을 양식으로 주어라…."

"나를 바라보아라. 나는 하늘에 나타난 그 표징, **태양을 입은 여인**(묵시 12, 1)이다. 나는 '여인'과 '용', 나의 군대와 '하느님의 적'이 지휘하는 군대 사이의 전투의 큰 표징이다. 이 결정적 시기에 너희들은 내 티 없는 성심에 너희 자신을 봉헌하고 어린 아이로서 내게 의탁해다오.

그리고 원죄 없는 엄마의 기치(旗幟) 아래로 와서 싸워라. 그분 홀로 죄와 죽음을 이기신 '정복자'이며 우주 만물의 왕이신 예수 그리스도께서 하느님 나라를 다스리시도록 하기 위하여 이 엄마와 함께 싸워 나가자.

나는 사탄의 세력을 꺾고 주님께서 주신 내 사슬로 사탄을 묶어 죽음과 영원한 고통의 나라, 결코 빠져 나올 수 없는 그의 지옥의 나라로 가두어 버릴 것이다. 때문에 나는 승리의 표징인 여인이다.

주님의 명령에 따라 빛의 천사들이 내 승리의 군대인 너희 모두에게 '주님의 십자가' 인호를 박아 주었으니 죽음의 권세인 사탄도(마태 16, 18) 너희 앞에서는 무력할 뿐이다.

그러나 결코 악에게 틈을 주지 말아라(에페 4, 27). 나는 성무의 영원한 광채이신 예수 그리스도의 어머니가 되라시는 소명을 받았기에 **'달과 같이 아름답고 해와 같이 찬란하며'**(아가 6, 10) 주님께서 내게 맡기신 임무가 사탄을 쳐 이기는 것이기에 나는 '진을 친 군대같이 두려운 여인'(레지오 까떼나)이다.

그러니 너희는 안심하고 이 엄마에게 의탁하며 나와 함께 나의 무기인 로사리오로 원수와 과감히 싸워 나가자. '아들아 나는 너희들을 가장 사랑한다'".

성모님

성모님은 가브리엘 천사의 구세주 탄생 예고(루가 1, 26-28)에 "예"라고 답변하심으로써 당시 돌로 쳐죽임을 당할 수 있는 위험도 무릅쓰고 온전히 하느님 성부께 순명하셨으며(루가 1, 38)….

성모(聖母)님에 관하여

할머니!

지금까지의 진실을 모두 알고 나서도 저는 곧바로 성당에 찾아갈 수 없었습니다.

왜냐하면 개신교에서 들은 성모님에 관한 왜곡된 의문점이 풀리지 않았기 때문이었습니다. 이런 저에게 고마우신 주님께서는 그분 어머니에 관한 불필요한 오해와 의심을 말끔히 씻어 주시는 은혜를 베풀어 주셨습니다.

1. 동정녀 마리아를 성모님이라고 부르는 것과 그분을 공경하는 것이 과연 옳은가?

할머니!

예수님께서 사시던 곳과 활동하시던 곳을 성지(聖地)라고 한다면, 예수님을 성령으로 잉태하시고 열 달 동안 그분의 감실이었다가 예수님을 낳으신 어머니를 성모(聖母)라 부르는 것은 너무나 당연합니다.

성서에 나타난 마리아는 하느님의 뜻을 단순하고 완전한 신앙으로 받아들여 예수님의 어머니가 되실 것을 수락하셨고(루가 1, 38), 그렇게 하심으로써 신이요 인간이신 예수님을 우리에게 낳아 주셨습니다(루가 2, 7).

그 수락은 지금 생각하면 **"온 백성이 마리아를 복되다"**(루가 1, 48) 일컬어 영광스러운 일이겠으나, 그 당시는 처녀가 아이를 낳으면 돌로 쳐죽임을 당해야 하는 매우 어려운 희생을 감수해야 하는 것이었습니다. 그뿐만이 아닙니다. 마리아의 생애는 침묵 속에 숨겨져 있지만 인간을 그리스도께 다가가게 하시는 중요한 역할을 수행하셨음을 성서의 여러 곳에서 찾아볼 수 있습니다.

그러나 개신교에서는 웬일인지 마리아에 관한 한 부정적인 것이 사실입니다(특히 우리 한국 개신교회에서는 더욱 그렇습니다). 그러나 원래 성서에는 성모 마리아에 관한 한 대부분 우리의 구원과 관련되는 말씀들만 쓰여져 있지요.

구약에 예언되신 마리아(창세 3, 15; 이사 7, 14)는 우리 구원의 협조자로서 활약하셨고(루가 1, 30, 38), 십자가 아래서 사도 요한을 대표한 우리의 어머니도 되시며(요한 19, 26-27), 전 생애를 통해 볼 때 교회의 모범이신 마리아이십니다.

또한 우리가 예수님을 구세주로 받아들인다면 그분을 낳으신 마리아도 마땅히 공경해야 하는 것입니다. 그것은 너무나도 자연스럽고 당연한 일입니다. 아무리 훌륭하다고 하는 마르틴 루터나 칼빈

등 소위 종교 개혁자나 또는 매우 열심하고 주님으로부터 은사를 많이 받은 사람이 십자가에 못박히신 예수님을 생각하며 애통해하고 통곡한다 한들 당신의 아들을 십자가에 못박는 것을 직접 보시는 그의 어머니 마리아만큼 애통해 할 사람이 이 세상에 또 어디 있겠습니까?

그것도 모르면서 저는 개신교에 있을 때, 왜 그렇게도 그분을 헐뜯고 비방했었는지 지금 와서 생각해도 도저히 알 길이 없습니다. 아마도 두 분 할머니와 어머니께서 제가 무슨 큰 잘못이라도 할 때면 자주 쓰시던 말씀대로 제가 잠깐이나마 '마귀'에 씌었었나 봅니다. 그렇지 않고서야 어찌 감히 그런 일이 있을 수 있었겠습니까? 하기야 원래 무식한 녀석이 용감한 법이니까요….

지금은 무척 후회하면서 평생 통회하고 있습니다.

그리고 지금도 알 수 없는 일은 성서에 성모님에 관한 말씀이 너무나도 많이 쓰여져 있음에도 불구하고 개신교에서는 성탄 때에 마지못해 읽는 탄생의 성서 구절을 제외하고는 대부분 무시하거나 일부러 곡해하여 해석한다는 사실입니다. 예수님을 주님으로 고백하는 개신교(특히 한국) 신자들도 아래의 말씀은 널리 읽고 묵상해야 합니다.

- ■성모님은 가브리엘 천사의 구세주 탄생 예고(루가 1, 26-28)에 "예"라고 답변하심으로써 당시 돌로 쳐죽임을 당할 수 있는 위험도 무릅쓰고 온전히 하느님 성부께 순명하셨으며(루가 1, 38),

- 이 같은 동정 어머니의 순명과 협력은 성령으로 잉태되신(루가 1, 35) 예수님을 지상 삶에 태어나시게 하였고(마태 1, 18-25; 루가 2, 1-7),
- 성모님의 팔은 그분의 영광스러운 성전에서 그분을 봉헌함으로써 그분을 만민에게 '계시'의 빛으로 드러내셨으며(루가 2, 22-38), "예리한 칼에 찔리듯 아픈 마음을"(루가 2, 35) 한평생 맛보아야 했으며,
- 성모님의 엄마다운 사랑은 위험에 처해 있던 유년 시절의 그분을 날마다 보호하는 귀한 도움이 되었으니, 성모님이 지어 준 옷을 입고 더 어릴 때는 성모님의 품안에서 폭군 헤로데의 칼날을 피하였습니다(마태 2, 13-15).
- 성모님의 침묵은 예수님의 말씀이 꽃피는 정원이었으며(루가 2, 19) 한편 예수님은 부모에게 순종하며 살았습니다(루가 2, 51).
- 성모님의 확고한 믿음은 그분의 신적 중재를 재촉하여 그분 사명의 때를 앞당기셨으니(요한 2, 1-12), 우리의 성모님께 대한 전구의 근거가 바로 여기에 있습니다.
- 골고타에 오르시던 그분에게 힘이 되어 드린 것은 제자들마저 도망친 그 비통한 순간에도 어머님은 그분 가까이 계셨음이며(루가 23, 28),
- 십자가 아래에서 인류를 대신한 요한 사도와 함께 계심으로써 주님으로부터 요한을 대표한 우리 인류의 어머니임을 확인받으셨으며(요한 19, 25-27),
- 십자가에서 운명하신 뒤에는 다시 동정 어머니의 무릎 위에서

피를 씻기우시고 만민에게 드러내 보이셨습니다(루가 23, 53 : 피에타).

오직 '성경, 성경'만을 부르짖는 사람들이 이 같이 중요한 성서 말씀들은 애써 의식적으로 외면하면서도 그 어머니를 헐뜯고 비방한다면, 옛날 저처럼 크게 후회할 것이며 이 세상에서 참회의 기회가 주어지지 못할 경우 저 세상에서는 반드시 크게 **"가슴을 치며 통곡할 것"**(마태 24, 51)입니다.

혹자는 성모 마리아 공경이 지나치면 하느님의 질투와 노여움을 일으킨다는 말도 하지만 이는 당치도 않은 유치한 소리일 뿐입니다. 사람도 자기 자녀를 질투할 아비가 없습니다.

또 자기 재능으로 설계하고 세운 대성전을 매우 아름답다고 감탄하는 사람을 보고 질투하고 노여워할 건축가가 세상에 어디 있겠습니까? 그렇다면 살아 있는 성전이신 마리아는 대건축가이신 하느님의 걸작품이 아닙니까? 성모님께서 지니신 모든 것은 다 자비로우신 예수님으로부터 오는 것입니다.

또한 성모 마리아를 경애하고, 공경하며, 찬미하는 것은 곧 그의 아들 예수님께 대한 지극한 애정과 충성의 표현이며 주 예수님의 탄생과 구속의 은혜를 영원히 기념하려는 데 있는 것입니다.

그런 분을 공경하지 않고 또 누구를 공경해야 한단 말입니까?

2. 마리아는 평생 동정녀이십니다.

저는 개신교에서 마리아는 예수님을 낳으실 때만 동정녀라고 배워 왔고 그분들은 지금도 그렇게 가르치고 있으나 이것은 완전히 잘못된 것입니다.

이들은 우선 성서에 **"요셉은 주의 천사가 일러준 대로 마리아를 아내로 맞아들였다. 그러나 아들을 낳기까지 동침하지 않고"**(마태 1, 25)라는 구절을 들어 마리아에게 예수님 말고 또 다른 자녀들이 있는 양 추측하거나 또 다른 성서구절(마태 12, 46)을 들어 이를 단정해 버립니다.

먼저 마태오 복음 1장 25절에 나오는 '까지'라는 한정사는 결코 마리아와 요셉과의 정결한 동거 상태가 예수님 탄생까지만 계속되고 그후에는 변경되었다는 말이 아닙니다. 다만 이사야 예언자의 **"처녀가 잉태하여 아들을 낳고"**(이사야 7, 14)라는 예언이 적중되었음을 명시하는 말씀일 뿐입니다.

이는 개신교 신학자 후커(Hooker)도 마태오 복음의 '까지'를 곡해하여 성모 마리아의 존엄성과 동정성을 욕되게 함을 통탄하면서 "어떤 일이 어떤 사건이 발생될 때까지 존재하지 아니하였다고 하여 그 후에 필연적으로 존재하였다는 의미는 아니다"라고 하였습니다(Book V ch xiv).

성서의 다른 곳에 보면, **"사울의 딸 미갈은 죽는 날까지 자식을 낳지 못하였다"**(2사무 6, 23)라는 말이 있으나 이는 미갈이 죽은 뒤에는 자식을 두었다는 말이 아니며, **"주 하느님께서 내 주님께

하신 말씀, 내가 네 원수를 네 발아래 굴복시킬 때까지 너는 내 오른편에 앉아 있어라"(시편 110, 1; 마르 12, 36)라는 말씀은 그 원수들을 정복한 뒤에도 늘 하느님 오른편에 앉아 계신다는 사실을 두고 하시는 말씀입니다(마태 22, 44; 마르 12, 36; 루가 20, 43).

다음은 예수님을 마리아의 '맏아들'이라고 했으니 필경 다른 자녀가 있다고 이야기합니다. 그러나 이것도 반드시 그런 것은 아닙니다. 유다 풍속에는 처음 태어난 아들을 그 후 다른 자녀가 있든지 없든지 간에 '맏아들'이라고 불렀습니다. 하느님께 봉헌하는 법이 있었으므로(출애 13, 2; 34, 19) 외아들보다 맏아들이란 법률적 용어를 쓰게 된 것입니다.

우리 주 예수님은 '독생 성자', 즉 외아들이시지만(요한 1, 14-18) 히브리서에는 **"하느님께서 당신의 맏아들을 세상에 보내실 때"**(히브 1, 6)라고 기록되어 있는데, 이는 하느님의 둘째·셋째 아들이 있다는 것은 아닙니다. 또 구약 시대에 하느님이 택하신 백성은 '이스라엘'뿐이었지만 **"이스라엘은 나의 맏아들이다"**(출애 4, 22)라고 하시었습니다.

또 성서에는 분명히 '예수님의 형제'라는 말이 있어 마리아에게 또 다른 자녀들이 있다는 말은 성서를 깊이 또 자세히 그리고 신중히 읽지 못한 데서 오는 추측과 잘못된 자유 해석에서 오는 오해입니다. 성서에 '예수님의 형제'라는 말씀은 마태오 12장 46절, 13장 55절, 마르코 6장 3절, 요한 2장 12절, 7장 3-5절, 사도행전 1장 14절, 갈라디아 1장 19절, 고린토 전서 9장 5절 등에 나오고 있습니다.

그런데 예수님의 형제라는 야고보, 요셉, 시몬 유다 등은 자세히 읽어보면, 성모 마리아가 낳은 자식이 아니라 다른 마리아가 낳은 자식임을 알 수 있습니다. 개신교에서는 성서의 기초가 되고 초기 그리스도의 살아있는 역사라고도 할 수 있는 성전(聖傳)을 내버렸으니 부득이 이를 성서로 증명할 수밖에 없겠군요.

성 마태오는 십자가 밑의 여인들은 **"그 중에는 막달라 여자 마리아와 다른 마리아…"**(마태 27, 56)라고 기록하였고, 성 마르코는 **"그들 가운데 막달라 여자 마리아, 작은 야고보와 요셉의 어머니 마리아…"**(마르 15, 40)라고 기록하고 있는바, 바로 이 마리아가 야고보와 요셉을 낳은 다른 마리아입니다.

좀더 설명한다면 성 요한은 **"예수의 십자가 밑에는 그 어머니와 이모와 글레오파의 아내 마리아와 막달라 마리아가 서 있었다"** (요한 19, 25)고 분명하게 기록하고 있습니다. 여기서 글레오파는 알패오라고도 불리는 사람인데, 이는 마태오가 레위로, 시몬이 베드로로, 사울이 바오로로 불리는 경우와 꼭 같습니다.

그런데 예수님의 아우라는 야고보는 알패오의 아들 야고보(마태 10, 3; 마르 3, 18; 루가 6, 15)요, 타대오(마태 10,3)는 야고보의 아우(마태 13, 55; 루가 6, 16; 사도 1, 13)이므로 이 야고보 형제의 아버지는 성 요셉이 아니라 알패오라는 것을 알 수 있으며 또 그들의 어머니는 성모 마리아가 아니고 다른 마리아, 즉 알패오라고 하는 글레오파의 아내인 마리아임을 알 수가 있는 것입니다.

또 이 마리아는 성모님의 아우인즉 예수와 야고보, 타대오는 예수님의 외가 쪽 4촌 형제인 것이며 이 같은 사실은 기원후 1500년까지는 아무런 의심 없이 믿고 내려오던 평범한 사실이었습니다.

우리 한국에서도 6촌, 8촌, 고종, 이종끼리 서로 형님, 동생하는 칭호를 쓰고 있습니다. 만일 이것을 보고 즉시 친형제 사이라고 속단하는 이가 있다면 그야말로 그는 한국의 실정을 모르는 사람이거나 마치 요새 일본이 그들의 역사 교과서를 왜곡(歪曲)하듯이 남의 족보마저 왜곡하는 사람들일 것입니다. 그리고 이스라엘도 우리와 비슷한 실정임은 온 세계가 다 아는 사실입니다.

또 성서에는 이 '형제'라는 말이 더 넓은 의미에서 쓰여지고 있음을 우리는 찾아볼 수 있습니다. 친척을 형제라 부르기도 하고(욥기 19, 13) 숙질간, 당숙·당질간, 이숙·생질간에도 형제하고 부르기도 했습니다. 또 형제라는 말은 레위기 10장 4절, 창세기 11장 27-31절, 13장 8절 등에서 볼 수 있는데 우리 한국어판 개신교 성서에는 이를 모두 '골육', '친족', '조카' 또는 '생질'이라고 옮겨 놓았으나 원전에는 모두 '형제'라고 기록되어 있습니다.

할머니!

가톨릭 교회에서는 동정 생활을 매우 귀중하게 평가합니다. 십 수 세기를 거쳐 오면서 교회 안에는 수많은 동정 남녀들이 있어 왔고 지금도 있으며 또한 수많은 동정 부부도 있어 왔습니다.

우리 나라에서도 신유박해 때(1801년) 전주에서 동정 부부로 치명 하신 전주 이씨 가문의 이순이(누갈다)와 유항검의 아들 유중철(요한) 부부가 그 좋은 예이며 이들의 무덤은 1914년 전주에 있는 치명자산으로 이장되어 우리 신앙 선조들의 발자취를 찾는 국내의 순례지로 정해졌습니다. 그리고 이것은 조선왕조실록(순조대왕 실록)에도 기록되어 있습니다.

  할머니, 예수님 탄생 전후 시대의 환경으로서는 나이 든 처녀가 동정 생활을 하는 것은 매우 위험했으며 아니 거의 불가능했습니다. 따라서 그 뜻을 같이하는 사람과의 생활이 안전했던 것입니다. 성모 마리아와 성 요셉도 이런 동정 동거 생활이었습니다.

  이는 예수 그리스도가 사생아 대우를 받지 않게 하기 위함이요, 성모 마리아가 부정한 여자로 몰리어 율법의 제재, 즉 돌로 쳐죽임을 받지 않게 하기 위함이었습니다. 그리고 성모 마리아의 평생 동정은 초대 교회 때부터 일치하여 인정되어 오던 바입니다.

  성 야고보 사도로부터 전해 오는 기도문에는 "우리 지극히 영화로우신 평생 동정이신 천주의 성모 마리아"라고 쓰여져 있습니다 (Bibliotheca Max Patrumt 2 p. 3). 또, 이미 4세기 성 에피파니오는 말하기를 "동정 성모 마리아라는 이름은 불변의 이름이다. 성모는 영원히 동정으로 계셨다"라고 하였습니다.

  그리고 만일 평생 동정이심을 부인하는 분들의 주장대로라면 30대 초반인 예수님에게 누이들과 친동생들이 그렇게 많고 또 믿지 않는 동생들도 있고, 심지어 열두 제자 중에도 둘씩이나 있었다(야고보, 마태오)는데 왜 하필 나이가 가장 어렸다고 알려진 친척도 아닌 사도 요한에게, 당신 어머니를 그것도 십자가 위에서 마지막 유언으로 맡기셨으며 그 제자는 왜 자기 집에 모셨겠습니까?

  어느 모로 보든지 성모 마리아는 평생 동정을 지킬 수밖에 없으셨습니다.

  성부의 최대의 사업, 즉 성자를 낳고 기르시는 거룩한 일을 맡길 여자는 가장 온전한 **"은총을 가득히 받은… 모든 여인들 가운데 가장 복된 이"**(루가 1, 28)라야 함은 너무도 당연한 일입니다. 만일 반대자들의 말처럼 성부의 아들 예수님을 낳으신 후 한 평범한 여자로 돌아갔다 합시다. 그렇다면 전능하신 하느님께서 이를 미리 모르셨을 리도 없고 또 아시고서도 당신 아들의 어머니로 택하셨을 리도 없는 것입니다.

우리(인간)도 어느 성덕 높은 분을 의형제(義兄弟)로 삼으려 할 때 만일 그가 머지않아 범부(凡夫)로 전락할 것을 미리 안다면 아예 그와 결의를 하지도 않을 것입니다.

가브리엘 천사 앞에서 엄숙히 동정을 밝히신 성모 마리아로서는 허원(許願)한 그의 동정을 파기한다는 것은 상상조차 못할 일이며, 하느님의 특별한 은총으로 보존된 그 동정을 헌신짝처럼 버렸을 리도 만무한 것입니다. 그리고 지금도 **"지극히 높으신 분의 힘(성령)을 감싸"**(루가 1, 35) 정결을 보전하여 주신 마리아의 속화(俗化) 주장은 곧 하느님과 외아들이 존엄성을 모독하는 것이요, 성령을 모독하는 무서운 일이 아닐 수 없는 것입니다.

3. 복되신 동정 마리아는 원죄에 물듦이 없이 태어나셨습니다.

할머니!

이런 말씀은 너무나 생소한, 아니 어쩌면 처음 들어 보시는 말씀일지도 모르겠습니다.

인간의 죄에는 원래 원죄와 본죄가 있습니다.

원죄는 최초 아담과 하와가 하느님을 거슬러 지은 죄로서 그 이후 모든 인간은 태어날 때부터 원죄에 물들어 태어나게 됩니다. 그리고 태어난 이후 짓는 죄를 본죄라 하는데, 원죄와 본죄는 우리가 성부와 성자와 성령의 이름으로 세례를 받음으로써 깨끗이 사하여지고 그 이후 짓는 본죄는 고해성사나 고해성사를 받을 수 없는 경우 통회(상등)로써 사해질 수가 있습니다.

그런데 복되신 동정 마리아는 잉태되실 그 순간부터 전능하신 하느님의 특별한 은총으로 또 인류의 구세주 예수 그리스도의 공덕으로 말미암아 털끝만치도 원죄에 물들지 않고 보전되셨다는 의미입니다. 성모님은 예정되어 있기에 우리와 달리 매우 특별한 방법으로 미리 구속되셨다는 것으로 해석될 수 있습니다. 때문에 우리는 그분에게 상경지례를 드립니다.

성모의 원죄 없이 잉태되심은 창조, 구원, 성화의 구세사적 과정을 통해서 보아야 하는 것입니다.

성부께서는 자신의 넘치는 사랑을 나누시고자 우주 만물을 창조하시고 그 존재 속에 당신의 본질인 선성(善性)을 부여하셨습니다. 그러나 첫 인간인 아담과 하와는 범죄와 그들의 자유 의지 남용으로 암흑과 죄의 권세 속에 빠지게 되었고 여기에서 뱀인 마귀에 대한 하느님 아버지의 징벌이 선언됩니다.

"나는 너를 여자와 원수가 되게 하리라. 네 후손을 여자의 후손과 원수가 되게 하리라. 너는 그 발꿈치를 물려고 하다가 도리어 여자의 후손에게 머리를 밟히리라"(창세 3, 15). 이 말씀에 등장하는 여인은 성모마리아요, 그 후손(아들)은 구세주 예수 그리스도이시며 독사 뱀은 마귀(사탄)입니다. 이것은 제 주장이 아니요, 고금의 성서학자들(개신교 포함)의 일치된 해석입니다.

한편 사랑의 하느님께서는 첫 인간의 범죄(원죄)로 인해 죄악의 권세 속에 헤매고 있는 인간을 온전히 구원하시고자 **"때가 찼을 때 하느님께서 당신의 아들을 보내시어 여자의 몸에서 나게 하시고 율법의 지배를 받게 하시어 율법의 지배를 받고 사는 사람들을 구원해내시고 또 우리에게 당신 자녀가 되는 자격을 얻게 하셨습니다"**(갈라 4, 4-5).

마귀는 예수님께도 성모님께도 모두 원수입니다. 그 원수 관계는 절대적이요, 영구적 성질의 것입니다. 그런즉 성모님께서 혹시 잠시라도 원죄에 물들었다면 이는 곧 성모님께서 마귀의 종이 되셨다는 말이 됩니다(더불어 뱃속의 예수님까지도).

범죄와 구속에서 볼 때 창조 이래 인간의 범죄의 장면에는 '아담'과 '하와' 그리고 '마귀' 세 주역이 등장합니다. 또 한편 인류 구속 사업의 장면에는 성 바오로 사도가 말씀하신 제2의 아담인 '구세주 예수'와 제2의 하와이신 '성모 마리아' 그리고 '대 천사 가브리엘'의 세 주역이 등장합니다(루가 1, 26-27).

그런데 제2의 아담 예수님은 첫 번째 아담에 비해 무한히 초월하시고, 대천사 가브리엘은 악신 마귀에 비해 그리고 성모님은 하와에 비해 훨씬 탁월하십니다. 그런데도 성모 마리아가 원죄에 물들어 잉태되셨다면 성모님은 하와에 비해 훨씬 비천하실 것입니다. 왜냐하면 하와는 적어도 창조 당시(아담, 하와)에는 원죄가 없는 존재였기 때문입니다. 살인자 카인의 어머니 하와가 주 예수 그리스도의 모친 마리아보다 우월하다고 어찌 상상이나 할 수 있겠습니까?

한없이 정결하신 하느님께서 비록 한순간일망정 사탄의 노예가 되었던 여인을 어머니로 삼는다는 것은 곧바로 하느님에 대한 모독인 것입니다. 창조주께서 인류 구원을 위해 그의 아들을 인간으로 태어나게 하심에 있어 그의 어머니 마리아를 미리 원죄에 물듦이 없이 만들었다고 해서 죄 많은 인간이 왈가왈부할 일은 아닌 것입니다.

공식 예절에 쓰이는 기도문은 가장 권위 있는 경전입니다. 그중에도 성 야고보 사도로부터 유래하는 전문(典文)에 성모님께 대해 "지극히 거룩하시고 무구(無垢, Immaculata)하시고, 지극히 영화로우신 평생 동정이신 천주의 성모 마리아"(Biblitheca Max Patrum t 2 p. 3)라는 구절이 있습니다.

또 마로나이트 전문(典文)에는 "우리 거룩하시고 찬양하올 무구(無垢)의 여인"이라고 불렀으며 성 바실리오의 알렉산드리아 전문(典文)에도 성모를 "지극히 거룩하시고 지극히 영화로우시고 무구(無垢)하신이"라고 하였습니다. 성모의 무구(無垢)는 곧 성모의 원죄에 물들지 않으심으로 이해한 말이며 이는 초대 교회 이래 확고하고 불변한 이해입니다.

너무나 오랫동안 어머니 없는 교회에서 외로이 헤매던 저에게 어머니를 찾아 주시고 그분의 손을 꼭 잡고 안심하고 주님께로 가까이 나아가게 해주신 하느님께 그저 감사할 따름입니다.

4. 그렇다면 성모 마리아께 기원함은 옳은 일인가?

　물론 옳은 일입니다. 가톨릭 교회에서는 성모 마리아를 공경할 뿐만 아니라 성모 마리아의 전구(轉求)를 요청하며 기도합니다. 이것은 사도 신경 '모든 성인의 통공을 믿으며'에서 말씀드린 바 그대로입니다.

　유다 지방 가나라는 작은 마을 잔치의 술이 떨어지는 것까지 염려하시는 성모 마리아께, 우리의 영혼 사정을 위한 전구와 우리 육신의 사정마저 대신 기도해 주실 것을 부탁하는 것은 너무나 자연스러운 일이며 옳은 일입니다. 개신교 신자들도 어려운 일이 있을 때 목사나 장로 또는 열심한 신자 분들에게 기도를 부탁하여 서로 도울 수 있거늘, 즉 죄인인 우리도 하느님께 기도함으로써 서로 도울 수 있거늘, 모태에서부터 천사들의 노래 가운데 싸여 영광스러운 승천 시까지 한결같이 결백하신 성모 마리아에게 기도를 부탁하지 못할 이유가 어디 있으며 또 그 기도의 힘은 우리보다 얼마나 더욱 크시겠습니까?

　예수님께서는 사도들에게 **"내 아버지께서 나에게 왕권을 주신 것처럼 나도 너희에게 왕권을 주겠다. 너희는 내 나라에서 내 식탁에 앉아 먹고 마시며 옥좌에 앉아 이스라엘 열두 지파를 심판하게 될 것이다"**(루가 22, 29-30)라고 말씀하셨고 또 사도 바오로도 **"우리가 천사들까지도 심판하실 것을 모르십니까?"**(1고린 6, 3)라고 하셨습니다.

　만약 사도들이 하느님의 권위를 손상하지 않으면서 하늘 나라에서 주님과 같이 식탁에 앉을 수 있다면, 가브리엘 대천사의 말씀대로 '은총이 충만하신 마리아'인 성모님께서 어찌 하느님의 권위를 조금도 침범하지 않으시면서 그의 아들들인 우리의 대언(代言)자로서 주님 앞에 서지 못하겠습니까? 사도들이 예수님의 심판권을 조금도 침범하지 않으면서도 이스라엘 열두 지파를 심판하는 무서운 권위를 지니셨다면 어찌 주님의 어머니이신 성모 마리아께서 아들의 지존하신 대언(代言)권을 조금도 손상하지 않으시면서 대언자 노릇을 할 수 없겠습니까? 심판관의 직권은 대언자의 직권보다도 더 큰 것입니다.

제자인 사도들이 심판권을 갖는 것에는 놀라지 않으면서도 그의 어머니이신 성모 마리아가 대언권을 갖는 것에는 시비를 걸려 한다면 이는 큰 모순이 아닐 수 없는 것입니다. **"여인이 자기의 젖먹이를 어찌 잊으랴"**(이사 49, 15). 비록 성모님께서 하늘 나라의 영복 속에 계실지라도 당신 아들을 따르는 우리를 어찌 잊을 수 있으며, 우리를 위해 전구해 주심은 매우 당연하고 자연스러운 일이라고 저는 확신합니다. 또한 이것이 2000년 동안 사도 전래로 이어오는 성교회의 확고한 믿음이기도 합니다.

비록 가톨릭 신자가 아닌 유명한 시인 애드거 알렌 포오도 하늘의 성모님께 기도 드리기를 꺼리지 않았습니다.

성모님은 우리와 함께 기도하시기를 좋아하시며, 우리가 선과 사랑과 성덕의 길을 걷는 데 필요한 모든 은총을 청하는 전구의 어머니이십니다.

평생 동정이신 어머니는 죄 중에 있는 그분의 자녀들이 회개로 마음이 변화되어 주님께로 돌아오게 하는 은총을 얻어 주시고, 온갖 고통과 병든 그분의 자녀들을 위해서는 모든 고통의 의미를 깨달아 그것을 유순히 받아들이며 사랑으로 봉헌토록 도우십니다. '주님의 뜻'에 대한 자녀다운 신뢰와 순종으로 스스로의 십자가를 지게 하는 은총을 얻어 주시며, 그분의 선량한 자녀들을 위해서는 선에 항구하는 선물을 얻어 주십니다. 그분의 모성적 임무는 또 지금도 세상에서 자행되는 엄청난 악에 대해 보상을 바치는 임무입니다.

거룩한 미사가 봉헌될 때마다 그분 자신도 제관과 일치하여 하느님 아버지께 당신 아들의 보배로운 피를 바쳐 드립니다. 그분 아들 예수님의 피만이 세상을 뒤덮고 있는 온갖 죄악과 증오와 불순결과 불의를 전부 씻어낼 수 있기 때문입니다. 그래서 어머니는 우리의 여정에서 거두어들인 모든 고통을 날마다 '그리스도의 피'에 결합시키십니다. 그분은 죽음에 다다른 이들의 고통, 가난한 이들과 소외된 이들의 고통, 작은 이들의 고통, 억압당하고 박해받는 이들의 고통과 병자들, 특히 위중한 불치병에 걸린 병자들의 고통도 예수님의 피에 결합시키십니다.

실제로 성모 마리아께 도움을 청하여 얻어진 역사적 사건을 한 가지만 간단히 소개하겠습니다.

중세 십자군 시대의 일로서 막강한 터키의 이슬람군은 비엔나를 포위 공격하면서 그리스도교국 전체를 침략, 파괴하려 위협하였습니다. 숫적으로나 화력(무기)으로나 이슬람의 승리를 확신하고 있을 때 허약한 그리스도교측 군대는 오로지 성모님께 도움의 기도를 청했으며 군기(軍旗)에 마리아의 이름을 써서 소리 높여 외치고 있었습니다. 드디어 그분의 전구에 힘입어 주님께서는 그리스도교 세계를 이슬람의 파괴로부터 기적적으로 구하시고 승리를 허락하셨습니다. 따라서 교회는 이날을 기념하기 위하여 매년 9월 12일을 '마리아의 성명(聖名) 축일'로 제정하고 오늘날까지 그날을 축제 분위기 속에서 그분의 전구와 이를 허락하신 하느님께 감사의 제사를 성대하게 드리고 있습니다.

또한 오늘날 동구 공산권의 몰락은 1917년 포루투갈의 파티마에서 발현하신 성모님의 요청에 의한 온 세계 신자들의 기도의 응답임은 그분을 공경하는 모든 신자들은 너무도 잘 알고 있는 현실입니다.

할머니, 저는 할머니께서 존경하던 목회자들께 아래와 같이 말씀드리고 싶습니다.

존경하는 목회자 여러분, 여러분은 스스로를 하느님의 종이라고 부르며 사역에 종사하고 계십니다. 그러시다면 이제 이렇게 주님을 찬양해 보십시오.

"야훼여, 이 몸은 당신의 종이옵니다. 당신 여종의 아들인 당신의 이 종을 사슬에서 풀어 주셨사옵니다"(시편 116, 16)라고요.

회심

"지금 사납게 날뛰고 있는 내 원수가 얼마나 너를 속이며 유혹하고 있는지 결국 그는 너를 가로막아 내 아들 예수님과 내가 있는 곳으로 오지 못하도록 하고 있다. 그리고 지금은 거짓 그리스도와 거짓 예언자들이 많은 시대여서 숱한 영혼들을 멸망으로 끌어가고 있다. 그러나 두려움에 사로잡히지 말아라. 나의 모성적 임무는 내 성자 예수님 대전에 너를 위해 날마다 바치는 전구의 의무이며 주의 깊고, 근심 깊은 엄마로서 너로 하여금 선과 사랑과 성덕의 길을 걷는 데 필요한 모든 은총을 청하는 것이다. 어서 성당을 찾아가거라. 두려워하지 말아라. 아무 것도 염려하지 말아라. 원죄 없는 너의 엄마가 이토록 너의 곁에 있지 않느냐?"

회심(回心)

할머니!
 아주 오래전, 어느 날 오후 저는 뒷동산에 올라 멀리 바라다보이는 성당 위에 높이 세워진 성모상을 향해 꿇어앉아 성호를 그으면서 가톨릭으로 회심할 것을 굳게 결심하고 성모 마리아께 도움을 청하였습니다.
 감격에 찬 눈으로 정말 오랜만에 하늘을 쳐다보았지요. 파란 하늘은 저를 지켜 주시는 어머니의 천상 망토 같았고, 황홀하도록 아름다운 흰색의 솜털 구름은 어머니께서 저를 감싸 주시고자 하시는 지극히 순결한 어머니의 드레스의 빛깔같이 보였습니다. 그리고 미풍을 타고 천상의 어머니 말씀이 들려 오는 듯하였습니다.
 "아들아, 어서 성당을 찾아가거라.
 지금 사납게 날뛰고 있는 내 원수가 얼마나 너를 속이며 유혹하고 있는지 결국 그는 너를 가로막아 내 아들 예수님과 내가 있는 곳으로 오지 못하도록 하고 있다. 그리고 지금은 거짓 그리스도와 거짓 예언자들이 많은 시대여서 숱한 영혼들을 멸망으로 끌어가고 있다. 그러나 두려움에 사로잡히지 말아라. 나의 모성적 임무는 내 성자 예수님 대전에 너를 위해 날마다 바치는 전구의 의무이며 주의 깊고, 근심 깊은 엄마로서 너로 하여금 선과 사랑과 성덕의 길을 걷는 데 필요한 모든 은총을 청하는 것이다. 어서 성당을 찾아가거라. 두려워하지 말아라. 아무것도 염려하지 말아라. 원죄 없는 너의 엄마가 이토록 너의 곁에 있지 않느냐?"

그래서 저는 황급히 인근 성당으로 달려가 제대 앞에 통회의 기도와 속죄의 눈물을 흘렸고 이를 지켜 보던 프랑스 신부의 안내에 따라 그곳에서 조금 떨어진 파티마 병원 만남의 방으로 인도되었습니다. 제가 병원에 입원하였을 때 문병하셨던 그분들과 똑 같은 복장을 하신 두 분의 한국 수녀(엘리사벳 수녀와 데레사 수녀)로부터 교리 교육을 받기 시작하였습니다.

행복한 6개월 이상의 기간을 거쳐 저는 당시 본당 주임 사제(임화길 신부)로부터 안토니오라는 세례명과 함께 회심된 가톨릭 신자로 새로 태어나게 되었습니다. 그러니까 지금으로부터 43년 전 성탄절 전날이었습니다.

우리 주 예수님께서 이 세대의 문 앞에 서 계시고 모든 이에게 하느님의 자비의 위대한 기적이 내리시도록 간구하고 있는 이즈음 저는 두 분 할머님과 어머님을 더욱 애타게 그리며 사랑합니다.

할머니! 얼마 전 처조카의 결혼식이 있어 제가 영세 받은 성당에서 거의 40년 만에 혼자 성체 조배할 기회를 가졌습니다.

역시 주위는 온통 개신교의 높은 지붕으로 둘러싸였고 성당 종탑에 모셨던 아름다운 성모님 상은 내려지고 없었습니다. 붉은 벽돌로 깨끗이 새로 지어진 성당, 옛 제대 옆에서 "안토니오야"하고 반갑게 부르시는 성모님의 음성이 들리는 듯 너무도 감격스러웠습니다. 그분의 성상은 다른 곳으로 모셔졌지만 환갑 진갑이 지난 오늘 저의 마음속에 새겨진 그분의 성심은 더욱 아름답고 더욱 다정하게만 느껴집니다.

할머니!
저는 "성모님을 우리의 어머니로 주신 예수님께 감사드리며 신뢰와 사랑 가득한 마음으로" 매일 어머니를 부르면서 저와 저의 주위의 모든 영혼들을 위해 영원한 도움의 어머니께 전구를 부탁드립니다. 자녀가 부모에게 부탁하는 것은 당연합니다. 예수님은 우리를 형제·자매로 부르시기를 좋아하시기에 예수를 믿는다고 하는 개신교 형제 자매들도 당연히 성모님을 공경하고 그분께 전구를 부탁하기를 바랍니다.

저는 "모든 어머니가 그 자식들에 대해 가지는 사랑도 마리아가 우리 중 누구 하나에게 가지는 사랑에 비교하면 애정의 그림자에 지나지 않습니다. 마리아는 모든 천사들과 성인들이 함께 한 것보다 더 우리를 사랑하십니다. 하늘에 계신 성모님이 우리를 그렇게까지 사랑하여 주시는 것은 예수님이 숨지기 직전에 우리를 자모적 애정에 의탁하였기 때문입니다"라고 하신 성 알폰소 리구오리의 말씀을 묵상하기를 좋아합니다.

성모님은 우리를 예수님께로 인도하여 주십니다. 때문에 그분은 우리가 예수님께로 가는 통로입니다. 또한 예수님께서는 우리를 성부께로 인도해 주십니다. 때문에 예수님은 우리가 성부께로 가는 통로입니다.

한편 성모님은 선한 이들과 주님께 봉헌한 이들, 사제들과 온 인류의 구원을 위해 교회가 지고 가야 할 크나큰 십자가를 예수님의 피에 결합시키며 특히 사제들을 위해서는 그들이 예수님과 예수님의 복음에 충실하고 거룩한 성직자가 되도록 전구해 주십니다. 때문에 역사적으로 또는 지금 우리 주위에 흔히 거룩한 사제, 거룩한 주교, 거룩한 교황 분들을 눈 여겨 볼 때면 그분들이 성모님께 가까이 다가가 있음을 우리는 같은 자녀로서 느낄 수 있습니다.

그러나 그들은 성모님의 발꿈치(창세 3, 15), 즉 어머니 자신의 가장 약하고 상처입기 쉬운 부분을 이루는 어머니의 직계 후예들이기에 오늘날 사탄은 그들에게 극성을 부려 대며 있는 힘을 다해 그들을 함정에 빠뜨리려 하고 갖은 유혹과 박해를 서슴치 않고 있습니다. 그러하기에 이 손자는 동정 어머니를 신뢰하면서 성모님과 함께 그들을 위해 주님께 기도하고 있습니다. 물론 그 무기는 묵주기도입니다.

할머니!
이 글을 쓰고 있는 오늘은 금요일입니다. 매 금요일은 주님께서 십자가에 못박혀 돌아가신 성금요일을 기억하며 금육과 보속을 하는 가톨릭의 아름다운 전통이 있습니다. 그리고 못박히신 그분을 묵상합니다. 오늘 저는 예수님과 그 어머니를 묵상하고 싶습니다.

아들과 어머니

오늘 저는 성자 예수님의 수난과 죽음의 고통스러운 시간을 '고통의 어머니'인 성모님 곁에서 지내고 싶습니다.

주님의 '성심' 안으로 깊숙히 들어가서 그 처참한 모든 고통에 참여하고 싶습니다. 그분은 진리를 증언하며 '하느님의 아들'이라고 자칭했다는 이유로 종교 재판소의 재판에서 업신여김과 천대를 받으시며 마침내 유죄 판결을 받으셨습니다. 한마디의 원망도 탄식도 하지 않고 도살장으로 끌려가는 순한 **"어린 양"**(이사 53, 7)처럼 그 분은 '천상 아버지'께서 지게 하시는 십자가의 무게에 짓눌리시며 골고타 언덕을 오르셨으니 이것이 성모님께서도 오늘 만나는 그분 아들 '성자'의 모습입니다.

두들겨 맞고 피투성이가 된 그분의 망가진 얼굴은 더 이상 사람의 얼굴 같지 않고(이사 52, 14) 채찍질로 말미암아 피가 줄줄 흘러내리는 그분의 몸은 그 전체가 살아 있는 하나의 상처덩이가 되었을 뿐입니다.

그분은 이제 몸을 가눌 힘도 없어 휘청거리시고 신열로 기진 하시며 원기를 잃으십니다. 이윽고 '십자가'의 무게에 눌려 넘어지십니다. 사람도 아닌 구더기(시편 22, 6)처럼 으스러지신 채 땅바닥에 쓰러져 계시니 더는 몸을 일으킬 힘이 없으십니다.

바로 그 순간 '천상 아버지'께서 그분에게 성모 마리아의 위로를 주셨으니, 그때부터 두 분 모자(母子)는 그분의 '구속수난'의 신비를 함께 살게 되십니다.

모자(母子)는 함께 이 끔찍한 길의 막바지를 걷고 계십니다. 그분은 당신을 짓누르는 수난의 무한한 무게를 지고 가시고, 어머니는 티 없으신 어머니의 마음을 꿰뚫어 상처를 입히며 피를 흘리게 하는 고통의 칼을 안고 가십니다.

모자(母子)는 하나이고, 똑같은 고통의 '십자가'를 지고 '골고타'를 올라가십니다. 그분의 머리에서 흘러내리는 핏방울들이 어머니의 눈에서 쏟아지는 한정 없는 눈물과 하나가 됩니다.

그분의 머리에 들씌어진 '가시관'은 어머니의 심장을 찌르는 예리한 칼이 되고 상처로 뒤덮은 그분의 몸은 갈기갈기 찢어진 어머니의 영혼을 반사하는 거울이 됩니다.

모자(母子)는 함께 '골고타' 꼭대기에 이릅니다. 함께 형구에 달려 함께 못박히십니다. 함께 단말마의 고통스러운 시간을 보내십니다. 그분을 욕하며 모독하는 자들의 외침 소리를 함께 듣고 못박은 자들을 함께 용서하시고, 함께 기도하시고, 함께 사랑하십니다.

성부께 저버리심을 함께 느끼시고, 함께 성부를 신뢰하며, 그분께 우리 자신을 맡겨 드리십니다.

마침내 모자(母子)는 함께 죽습니다.

예수님께서는 몸으로 죽으시고, 그 어머니는 마음으로 죽으십니다. 어머니가 살아 계신 것이 기적이지만 그것은 엄마로서 아들의 임종을 도우고 지켜야 하기 때문입니다. 그리고 주님의 부활과 그분이 보내시는 성령을 맞아들여야 하기 때문입니다.

이제 우리는 주님의 이 마지막 선물의 심오한 뜻을 깨달아야 합니다.

"이분이 네 어머니이시다"(요한 19, 27). 이로써 어머니는 그분에게도 우리에게도 한 어머니이시며 우리는 그분의 형제입니다.

여기 십자가 아래에 어머니는 아직도 기적적으로 살아 계십니다. 우리 모두가 다시 태어나 주님 안에서 주님을 위해서 살아가도록 '엄마'로서 도와주어야 하기 때문입니다. 따라서 예수께서 구원하신 모든 사람들은 오늘부터 모두 다 거룩하신 성모 마리아의 자녀들입니다. 어머니는 세상 끝날까지 모든 시대 모든 사람들의 어머니입니다. 지금 어머니는 우리를 당신 아들이 흘린 피의 대가로 보고 계십니다. 예수께서 영광에 싸여 다시 오실 그 마지막 날 그때 비로소 어머니의 영적 '모성'도 드디어 완성될 것입니다.

모든 형제들이여! 특히 개신교 형제 자매들이여!

비록 중세 때에 거룩하신 어머니 마리아 공경이 신자들 사이에 좀 지나쳤다고 그분에게 돌을 던지거나 욕하지 말아야 합니다. 누가 뭐라 해도 그분은 당신들이 믿고 있는 주님을 낳으시도록 태초부터 성부께서 예비하신 당신들의 어머니이시기 때문입니다. 죄 많은 제가 한 인간의 부모님을 흉봐도 화가 치밀텐데, 하물며 주님이신 예수 그리스도의 어머니를 부정한다는 것은 있을 수 없는 일입니다.

비정한 사람들이여! 마음을 고쳐먹고 함께 기도합시다.
함께 공경하고 함께 사랑합시다.
그렇다고 그분은 여신(女神)도 아니요, 유일한 구세주도 아니며 다만 우리를 구세주께 가까이 가기만을 바라시는 구세주의 어머니이실 뿐입니다.

✝ 예수님과 어머니 마리아 ✝

예수님과 함께 계신 마리아여,
당신은 착한 의견의 어머니시니
길 잃고 방황하는 우리를
항상 바른길로 이끄소서.
부드러운 당신 손길에
두려움 없이 저를 맡기오니
저를 받아 주시어
당신 아들 가신 길로 절 데려가소서.
아들 향한 당신 마음
사랑으로 불타오르니
이보다 더 큰 열정을 어디에서 찾으리이까!
극도의 고통 중에 아들 예수 시달리니
당신 마음은 찢어질 듯 아파 오나

가슴 깊이 새기시네
그의 온갖 깊은 상처
기진하여 끌려가는 아들 예수
항상 그와 함께 하신 어머니시니
형언할 수 없는 괴로움 중에서도
십자가 밑에 서 계시나이다.
그의 시신 십자가에서 내리우니
피땀으로 얼룩진 아들 예수
이제 당신 품에 안으시고
탄식하는 당신이여,
부드러운 당신 손길에
두려움 없이 저를 맡기오니
저를 받아 주시어
당신 아들 가신 길로 절 데려가소서.
아멘.

성모님께서 전구해 주신 기도의 체험

할머니, 저는 회심(개종) 직후 제가 성모님께 전구하여 얻은 소중한 기도의 체험이 여러 개 있습니다. 그중에서 오늘은 한 가지만 우선 말씀드리지요. 그러나 그것은 지극히 사적인 것이고, 어떤 면에서는 기복적인 기도이며 받아들이는 사람에 따라서는 부정적일 수도 있기에 그저 저 혼자의 마음속으로만 간직해 두고 감사해 왔지만, 지금 할머니에게만은 사적으로 또 개신교에서 하던 간증의 형식으로 말씀드리겠습니다.

그러니까 제가 세례를 받은 지 얼마 안 되어서의 일입니다. 갑자기 기울어진 아버지의 사업 때문에 저는 학업을 계속할 수가 없었습니다. 그래서 어차피 다녀와야 할 군에 일찍 다녀와야겠다고 마음먹고 있었을 때, 마침 일정 기간의 국내 교육을 마치면 최첨단 전자기술 습득을 위한 도미 유학의 특전을 베푼다는 군 특수 기술 병과 모집 공고를 보고 저는 너무도 흥분하였습니다.

왜냐하면 그 당시는 미국 유학을 다녀온 사람은 얼마 없을 때였으며, 도미 유학 자체가 영예스러운 일은 물론 장차 좋은 직장과 아버지와 약속한 저의 조기 결혼도 자연히 보장될 수 있었고 또 부모님에게도 가장 큰 효도를 할 수 있다는 정말 좋은 기회로 믿었기 때문입니다. 그래서 어렵게 두 분을 설득하여 입대를 허락받았습니다.

그때부터 저는 "성모님께서는 우리 영혼과 육신의 사정을 모두 잘 들어주신다"는 교리 반 수녀님의 말씀이 생각나서 곧 성모님께서 우리와 함께 주님께 기도하기를 좋아하신다는 묵주 기도를 시작하였습니다. 그리고 얼마 후 다행히 높은 비율의 경쟁에서 입교는 허락되었으나 도미 유학까지는 약 72주간의 국내 위탁 교육 기간이 남아 있었습니다.

제 기도는 쉬지 않고 간절하게 계속되었습니다. 저는 그 기간 동안 묵주 기도와 함께 성모님의 전구를 부탁하였습니다.

제가 가톨릭으로 들어와 보니 너무 기쁘고 매우 좋아서 차라리 수도원에 갈까도 생각하였으나 외동아들이라는 이유로 아버지로부터 강력한 반대에 부딪혔습니다. 그리고 어머니는 저의 개종을 너무나 못마땅해 하셨습니다.

저는 '부모께 효도하며 공경하라'는 계명을 지키기 위해서라도, 그리고 아버지는 제가 수도원을 포기하고 조기 결혼만 한다면 당신께서도 곧 영세하시겠다는 부자지간의 묵계를 아버지가 지키도록 하기 위해서라도, 또한 제가 가톨릭으로 개종하였기 때문에 하느님으로부터 벌을 받아 아버지의 사업이 기울게 되었고, 당신 마음을 아프게 하면서까지 대학마저 휴학하고 군에 갈 수밖에 없다는 어머니의 편견과 오해를 씻어 버리도록 하기 위해서라도 저의 도미 유학을 꼭 허락해 주시기를 말입니다.

역시 지금 생각해 보면 제가 개신교에서 하던 대로의 기복적이며,

좋은 뜻을 갖고 하는 기도이기에 제 모든 소원은 예수님이 꼭 들어주셔야만 한다고 생각했습니다. 또 가톨릭에 와서 보니 성모님의 전구 요청은 특별한 경우 이외에는 예수님도 거절할 수 없을 것 같다는 그저 막연한 생각에서 성모님을 소위 빽으로 써야겠다는 마음(?)도 조금 보태며, 열심히 기도를 계속하였습니다.

다만 개신교에서와 약간의 차이가 있다면 '제 기도는 꼭 들어주어야 하지만 제 뜻대로 마시고 만일 아버지의 뜻대로 하시고 싶으시면 하세요' 하며 하느님의 뜻을 받아 들이겠다면서도 속으로는 강하게 제 뜻은 꼭 이루어져야 한다는 이상 얄궂은 마음가짐으로 기도를 계속하였습니다.

죄송합니다, 할머니. 그것은 할머니로부터 배운 기복적이고 조건부적인 기도라고 생각되지만 이것이 결코 할머니를 원망하는 뜻은 아닙니다.

눈이 오나 비가 오나 저는 어린아이와 같이 매일 기도했습니다. 묵주 기도와 함께 온통 미국 유학을 위한 지향으로 전구를 부탁했지요. 개신교에 있을 때보다 더 간절히 그리고 더 열심히 말입니다.

약 50여 주 동안의 기도와 교육이 계속되었을 때 마침 도미 유학 선발 시험이 실시되었습니다. 4명을 선발하는 시험이었습니다. 저는 충분히 자신이 있었습니다. 물론 기도도 1년 정도 열심히 했으니 마음도 든든했고요….

그러나 웬일인지 시험 이틀 전부터 복통과 구토가 심해지더니 결국 시험 당일에는 현기증마저 일으키게 되어 시험은 치러 보지도 못하고 그만 앰뷸런스에 실려 병원으로 후송되었습니다. 그런데도 웬일인지 그 후에도 아무런 원망이나 실망함 없이 묵주 기도는 계속되었는데, 아마도 도미 유학을 위한 시험이(추가 선발) 6개월 후 또 있다고 하여서 인지도 모르겠습니다. 아무튼 몸도 쉽게 나았습니다. 그리고 나서 부모님과 떨어져 지낸 72주도 어느덧 지나고 짤막한 2주간의 휴가도 마치 2시간처럼 지나간 후 저는 첫 근무지인 부산으로 향했습니다.

물론 기도는 계속되었습니다. 다만 추가 또는 크게 변경된 지향이 있었는데, "성모님, 저는 주님의 안배하심과 성모님 전구의 힘에 모든 것을 맡겼습니다. 다만 어떤 것으로든 부모님께 효도만 할 수 있게 해주십시오. 이것은 당신 아들 예수님의 명령이기도 합니다. 지금도 그리고 앞으로도 도미 유학은 꼭 하고 싶으나 그것이 주님의 뜻이 아니라면 그것을 과감하게 버리게 해주십시오. 하지만 저의 부모님들을 너무 상심하지 않게 해주시고, 이 외동아들이 근무지에 나가 있는 동안 그분들이 외롭지 않게 함께 해주시고 지켜 주시도록 주님께 전구해 주십시오"라는 모든 조건을 떼어 버린 기도였습니다. 그러면서 더 열심히 묵주 기도를 계속하였습니다.

낯선 땅, 부모님을 떠나 처음으로 밟아 보는 외지 부산에서 하루를 보냈습니다. 그런데 다음날 서울에서 긴급 연락이 왔습니다. 제가 도미 유학을 하게 되었으니 급히 상경하여 유학 수속을 밟으라는 것이었습니다.

비록 제가 굳게 믿는 마음을 가지고 기도를 했다고 자부하면서도 토마 사도보다도 더 의심이 많고 신뢰심이 부족한 제 자신이라는 것을 확인하는 순간이 시작되었습니다. 왜냐하면 이 같은 소식은 혹시 타자수의 실수로 인한 잘못된 전달이 아니면 어떻든 다른 무언가 잘못이 있다고 생각되어졌기 때문입니다.

더욱이 현실적으로 도미 시험조차 치러 보지도 못한 제가 합격이 되어 미국을 간다는 것은 건전한 이성과 상식으로서는 도저히 납득이 되지 않았기 때문입니다. 그러나 그것은 사실이었지요.

순조롭게 유학 수속을 마치고, 전액 국고 보조의 여비를 받아 그렇게 바라던 미국 행 비행기 안에서와 중간 기착지는 물론 72시간 후 도착하여서도, 아니 학교에 입학하여 공부하면서까지도 그 의심은 풀리지를 않았습니다.

그런 중에도 묵주 기도만은 중단 없이 계속되었고, 그 기도는 지금도 계속되고 있습니다. 물론 그 지향은 여러 모양으로 바뀌면서 말입니다.

귀국 후 하도 신기하고 궁금하여 제 도미 유학의 전말을 알아보았더니, 우리 동기생들의 국내 졸업 송별 파티장에 마침 외국 손님들도 오셨기에 졸업생 대표로 뽑힌 제가 답사를 끝내고 그분들에 대한 예의로 짤막한 영어로 인사말을 한 것이 계기가 되어 스폰서(Sponsor)인 그분들이 추천한 4명의 동기생들과 함께 도미하여, 함께 공부하면서 그 당시에는 비교적 영어가 서툴렀던 동기생들의 뒷바라지를 하라는 뜻으로 한 명을 추가 선발했다는 것이었습니다.

그런데 저와 전 동기생들은 학력으로 보아 영어 실력이 서로 엇비슷해야 할 텐데도 유독 제가 비록 짧게나마 영어 회화를 할 수 있었던 것은, 아버지의 사업이 실패로 돌아간 후 스스로 학비를 조달해야겠다는 마음에서 시작한 아르바이트 때문이였습니다. 그 당시 유독히 수치심이 많은 저에게 남들이 잘 보이지 않는 미군 부대에서 일하게 해주신 성모님의 또 다른 전구에 따른 야훼 하느님의 은혜라는 것은 퍽 오랜 세월이 지난 후에야 알게 되었습니다.

그러나 무엇보다 더 놀랍고 기쁜 것은 아버지와 어머니 모두 세례를 받고 나란히 성당에 나가신다는 사실이었습니다. 사실 아버지는 몰라도 어머니의 회심은 너무나 뜻밖의 일이었습니다.

나중에 생각해 보니 제 기도의 태도와 방법이 엄청난 결과의 차이를 가져올 수 있었다는 사실을 알게 되었습니다. 두 분 할머니로부터 배운 '제 뜻대로 하여 달라'는 기복적이고 조건부적인 개신교식의 기도는 1년을 하여도 그 소원을 이룰 기회조차 주시지 않더니 어렵지만 "저의 뜻대로 마시고 주님 뜻대로 하십시오"라고 과감하게 자기 포기를 한 다음 '모든 것을 주님의 영광을 위하여 하라'고 수녀님으로부터 다시 배운 기도는 **"구하기도 전에 벌써 저의 필요한 것을 알고 계시는"**(마태6, 8) 주님께서는 **"하느님께서 의롭게 여기시는 모든 것을"**(마태6, 33) 허락하고 계심도 알게 되었습니다.

그리고 제가 받은 모든 은혜는 누가 뭐라 해도 주님의 안배하심에 따라 저로 하여금 철없는 어린 아이처럼 순수하고 단순하게 매달리고 성모님께 자녀다운 전적인 의탁으로 울부짖게 하고 또 이것을 외면하지 못하시는 어머니 마리아께서는 당신의 아들 예수님께 전구하여 기필코 얻어 주신 자모적 사랑의 결과라고 저는 확신하고 있습니다.

그리고 저는 주님께서 당신 어머니의 전구에는 그분의 신적 마음도 어쩔 수 없이 그분의 때가 되지 않았음에도 들어주셔야 함을 성서 말씀과 함께(요한 2, 1-11) 깨닫게 되었습니다.

그 이후로는 항상 성모님을 더욱 신뢰하면서 온갖 영육간에 어려움을 그분께 아뢰고 또 그분의 전구를 부탁합니다. 그러면 그분은 우리의 영혼에 도움이 되고 주님의 뜻에 부합되는 일이라면 언제고 전구하심의 응답을 예수님께로부터 얻어서 우리에게 선물로 돌려보내 주십니다.

이는 비단 저뿐만 아니라, 그분께 달려들어 도움을 청하는 모든 이들에게도 똑 같이 대해주는 어머니의 사랑입니다. 또한 성모님께 전구를 부탁하고 거절당하였다는 말은 저는 일찍이 들어 본 적이 없습니다. 그분은 우리 모두의 어머니이시기에 우리의 영육간 사정에 마음을 쓰시기 마련이고 필요한 경우에는 크고 특별한 일, 기적까지도 주님으로부터 얻어 우리에게 베풀어 주십니다.

분명 저의 첫 번째 도미 유학은 저에게는 기적 같은 일임에 틀림 없었습니다. 그렇다고 저는 매번 주님께 기적만을 구하지는 않으며 기적만을 전구해 주시도록 성모 마리아께 부탁드리지도 않았습니다.

사실 기적이라는 초자연적 현상에만 하느님의 도우심을 느끼려는 태도는 바람직한 신앙 태도가 아니라고 생각합니다. 아니 위험한 신앙 태도라고 해야 옳을 것입니다. 초자연적이라며 떠들썩하게 사람들이 말하는 일이나 거창한 일 속에서뿐 아니라 자연적이고 평범한 일상 생활 속에서도 늘 마음의 눈을 열고 하느님의 역사하심을 깨달으려고 노력해야 할 것입니다. 하느님은 우리의 삶 전체를 다스리시는 것이지, 우리 생활 일부분만을 다스리시는 것이 아니기 때문입니다.

기적을 인간과 자연의 구원이라는 종합적인 측면에서 이해할 때 우리는 기적을 요구하기보다 매사에 주님께서 주신 은총에 감사하는 것이 더욱 중요하다고 생각됩니다.

주로 기적을 바라는 사람들은 그리스도와 만날 수는 있으나, 그분 속에서 자신들의 꿈을 실현시킬 기회만을 포착하려는 위험에 빠지게 될 수도 있습니다.

할머니!

저는 성모님을 우리의 어머니로 주신 예수님께 감사드리며 신뢰와 사랑 가득한 마음으로, 매일 어머니를 부르면서 특히 제 영혼과 모든 이를 위해 영원한 도움의 성모님께 전구를 부탁드립니다. 왜냐하면 성모님은 분명 저의 어머니이시기 때문입니다.

또 저는 "모든 어머니가 그 자식들에 대해 가지는 사랑도 마리아가 우리 중 누구 하나에게 가지는 사랑에 비교하면 애정의 그림자에 지나지 않는다. 마리아는 모든 천사들과 성인들이 함께 한 것보다 더 우리를 사랑하신다. 하늘에 계신 성모님이 우리를 그렇게까지 사랑해주시는 것은 다 예수님이 숨지기 직전에 우리를 자모적 애정에 의탁하였기 때문이다"라고 하신 성 알폰소 리구오리의 말씀에 전적으로 동감하고 있습니다.

성모님은 우리를 예수님께로 인도해 주십니다. 때문에 그분은 우리가 예수님께로 가는 통로입니다. 또한 예수님께서는 우리를 성부께로 이끄십니다. 때문에 예수님은 우리가 성부께로 가는 통로입니다.

흔히들 구약 시대를 성부의 시대라 하고 신약 시대를 예수님의 시대라고 하며, 지금 이 시대를 성령의 시대라고들 합니다. 그런데 거룩하신 성령께서 활동하시는 곳에는 언제나 성령으로 잉태하신 성모님께서도 함께 하십니다. 오랫동안 구약 시대 백성들이 기다려 온 메시아로서 성부께서는 예수님을 이 땅에 보내셨습니다.

또 예수님께서는 부활 승천하신 후 **"죄와 정의와 심판에 관한 세상의 그릇된 생각을 꾸짖어 바로 잡아주시고"**(요한 16, 8) **"모든 것을 우리에게 가르쳐 주시고 예수님께서 우리에게 한 말을 모두 되새기게 하여 주시기 위해"**(요한 14, 26) 성령을 보내시어 **"주님을 증언하게"**(요한 15, 26) 하십니다.

그러나 그분의 몸인 교회가 여러 갈래로 갈라진 지금, 예수님은 성모님을 이 땅에 보내시어 오래전 남미 멕시코의 '과달루페'에서 발현케 하신 것처럼 최근에 와서는 1830년 프랑스 파리의 '뤼뒤박'(Rue du Bac)을 시작으로, 1858년엔 프랑스 '루르드'에서, 또 1917년에는 포르투갈 '파티마'에서 그리고 '라살레트'와 아일랜드의 '노크', 벨기에의 '바노크' 등 세계의 크고 작은 도시에서 발현케 하시어 '인류의 회개'로 예수님께 돌아오라는 호소를 하셨습니다. 그러나 아직도 이를 믿지 않고 실현하지 않는 사람들이 많아서인지는 몰라도 1981년 6월 24일부터 옛 유고의 '메주고리에'에서는 오늘까지 성모님이 매일같이 발현하고 계십니다.

그리고 1858년 3월 25일 프랑스 '루르드'에서 15세 소녀 벨라뎃다에게 발현하시어 "나는 원죄 없이 잉태된다(The Immaculate Conception : 임마쿨레 콩셉시옹)"라고 하신, 이른바 수천의 치유의 기적(공식적 인정은 57건)을 보여주신 그 성지에는 이 손자도 다녀왔습니다. 지금도 그곳에는 종교를 초월한 세계 각국의 수많은 순례객들이 모여들고 있습니다. 그곳에서 제가 목격한 수많은 치유와 기적 등에 관한 이야기들과 제 자신의 개인적 체험 등은 본류가 아니므로 다음 기회로 미루겠습니다.

또한 1917년 포르투갈 '파티마'에서 어린 세 목동(루치아, 히야친타, 프란치스코)에게 발현하시어 "러시아의 회개를 위해 기도를 하라"는 말씀과 함께 수많은 각국의 목격자들이 지켜 보는 가운데 일어난 '태양의 기적'은 전 세계적 조사 기구의 조사에 의해 교회로부터 공식 인정되었고, 그 발현을 직접 목격한 한 어린이는 장성하여 가톨릭 수녀로서 아직까지 우리 곁에서 이 지상을 함께 순례하고 있습니다. 특히 '태양의 기적'은 성모 발현의 참됨에 대한 확증이며 과연 **"태양을 입은 여인'** (묵시 12, 1)으로서 하늘에서 내려왔음을 모든 이에게 알리기 위한 표징이었습니다.

그리고 모든 비밀은 적중되었고 모두 공개되었습니다. 제1차 세계 대전의 종식, 제2차 세계 대전의 발발, 교황 요한 바오로 2세의 저격, 또한 최근 구소련의 붕괴 등은 우리가 직접 보고 피부로 느끼고 있는 예수님으로부터 파견된 성모님의 이 지상 역사 속의 개입입니다.

지금도 매일 발현하고 계시는 '메주고리에의 발현' 사건은 아직 교회의 공식 인가가 되지 않아 제가 무어라 말씀드리기는 어려우나 저는 그분(성모님)이 원하시는 ① 마음으로 기도(특히 묵주기도 15단) ② 성체성사(평일 미사) ③ 성서 읽기(매일 진지하게 읽음) ④

단식(수, 금요일) ⑤고해성사(매월 한 번)는 제 영혼에 매우 유익하기에 교회의 공식인가 이전이라도 조심스럽게 지키도록 노력하고 있습니다. 그런데 벌써부터 세계 각국으로부터 많은 순례객들이 그곳 '메주고리에'로 모여들고 있으며 저도 비디오로 그 발현 현장을 보았습니다.

그러나 이런 초자연적 기적을 믿지 않는 특히 우리 나라 개신교 신자들에게는 같은 개신교 신자인 미국 남 캐롤라이나주 머틀비치에 사는 신문 발행인 겸 칼럼니스트 웨인 와이블(Wayne Weible) 씨의 몇 차례에 걸친 '메주고리에' 방문 기록을 읽어 보기를 권고하려고 합니다.

왜냐하면 그는 개신교도의 입장에서 썼기에 또 다른 감명을 주리라고 여겨지며 특히 세계적으로 특히 개신교 쪽에만도 거의 1천만 부의 책자가 보급되었으나, 우리 나라 개신교 신자에게는 한 권도 읽혀지지 않았으리라 생각되기 때문입니다. 특히 현 시대에 가톨릭 신자들이 성모 마리아를 우상으로 믿는다고 알고 있는 사람들은 중국과 북한 사회주의권을 제외하고는 오로지 한국의 개신교 신자들뿐이기 때문이기도 합니다. 그러나 옛날과는 달리 해외에 거주하는 모든 한인 개신교 신자들은 지금은 성모 마리아에 대한 오해와 편견이 많이 사라진 듯이 보여 퍽 다행입니다.

저는 오늘도 계속되고 있는 '메주고리에의 발현'에 관해 조용히 묵상해 봅니다.

이 시대에는 무신론이라는 오류에 희생되어 하느님을 멀리하는 그분의 불쌍한 자녀들의 수가 얼마나 많은지 모릅니다! 이 오류가 오늘날 온갖 사회 홍보 매체들을 통해 지지되고 선전되어 아주 널리 퍼져 있습니다! 하느님을 배척하는 암흑, 신앙 결핍의 암흑, 부도덕과 불의와 불경의 암흑 속을 걷고 있는 자들의 무리가 헤아릴 수 없도록 많습니다.

회개의 때, 주님께로 돌아가야 할 이때에, 성모 마리아께서는 우리의 손을 붙잡고 선과 사랑과 성덕의 길로 인도하고 계십니다.

겸손한 이들, 병자들, 죄인들은 그분을 찾아 낼 수 있습니다. 그러나 어떤 곤란이나 장애 때문에 그분 발현 장소에 갈 수 없다고 하더라도 낙심하지 말아야 합니다. 우리가 기도하며 속죄할 때, 회개와 사랑의 길을 걸으라는 천상 어머니의 호소를 귀담아 들을 때, 우리 가운데 그분이 현존하고 있음을(발현으로) 드러내고 있는 어머니를 영적으로 그곳(발현 장소)에 가서 만나는 것이 될 수 있기 때문입니다.

성모님은 항상 자모이신 성교회 곁에 계십니다. 교회가 고통과 분열과 골고타와 순교의 비통한 시간들을 보내고 있기 때문입니다.

성모님은 교황과 주교와 사제들 곁에 계십니다. 그들이 예수님과 예수님의 복음을 용감하게 증언하는 길로 나아갈 수 있도록 용기와 힘을 주시기 위해서 입니다.

성모님은 길 잃은 그분 자녀들 곁에 계십니다. 왜냐하면 그들을 회개의 길로 인도하여 주님께 돌아오도록 하기 위해서 입니다.

성모님은 병자들 곁에 항상 계십니다. 그들에게 위로와 치유를 얻어 주시기 위해서 입니다. 또 어머니는 절망하고 멀리 떠나간 모든 이들 곁에 계십니다. 그들에게 희망과 신뢰를 주어 크나 큰 사랑으로 항상 애타게 기다리고 계시는 '천상 아버지'의 집으로 그들을 이끌어 가시기 위해서 입니다.

성모님은 수 많은 수도자들 곁에 계십니다. 수도자들이 순명, 가난, 순결을 실천하신 예수님을 따라 '골고타'로 오르는 길을 끝까지 계속 갈 수 있도록 그들을 도와주기 위해서 입니다.

무엇보다 성모님은 모든 신자들 곁에 계십니다. 그들이 어떤 상황 속에서나 세례때의 서약을 지킬 수 있는 은총을 얻어 주시기 위해서 입니다.

할머니, 영적 어머니가 계신 주님께서 직접 세우신 성교회로 돌아와 보니 이 손자는 얼마나 행복한지요!

✝성모님✝

성모님을 따르니 길 잃지 않고
성모님께 의지하니 실망하지 않고
성모님을 생각하니 헤매이지 않네.
성모님이 붙드시니 떨어지지 않고
성모님이 감싸 주시니 두렵지 않네.
성모님이 이끌어 주시니 지치지 않고
성모님이 도와 주시니 목표에 이르도다.

-성 베르나르도-

맺는 말

"예수님 안에서 일치를 이루어야 할 아들 딸들아, 온 우주의 기쁨에 참여하여라. 너희의 주님께서 부활하셨다. '게쎄마니와 골고타'의 어두운 시간은 지나갔다. 그분께서 겪으신 배반, 재판, 단죄, 골고타, 임종의 고통, 숨을 거두심과 새 무덤을 통해 이루어진 신비, 그분은 부활하시어 너희 가운데 살아 계신다. 기쁨의 어머니인 나와 함께 한껏 기뻐하며 사랑의 일치를 이루자".

맺는말

할머니!
이제 글을 마쳐야겠습니다.

교회는 가시적 구원의 실제로서, 보이지 않는 하느님의 화신(化身)인 예수 그리스도의 역사적 현존으로서 그리스도 자신의 사명을 역사의 과정속에서 수행하여 가는 것입니다. 따라서 교회는 그리스도의 구원과 은총의 볼 수 있는 표현이며, 구원과 은총은 그분을 표현하는 '상징적 사회'가 교회라는 형식으로 구체화됩니다. 따라서 교회는 예수 그리스도 안에서 하느님의 선물로서 은총의 참된 본질과 의미를 명백히 증거하는 사람들의 연합으로 정의될 수 있습니다.

또 교회는 하느님을 모든 인류를 사랑하는 아버지로 이해하며 만인에게 펼쳐진 하느님의 구속적 사랑을 찬미하고 전파합니다(그러므로 이 교회의 정의 안에서는 그리스도 신자들 이외에 다른 사람들도 그리스도 안에서 하느님 은총의 당연한 수혜자인 것입니다).

한편 하느님 말씀에 의해 소집되어 형성된 회중, 즉 하느님의 말씀이 발해지면서 이를 듣기 위해 모여든 인간들의 무리를 교회라고 뜻한다 하여 크게 그릇된 것도 없습니다.

따라서 교회의 일차적 과제를 구원의 복음 선포를 해야 한다는 데 두어도 큰 무리는 없습니다. 또한 하느님의 말씀에 의해 사람들이 모이면 규모와 상관없이 한두 사람이라도 주님의 이름으로 모여 신앙의 진리를 생활하려 한다면 그때 교회가 형성된다는 주장도 크게 잘못된 것은 아닙니다.

그러나 여기서 교회를 구성하는 매듭은 오직 신앙뿐이며, 성사는 말씀에 종속되는 공동체 신앙의 표지나 극화(劇化) 정도로 이해한다면 이는 큰 오산인 것입니다. 왜냐하면 말씀과 성사는 어느 하나로는 충분하지 않고 함께 교회를 이루는 요소이기 때문입니다. 그렇다고 교회가 자신의 모든 제도와 활동을 그리스도 은총의 외적 표지로 절대화할 수도 없는데, 거기에는 실제로 교회를 이끄시는 성령께서 직접 살아서 활동하시기 때문입니다.

오직 말씀만을 주장하는 분들은 주님께서 우리에게 주신 두 다리 중 한쪽 다리가 상처를 입었다고 이를 치료하지 않고 절단하여 다른 한쪽 다리만으로 천국에 이르러 주님이 주신 생명의 면류관을 차지하겠다는 이들의 모임입니다.

한국 속담에 '모로가도 서울만 가면 된다'는 말이 있습니다. 한쪽 다리만을 가지고 그 험한 세파를 헤치며 천국에 쉽게(예수 천당, 불신 지옥처럼) 갈 수만 있다면 얼마나 좋겠습니까?

하느님 말씀인 신·구약을 자세히 읽어보면 성서는 교회를 하느님의 은총에 의해 세계 역사 속에서 지속적으로 존재하며 실재적이고 가시적인 공동체로 구현된 회중으로 간주하고 있습니다. 이러한 공동체가 역사 안에서 지속되기 위해서는 거대한 구조악이 만연된 세계, 즉 구원되지 못한 현실 세계에서 제도를 지니고 있어야 할 필요성이 드러납니다. 그리고 교회는 봉사받으러 오지 않고 봉사하러 오신 그리스도를 뒤따라 구원을 필요로 하는 모든 사람들에게 봉사하고, 치료하고, 화해하고, 상처를 싸매 주는 사람들 사이에서 솟아 나오는 상호간의 형제애로 뭉쳐질 수 있는 주님의 몸입니다.

할머니, 저는 더 이상 성사와 어머니 없이 절름발이로 구원의 여정을 걸을 수 없어 주님의 고마우신 부르심에 기꺼이 응답하여 회심하였습니다.

그러나 저는 방심하지 않습니다. 저의 앞길에는 고비마다 두 길이 나타나 저의 선택을 항상 요구하고 있습니다. 그래도 두렵지 않고 크게 평화스럽고 안심할 수 있는 것은 **"너희가 오른편이나 왼편으로 빗나가려 하면 그가 뒤에서 속삭여 주시리라. 이것이 네가 가야 할 길이다. 이 길을 따라가거라"**(이사 30, 21)라고 하시면서 주 친히 이끌어 주시기 때문입니다. 그리고 매 순간 천상 어머니의 도우심과 수많은 성인 성녀들과 수호천사의 도우심도 있기 때문입니다. 이 얼마나 행복한 일입니까?

주님의 몸은 하나입니다. 그리고 거룩합니다. 또한 주님이 직접 세우신 교회는 어느 시대 어느 곳에서든지 만인을 위해 열려 있는 보편된 교회입니다.

주님은 승천하시기 전 이 교회를 제자들로 하여금 이어가도록 하시었습니다. 신약성서에 나와 있는(마태 16, 18) 교회는 주님께서 직접 세우신 가톨릭 교회입니다. 세상에는 주님의 이름으로 세워진 교회도 많습니다. 그러나 우리의 생명이 하나요, 계시된 진리도 하나요, 우리 앞에 놓여진 축복과 멸망의 두 길 중에서 주님이 우리에게 제시하신 길도 오직 한길이듯 그 길을 걷는 우리 모두는 한 몸의 지체들로서 한 교회를 이루어야 합니다. 이는 우리의 회개와 성령에 의해서만 가능합니다. 또 보이는 표징으로서 주님의 '살'인 '빵'과 주님의 '피'인 '포도주'를 말씀의 한 식탁에서 함께 먹고 마심으로써 더욱 가능합니다.

"주님의 잔을 마시는 우리가 마귀의 잔을 마실 수는 없습니다. 또 주님의 식탁에 참여하는 우리가 마귀들의 식탁에 참여할 수는 없습니다"(1고린 10, 21). 그렇다고 타종교 신자들이나 말씀만을 고집하는 분들을 향해 위의 성서 말씀을 인용한 것은 아닙니다.

"파스카 신비의 은총은 비단 가톨릭 신자들에게만 해당되는 것이 아니라 모든 선의의 인간들에게도 해당되는 것입니다. 사실 그리스도께서 모든 사람을 위하여 죽으셨고 인간의 최후 목적도 신적인 것 하나뿐이므로 성령께서는 모든 사람에게 하느님께서 아시는 방법으로 파스카 신비에 참여할 가능성을 주신다고 인정해야 하기 때문입니다"(교회의 선교 사명 10항 참조).

할머니!
⤷저는 요즘 주님의 죽으심과 부활을 묵상하며 그것을 매일의 생활에 옮겨 가고 있습니다. 주님의 부활에 동참하기 위해서는 무겁고 고통스러운 십자가의 길이 선행됨을 지금에서야 겨우 체험했기 때

문입니다.

언제나 죽으면서 사는(2고린 4, 10) 부활의 기쁨을 말입니다. 그것은 주님께서 거저 주신 값진 선물이기에 '부귀와 영화 같은 것은 원하는 사람에게나 주시라'고 기도하는지도 모릅니다. 왜냐하면 그런 것이 주님을 가까이하는 데 장애가 될지도 몰라서입니다. 주님을 가까이하는 데 장애가 되는 모든 것을 저는 **"쓰레기로 여기기 때문입니다"**(필립 3, 9). 이것은 또 사도 바오로처럼 **"살아도 주님을 위해 사는 것이며 죽어도 주님을 위해 죽는 것이기에 살거나 죽거나 저의 모든 것은 오직 주님의 것"**(로마 14, 8)임을 매 순간 확인하며 사는 길밖에 또 다른 행복은 없기 때문입니다.

그러므로 이 손자는 제 영적 두 눈을 똑바로 뜨고 항상 깨어 있으면서 온갖 영적 원수와 대적해야 합니다. 그러기 위한 제 무기는 성령의 칼인 하느님의 말씀이며, 또한 거룩한 묵주기도입니다. 그리고 제 방패는 진리와 정의와 올바른 믿음입니다. 이 방패로써 악마와 이단과 열교가 쏘는 불화살을 막아 꺼 버릴 수 있습니다. 이것은 제 천상 어머니께서 가르쳐 주신 길이기도 합니다. 그러기 위해 아직도 나약한 이 손자는 언제나 성령의 도움을 받아 기도하며 하느님의 도움을 청하겠습니다. 그리고 성모님께 할머니와 어머니를 위해서 전구를 부탁드리겠습니다.

그리고 같은 지향으로 부모님과 저의 교리를 지도해 주신 성 베네딕도회 수도자들, 온 가족이 모두 특별 회원으로 있는 한국 순교복자 수녀회 수도자들, 어린 두 아들을 복사 시절부터 가르쳐 주시고 지도해 주신 릿다 수녀를 비롯한 영원한 도움의 성모회 수도자들, 또 안나를 유치원에서부터 잘 키워 주시어 항상 고마우면서도 또 한편으로는 걱정을 끼쳐드림을 항상 죄송하게 생각하는 샤르트르 성 바오로회 수도자들, 또한 **"우리 중에 가장 보잘것없는 사람"** (마태 25, 40)이라고 하여 주님께서 보내주신 또 다른 딸 아녜스를 잘 돌보아 주시고 기도해 주시는 노틀담 수도자들과 선한 목자 예수 수녀회 수도자들과 특히, 아시시의 성 프란치스코 전교 수녀회 수도자들을 비롯한 온 세계 모든 남녀 수도자들을 위해서도 기도합니다.

한편 세계 120여 개국에서 교육 선교를 펼치시는 주님의 살레시안들과 다른 모든 선교회와 삼성산 성령 수녀회를 비롯한 모든 방인 수도, 수녀회를 위해서는 특별히 기도 중에 기억합니다.

할머니!
"모든 일에 하느님께 감사하겠습니다. 이것이야말로 예수님 안에서 하느님께서 우리에게 원하시는 것"(1데살 5, 18)이기 때문입니다. 두 분 할머니 그리고 어머니, 사랑합니다.

저는 이 글을 마치면서 그 아들의 부활을 기뻐하시는 천상 어머니를 한 번 더 묵상해 봅니다. 그분은 우리에게 이렇게 속삭이시는 듯 합니다.

"예수님 안에서 일치를 이루어야 할 아들딸들아, 온 우주의 기쁨에 참여하여라. 너희의 주님께서 부활하셨다. '게쎄마니와 골고타'의 어두운 시간은 지나갔다. 그분께서 겪으신 배반, 재판, 단죄, 골고타, 임종의 고통, 숨을 거두심과 새 무덤을 통해 이루어진 신비, 그분은 부활하시어 너희 가운데 살아 계신다. 기쁨의 어머니인 나와 함께 한껏 기뻐하며 사랑의 일치를 이루자".

그렇습니다.

예수님께서 '영광스럽게 되신 몸'의 광채에 싸여 그 어머니께 나타나셨을 때의 그 큰 기쁨이 오늘날까지도 사라지지 않듯이 우리도 우리의 인생을 채우는 이 큰 기쁨이 동요되지 않게 해야 합니다.

비록 정화와 고통, 게쎄마니와 골고타의 시간에 처해 있으나, 우리의 지상 여정은 그리스도의 여정을 차례로 따라가는 것으로서 부활을 향한 우리의 삶이 사랑과 일치를 이루어 '제2의 성령 강림'을 맞을 준비를 해야 하기 때문입니다.

할머니,

그리스도와 함께 죽고, 그리스도와 함께 사는 이 손자의 죄는 말끔히 씻어졌습니다. 고통도 속량되었습니다. 주님의 은총으로 죽음도 영원히 정복되었습니다(로마 6, 1-14).

주님의 놀라우신 은덕으로 귀한 보화를 하늘에 쌓아 놓았으니 이 손자는 억만 장자입니다. 이제 하늘의 억만 장자가 되는 방법을 주님의 성령에 힘입어 이 세상에 효과적으로 전하고 나눌 수만 있다면, 제 인생은 주님의 찬란한 빛 안에서 성공했다고 자부할 수 있을 것 같습니다. 그러나 아직은 주님과 사람들 앞에 너무나도 부족하기만 한 저의 모습을 봅니다. 그러기에 이 손자의 갈 길은 여전히 멀기만 합니다.

사랑하는 두 분 할머니 그리고 어머니, 기도 중에서 또 만나뵙겠습니다.   손자 올림

의심의 안개 걷히고, 근심의 구름 없는 곳,
기쁘고 참된 평화가 거기만 있사옵니다.
내 주를 따라 올라가 저 높은 곳에
우뚝 서 영원한 행복 누리며 즐거운 노래 부르리.
내 주여, 내 발 붙드사 그곳에 서게 하소서.
그곳은 빛과 사랑이 언제나 넘치옵니다.
아멘

참고문헌

- 공동번역성서 : 국제가톨릭 성서 공회
- 영어성경 : 옥스퍼드 캠브리치
- 관주성경 : 대한 성서 공회
- 교부들의 신앙 (기본스 추기경 저)
- 세계교회사 (가톨릭 신학원 편)
- 성무일도 (한국천주교 중앙협의회 편)
- 고백록 (성 아우구스티노 저)
- 내가 가장 사랑하는 아들 사제들에게 (스테파노 곱비 신부)
- 천주교와 개신교 (박도식 신부 저)
- 박도식 신부 논문집 (미루나무 편)
- 가톨릭은 무엇을 믿는가? (차동엽 신부 저)
- 이단 연구 (이대복 목사 저)
- 돌아보면 자국마다 은총이었네 (이현주 목사 저)
- 교사의 벗 (개신교 편)
- 기독교사상 (개신교 편)

어제도 오늘도 그리고 영원히

2001년 11월 27일 교회 인가
Nihil Obstat :
Rev. Paul Hyun
Censor Librorum
Imprimatur :
William J. McNaughton. M.M.
Episc. Inchon
2011. 11. 27.

2001년 12월 13일 초판 1쇄 펴냄
2002년 2월 28일 재판 1쇄 펴냄
2005년 8월 15일 5판 1쇄 펴냄
2008년 5월 13일 7판 1쇄 펴냄
2008년 12월 8일 8판 1쇄 펴냄
2011년 10월 24일 9판 1쇄 펴냄
2012년 3월 25일10판 1쇄 펴냄
2012년 12월 8일11판 1쇄 펴냄
2016년 12월 8일12판 1쇄 펴냄
2017년 12월 8일13판 1쇄 펴냄
2019년 12월 8일14판 1쇄 펴냄
2024년 2월 2일15판 1쇄 펴냄
2024년 10월 18일16판 1쇄 펴냄

지은이 / 김 안토니오
펴낸이 / 김 기 진
펴낸곳 / 동진 A.(안토니오) TNP(출판)
주소 / 서울특별시 마포구 도화동 17-1 마포우체국 사서함 제95호
등록 / 2001. 9. 6. 제10-2213호
전화 / (070)7622-1106, (011)748-3371
팩스 / (031)318-1108
http:// blog.naver.com/kimantonio7

계좌번호 / 국민 / 012-24-0386-973 김 기 진

ISBN 89-952498-0-3   03210

값 13,000원

편집 / 색종이
인쇄 / 동진문화인쇄사

· 잘못된 책은 바꿔 드립니다.
· 이 책의 판권은 동진 A.(안토니오)TNP(출판)에 있습니다.
  동의 없는 무단 전재 및 복제를 금합니다.